首阳教育书系

思维型科学探究实践案例

小学一二年级

编 委 会

主　编　胡卫平

副主编　李　霞

编　委（以姓氏笔画为序）

　　刘天成　辽宁教育学院
　　李　霞　杭州市基础教育研究室附属学校
　　张　敏　湖南省教育科学研究院
　　张建武　西安市教育科学研究院
　　邵发仙　重庆市教育科学研究院
　　易传发　武汉市教育科学研究院
　　胡卫平　现代教学技术教育部重点实验室
　　曹　雷　重庆市教育科学研究院
　　童海云　深圳市教育科学研究院

陕西师范大学出版总社　西安

图书代号　JY24N0698

图书在版编目（CIP）数据

思维型科学探究实践案例. 小学一二年级 / 胡卫平主编. —西安：陕西师范大学出版总社有限公司，2024.6
ISBN 978-7-5695-4383-4

Ⅰ. ①思… Ⅱ. ①胡… Ⅲ. ①科学知识－教案（教育）－小学 Ⅳ. ① G623.62

中国国家版本馆 CIP 数据核字（2024）第 091998 号

思维型科学探究实践案例　小学一二年级
SIWEIXING KEXUE TANJIU SHIJIAN ANLI XIAOXUE YI ER NIANJI
胡卫平　主　编

出 版 人	刘东风
出版统筹	杨　沁
责任编辑	刘　翠　张慧君　张　翠
责任校对	徐文婷　王　婉　宫　敏
封面设计	路　加
出版发行	陕西师范大学出版总社有限公司
	（西安市长安南路 199 号　　邮编 710062）
网　　址	http://www.snupg.com
印　　刷	陕西博文印务有限责任公司
开　　本	720 mm×1020 mm　　1/16
印　　张	24
字　　数	288 千
版　　次	2024 年 6 月第 1 版
印　　次	2024 年 6 月第 1 次印刷
书　　号	ISBN 978-7-5695-4383-4
定　　价	78.00 元

读者使用时若发现印装质量问题，请与本社联系、调换。
电话：（029）85308697

序言 / preface

为深入贯彻党和国家的路线、方针和政策，全面落实全国教育大会精神和立德树人根本任务，发展素质教育，反映国际科学教育改革的趋势，深化义务教育科学课程改革，在教育部的统一领导下，义务教育科学课程标准的修订工作于2019年1月启动。经过三年多的努力，我国第一部包括物理学、化学、生物学、天文学、地球科学等不同学科领域，覆盖9个年级的义务教育科学课程标准完成修订，并于2022年4月21日发布。

基于素养立意、注重综合、进阶设计、加强实践、立足现实的修订思路，《义务教育科学课程标准（2022年版）》（以下简称"课标"）在多方面取得了明显的突破：凝练了核心素养，调整了课程结构，精简了课程内容，突出了育人导向，制定了学业质量，强化了实施指导等。

课标的有效实施是一项富有挑战性的工作，涉及实施规划制订、教师专业发展、教学条件建设、课程资源开发、教学方式变革、评价方式改革等方面，特别是科学课程，由于基础比较薄弱，课标创新明显，有效实施具有更大的难度。课标实施过程中的重点和难点有以下几个方面：一是基于核心素养制定教学目标。科学课程旨在培育学生的核心素养，理解科学课程要培养的学生核心素养的内涵和构成、发展要求以及各组成要素的本质，并基于核心素养制定教学目标，需要教师具有较高的理论水平和实践经验，是科学课程有效实施的重点和难点。二是课程内容的组织。义务教育科学课程设置了13个学科核心概念，每个学科核心概念又分解成若干个学习内容；物质与能量、结构与功能、系统与模型、稳定与变化4个跨学科概念的学习依托13个学科核心概念来实现；技术与工程部分的学习要基于学生已有知识经验和认知水平，综合利用学科核心概念和跨学科概念，通过综合实践，解决真实情境中的技术与工程问题。如何理解核心概念并围绕核心概念组织教学内容，开展基于核心概念的单元教学设计？如何把握核心概念的进阶，强化学段教学内容安排的序列化和递进性？这些是科学课程有效实施的又一重点和难点。三是开展思维型探究与实践活动。鉴于现行科学教学中有不少重视科学探究过程、忽视学生积极主动思考的情况，修订后的课标强调整合启发式、探究式、互动式、体验式和项目式等各种教学方式的基本要求，开展能够促进学生积极思考的思维型探究与实践活动。对这一教学思想的深入理解和有效实施，也是课堂教学实施的重点和难点。

为了探索课标有效实施的途径，现代教学技术教育部重点实验室在辽宁省、湖南省、重庆市、深圳市、武汉市、西安市建立了实验区，经过近两年的探索，取得了一定的经验。本套书案例涉及小学3个学段和13个学科核心概念，包括基于核心概念的单元教学和课时教学设计，反映了思维型探究与实践的基本思想和核心概念的进阶路线，体现了基于核心素养确定教学目标、围绕核心概念组织教学内容、以学生为主体进行教学设计、以探究实践为主要方式开展教学活动，可以对教师在教学中落实课标要求提供较好的示范与引领作用，有助于提高科学教学质量。

在本套书的编写过程中，本人负责编写方案的制订、统稿等工作；李霞主要负责案例的审查和打磨等工作；刘天成、张敏、曹雷、邵发仙、童海云、易传发、张建武等负责本省（市）案例的收集、打磨与审查等工作，对于提供案例的作者，书稿中已经标注了他们的姓名和单位。

在本套书出版之际，感谢现代教学技术教育部重点实验室、中国教育学会科学教育分会的大力支持，感谢实验区的积极探索，感谢编委会的共同努力，感谢案例作者的辛勤劳动，感谢陕西师范大学出版总社领导的精心组织和编辑的认真工作。思维型探究实践是课标对教学提出的高标准要求，因为实验时间短，优秀的实践案例比较缺乏，再加上我们的水平所限，书中难免会有不到之处，恳请广大读者批评指正。

现代教学技术教育部重点实验室
中国教育学会科学教育分会
陕西师范大学科学教育中心
2024 年 5 月

前言 / preface

《义务教育科学课程标准（2022年版）》（以下简称"课标"）课程内容围绕核心素养所包括的科学观念、科学思维、探究实践、态度责任，对义务教育阶段课程内容进行了结构化安排。具体表现为以4个跨学科概念、13个学科核心概念为统领，确定了1~9年级学生应该达到的科学素养水平，进阶设计了科学学习路径。具体的内容要求紧紧围绕核心概念，对物质科学、生命科学、地球与宇宙科学、技术与工程等相关内容进行横向整合，对1~2年级、3~4年级、5~6年级、7~9年级四个学段的具体内容进行纵向联结，以"少而精"的科学事实、科学概念、科学原理等支撑学生的科学学习。

课标结构化的课程内容对课堂教学提出了新要求。如何理解核心概念并围绕核心概念组织教学内容？如何把握核心概念的进阶，强化学段教学内容安排的序列化和递进性？如何聚焦核心素养目标，实施思维深度参与的科学探究与工程实践？这些成为落实课标，有效开展课堂实践的重点和难点。基于课堂观察与深入调研，我们发现：在松散单元教学视角下，课时三备（"备教材""备学生""备教法"）的框架和实践，不足以帮助到教师开展素养导向的课堂实践。聚焦核心素养，开展基于核心概念的单元教学设计，依托少而精的知识支撑思维深度参与的科学探究和工程实践，成为本套书的攻关重点。

单元作为最小的课程单位，一直是教材编写和课堂教学的重要载体。本套书从单元教学设计的视角，建构了聚焦核心概念的思维型单元教学设计的理论与操作框架。思维型单元教学设计是基于思维型教学五大原理，对单元及每课时的教学进行系统性、整体性规划的设计。以动机激发、认知冲突、自主建构、自我监控、应用迁移五个基本学习原理为理论支撑；将聚焦核心概念的单元教学内容规划、单元学习目标设计、单元学习评价设计、学生情况分析、单元学习进程设计、持续反馈与应用设计、单元教学反思等要素建立深度关联，形成操作框架，进而实现优化的课堂教学效果。

本套书基于思维型教学原理与单元设计框架进行案例的编写，对应13个学科核心概念，针对3个学段设计了38个探究实践案例。单元设计中，通过梳理本单元学习指向的核心概念及学习进阶路线、单元学习内容的组织线索，来确定本单元对核心概念建构的重要价值；基于此，从核心素养的四个方面整体确定单元学习目标，在落实课标内容要求的基础上选择可操作的、易检测的行为动词，对目标进行较为精准的制定；在单元目标导向下，设计嵌入真实问题、真实情境的单元学习评价，用以考查学生在单元学习结束后解决复杂问题的能力；学生情况分析是教学程序设计的基础，从学习起点、学习状态、学习困难三个维度进行分析，在学习起点的分析中特别关注了学生思维水平，在学习状态的分析中特别关注了学生的思维动力，在学习困难的分析中特别关注了学生的前概念；单元学习进程设计以学习问题链整体引领学生的学习路径，从单元主要概念、学习进阶、学习问题链、主要学习活动及思维型教学原理等几个方面整体考虑；

持续反馈与应用设计是在单元教学结束后供教师选择性使用，以实现对概念学习的拓展迁移为目的，从而能够持续建构概念、发展问题解决能力；单元教学反思则是作者对现有单元教学的反思与迭代，为使用本套书的教师进一步优化教学提供参考。

核心概念统领下的思维型单元教学设计立足核心素养的形成，围绕核心概念，追求用少而精的内容实现科学教育价值的最大化。其内隐的是科学观念的形成过程、科学态度责任的发展过程，外显的是科学探究过程、工程实践过程。单元活动内容既是基于课标要求的经典性内容，又是紧密结合生活生产、社会科技等领域的创新性内容。本套书各位作者经过系统设计和反复实践，将有效的方法和策略进行呈现，以期能对一线教师的课堂教学起到较好的参考作用。

义务教育科学课程标准修订专家组成员

杭州市基础教育研究室附属学校　特级教师　正高级教师

2024 年 5 月

目录 / contents

物质的结构与性质 / 1

案例 1　用感官观察 / 1

第 1 课时　认识感官 / 7

第 2 课时　感官总动员 / 12

第 3 课时　借助工具观察 / 18

物质的结构与性质 / 26

案例 2　杯子不简单 / 26

第 1 课时　各种各样的杯子 / 31

第 2 课时　保温杯 / 34

第 3 课时　选择合适的杯子 / 39

第 4 课时　改进我们的杯子 / 42

物质的变化与化学反应 / 49

案例 3　水 / 49

第 1 课时　水是什么样的 / 53

第 2 课时　玩转小水轮 / 61

第 3 课时　盐和糖哪儿去了 / 69

物质的运动与相互作用 / 77

案例 4　磁铁 / 77

第 1 课时　磁铁能吸引什么 / 82

第 2 课时　磁铁怎样吸引物体 / 86

第 3 课时　磁铁的两极 / 94

第 4 课时　磁极间的相互作用 / 101

第 5 课时　磁极与方向 / 106

第 6 课时　做一个指南针 / 113

生命系统的构成层次 / 121

案例 5　我们自己 / 121

第 1 课时　观察我们的身体 / 127

第 2 课时　通过感官来发现 / 131

第 3 课时　观察与比较 / 137

第 4 课时　测试反应快慢 / 141

第 5 课时　发现生长 / 147

第 6 课时　身体的"时间胶囊" / 151

生物体的稳态与调节 / 157

案例 6　观察小动物 / 157

第 1 课时　蚂蚁 / 162

第 2 课时　蜗牛 / 168

第 3 课时　动物的感知本领 / 173

生物与环境的相互关系 / 180

案例 7　植物 / 180

第 1 课时　校园里的植物 / 186

第 2 课时　塑料花与绿植 / 190

第 3 课时　一棵完整的植物 / 194

第 4 课时　观察一片叶 / 200

第 5 课时　生机勃勃的植物 / 205

第 6 课时　形形色色的植物 / 210

宇宙中的地球 / 218

案例 8　我们的地球家园 / 218

第 1 课时　地球家园中有什么 / 223

第 2 课时　土壤——动植物的乐园 / 228

第 3 课时　太阳的位置和方向 / 234

第 4 课时　观察月相 / 239

第 5 课时　各种各样的天气 / 245

第 6 课时　不同的季节 / 250

第 7 课时　做大自然的孩子 / 256

地球系统 / 264

案例 9　赖以生存的土壤 / 264

第 1 课时　认识土壤 / 268

第 2 课时　土壤与生命 / 272

人类活动与环境 / 278

案例 10　人类生活与自然环境 / 278

第 1 课时　家里的木制品 / 282

第 2 课时　我们的用水 / 286

第 3 课时　土壤和我们的生活 / 290

第 4 课时　人与自然和谐吗 / 294

第 5 课时　资源回收　变废为宝 / 298

第 6 课时　人类与自然环境共生 / 302

技术、工程与社会 / 309

案例 11　打开工具箱 / 309

第 1 课时　认识常见的工具 / 315

第 2 课时　设计小温室 / 320

第 3 课时　制作小温室 / 324

工程设计与物化 / 332

案例 12　多功能餐盒 / 332

第 1 课时　餐盒的使用现状分析 / 338

第 2 课时　餐盒的功能 / 343

第 3 课时　设计多功能餐盒 / 348

第 4 课时　制作多功能餐盒 / 352

第 5 课时　改进多功能餐盒 / 355

第 6 课时　多功能餐盒产品发布会 / 360

物质的结构与性质

案例1 用感官观察

单元教学内容规划

（一）本单元学习指向的核心概念及学习进阶路线

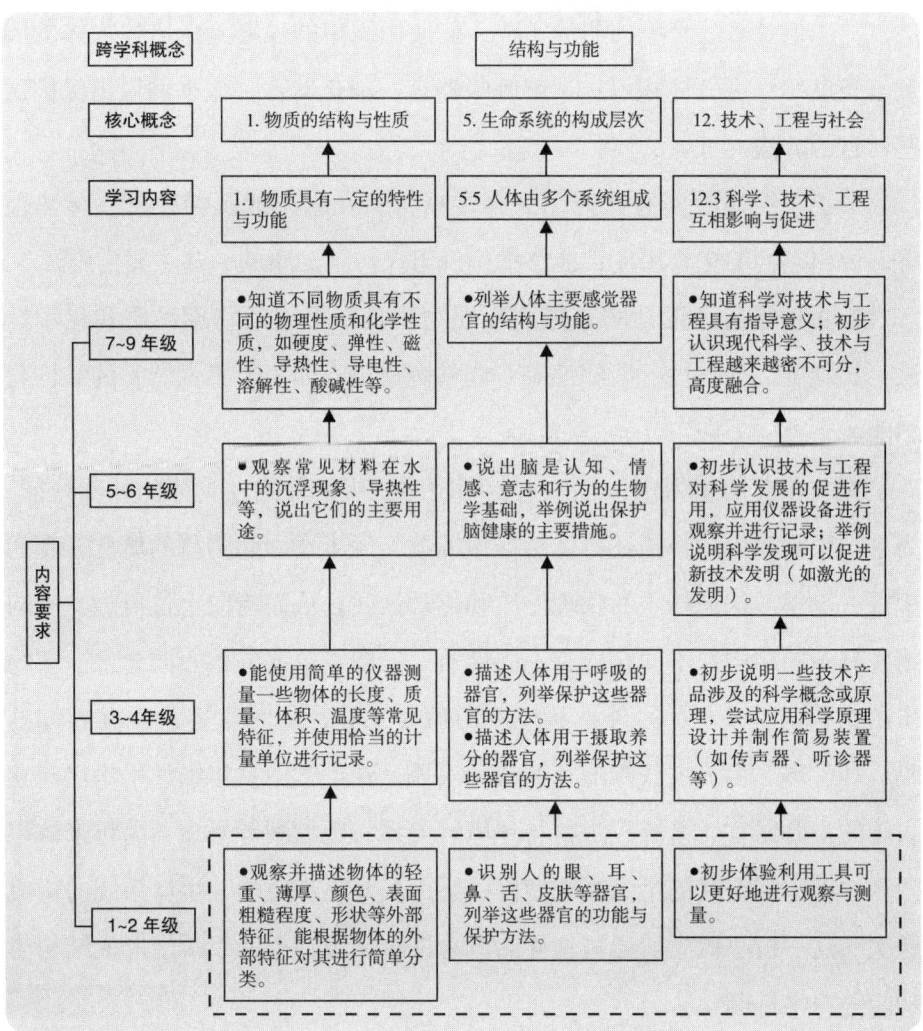

本单元主要聚焦"物质的结构与性质"和"生命系统的构成层次"两个核心概念，主要落实《义务教育科学课程标准（2022年版）》（以下简称"课标"）中"物质具有一定的特性与功能""人体由多个系统组成"的学习内容要求。

1~2年级在实验观察中学会用感官观察并描述物体的轻重、薄厚、颜色、表面粗糙程度、形状等外部特征；认识人的眼、耳、鼻、舌、皮肤等感觉器官，通过举例了解这些器官的功能与保护方法；通过观察活动初步体验利用工具可以更好地进行观察与测量。

3~4年级通过简单的测量实践，能使用简单的仪器测量描述物体的质量、长度、温度、体积等；了解呼吸器官、消化器官，能举例说出保护这些器官的方法。

5~6年级通过实验探究，观察常见材料在水中的沉浮现象、导热性等，说出它们的主要用途；能够举例说出保护脑健康的一些主要措施。

7~9年级通过设计实验探究不同物质具有不同的物理性质和化学性质，如硬度、导电性、溶解性等；能举例说出人体主要感觉器官的结构与功能。

在本单元的学习中，学生主要利用感官观察并描述物体的外部特征，为小学中高年级测量描述物体特征做铺垫，逐步建立起物质的概念，到初中进一步学习认识物质的物理性质和化学性质，从而指向上位概念"不同物质有不同结构，不同结构有不同性质"，即本单元的核心概念之一"物质的结构与性质"。另外，从宏观的角度来看，从学生容易观察感知的眼、耳、鼻、舌、皮肤等器官的认识入手，到小学中高年级学生慢慢建立人体的主要器官、系统、生物与环境的关系、生物圈等概念，为将来认识微观的细胞到宏观的生态系统做好铺垫，从而逐步建构"生命系统的构成层次"这一核心概念。通过这样的概念进阶学习，有助于学生形成结构与功能等跨学科概念。

（二）本单元学习内容的组织线索

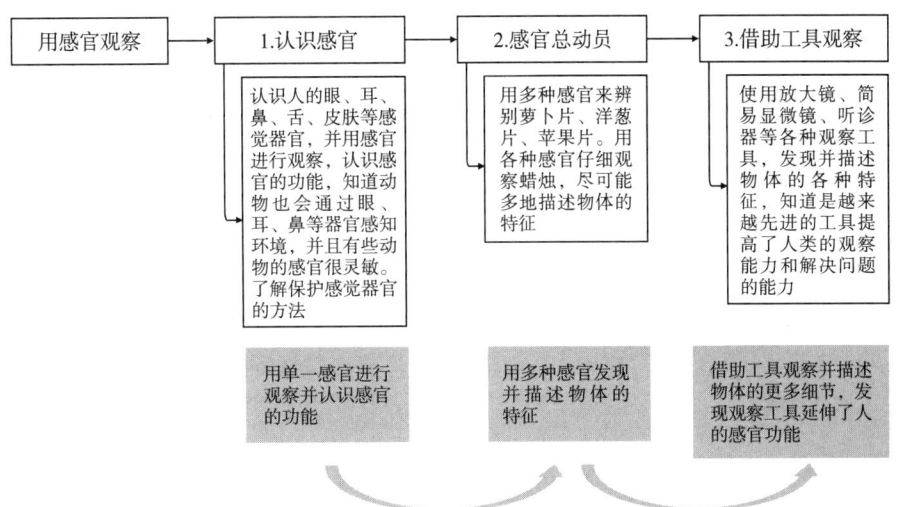

单元学习目标设计

核心素养	学习目标
科学观念	1. 认识人的眼、耳、鼻、舌、皮肤等感觉器官及其功能，知道动物也能用眼、耳、鼻等器官感知环境，并且有些动物的感官很灵敏。 2. 知道要全面认识掌握事物的特征，需要动用多种感官。 3. 知道观察工具延伸了人的感官功能，使用简单工具可以观察到事物更多的细节
科学思维	1. 利用感官观察到的物体特征与已有经验进行比较，辨别物体。 2. 多角度、多方式认识事物，能全面综合地表达事物的外部特征
探究实践	1. 利用各种感官尝试观察并描述物体的特征，能够探究周围世界。 2. 观察并描述物体在颜色、形状、声音、气味、味道、表面粗糙程度、冷热等方面的特点，并能运用语言、文字、图表等表达自己的想法。 3. 会正确使用放大镜、简易显微镜、听诊器等观察工具，观察描述事物的更多细节
态度责任	1. 能在好奇心的驱动下，对常见物体的外部特征、科学现象等表现出探究兴趣。 2. 养成仔细观察、耐心倾听的习惯。 3. 在借助各种工具观察周围世界的过程中，感受科技改变着当今世界

单元学习评价设计

单元学习评价设计一

"用感官观察"评价量表

核心素养	评价指标	评价等级 ★	评价等级 ★★	评价等级 ★★★	评价结果
科学观念	认识感官及其功能	能说出人的眼、耳、鼻、舌、皮肤等感觉器官及其功能	能说出人的感觉器官及其功能,知道动物也能感知环境	能说出人的感觉器官及其功能,知道动物也能感知环境,知道要全面认识掌握事物特征,需要动用多种感官	☆☆☆
		知道观察工具延伸了人的感官功能	知道观察工具延伸了人的感官功能,使用简单工具可以观察到事物的更多细节	知道观察工具延伸了人的感官功能,会使用简单工具观察到事物的更多细节	☆☆☆
科学思维	综合运用感官观察	利用感官观察到的物体特征与已有经验进行比较,辨别物体	利用感官观察到的物体特征与已有经验进行比较,辨别物体,并能够运用语言文字、图表等表达自己的想法	利用感官观察到的物体特征与已有经验进行比较,辨别物体;会从多角度、多方式认识事物,能全面综合地表达事物的外部特征	☆☆☆
探究实践	利用感官观察描述	利用各种感官尝试观察物体及周围世界,描述物体特征	利用各种感官尝试观察物体及周围世界,能从颜色、形状、声音、气味等方面描述物体特征	利用各种感官尝试观察物体及周围世界,能从颜色、形状、声音、气味等方面描述物体特征,并能运用语言、文字、图表等表达自己的想法	☆☆☆
		会使用放大镜、简易显微镜、听诊器等观察工具	会使用放大镜、简易显微镜、听诊器等观察工具,观察事物的更多细节	会使用放大镜、简易显微镜、听诊器等观察工具,观察并描述事物的更多细节	☆☆☆
态度责任	保持感官观察兴趣	对常见物体的外部特征、科学现象等表现出探究兴趣,养成一定的观察、倾听习惯,感受科技改变着当今世界	对常见物体的外部特征、科学现象等表现出探究兴趣,养成仔细观察、耐心倾听的习惯,在借助工具观察的过程中,感受科技改变着当今世界	对常见物体的外部特征、科学现象等表现出探究兴趣,养成仔细观察、耐心倾听的习惯,从观察工具变化的角度举例说出科技改变着当今世界	☆☆☆

单元学习评价设计二

1. 认一认,练一练

小朋友,你认识下面的这些感觉器官吗?请在括号内填上相应感觉器官的名称,并用直线将与其对应的功能连接起来。

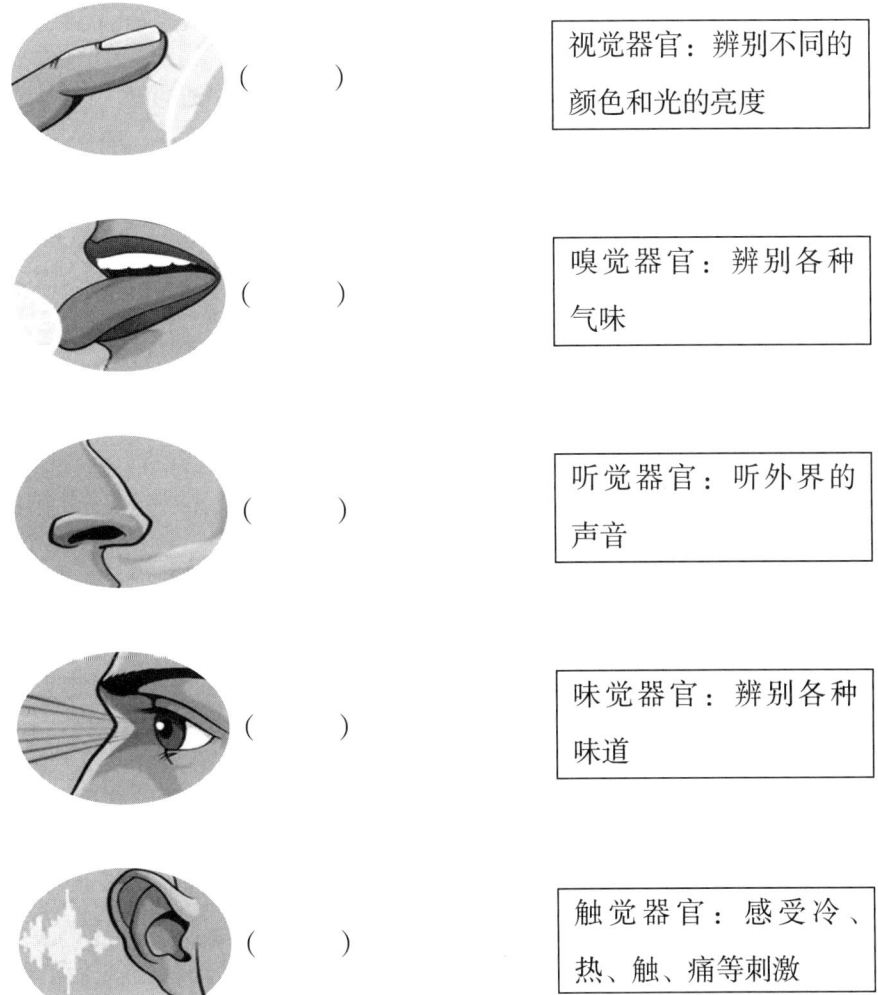

2. 做一做,说一说

选择一种你使用过的观察工具,用该工具观察一种物品,并描述物品的特征。

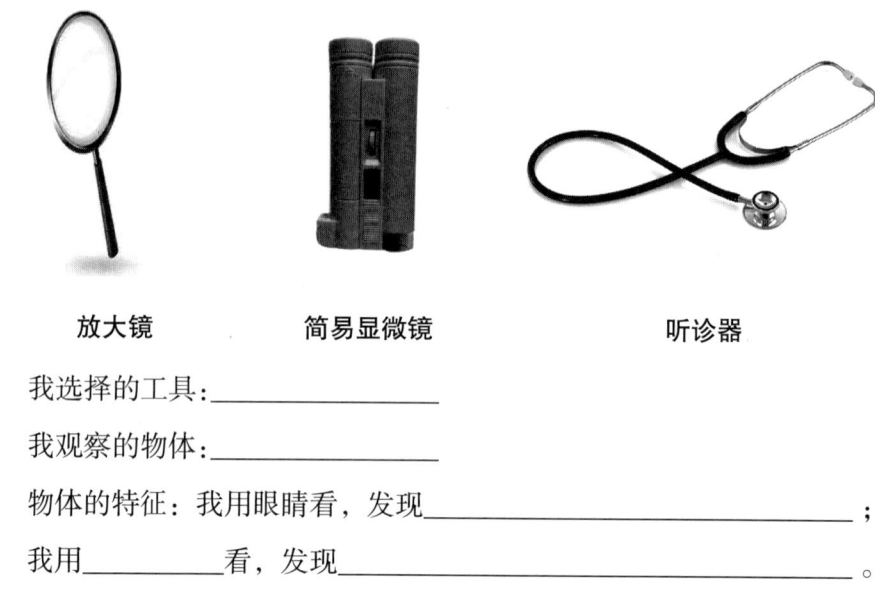

放大镜　　　　　　简易显微镜　　　　　　听诊器

我选择的工具：_____

我观察的物体：_____

物体的特征：我用眼睛看，发现_____；

我用_____看，发现_____。

学生情况分析

　　一年级学生对身边各种现象、事物充满了好奇心和求知欲，摸一摸、闻一闻、看一看、听一听、尝一尝……这些都是他们认识事物特征和探究周围世界的基本方法。"用感官观察"这一单元的学习内容浅显易懂，学习方法生动有趣，符合一年级学生的年龄特点和心理特征。在思维型探究实践单元学习过程中，以学生感兴趣的游戏活动为载体，在解决一个又一个让他们感到好奇的小问题的过程中，学生明白了观察伴随着今后科学探究的每一步，逐渐学会各种观察的方法，养成仔细观察的好习惯，培养良好的观察能力。

　　聚焦核心概念的思维型探究实践单元设计将核心素养有机融入科学学科核心概念的学习过程中，使学习目标、学习活动、教学评价紧密联系，为真正实现"教—学—评"一体化奠定了基础。从学习内容来看，"认识感官""感官总动员""借助工具观察"三课之间层层递进，螺旋上升，课与课之间又保持较好的独立性，学生能在每一课中经历一个相对完整的科学实践活动，在活动中获得丰富的感性认识，培养动手能力。

单元学习进程设计

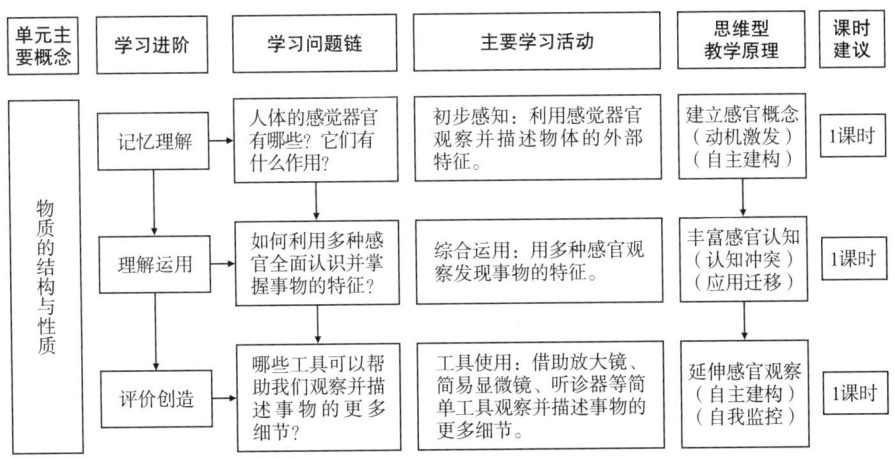

第1课时 认识感官

核心问题：人体的感觉器官有哪些？它们有什么作用？

【教学目标】

1. 在挑选西瓜的情境中，能说出人的感觉器官包括眼、耳、鼻、舌、皮肤等。能用感官观察物体的外部特征并描述交流。

2. 在用感官探索事物特征的活动中，能比较事物在用不同感官观察时的不同特征，能够将事物的不同特征综合并表达出来。

3. 在用感官探索事物特征的活动中，用不同感官观察事物，并与同学交流事物的不同特征。

4. 在用感官探索事物特征的活动中，感受用感官观察事物特征的乐趣，在活动中增加保护感觉器官的意识。

【教学重难点】

重点：指导学生用不同感官观察事物，并用自己的语言与同学交流事物的不同特征。

难点：能用感官观察事物的外部特征并进行描述交流。

【教学准备】

教师准备：西瓜、图片、白醋、酱油、各种声音片段、盲文触摸纸卡等。

学生准备：学习单等。

【教学过程】

一、创设挑选西瓜的情境，引入问题

1. 教师出示西瓜，讲述生活中挑选西瓜的情境，并提出问题：人们在生活中是如何挑选西瓜的？（预设：敲一敲听声音、看一看西瓜纹路是否清晰……）

2. 学生讨论交流。

3. 教师小结：人的眼、耳、鼻、舌和皮肤有一个共同的名字，叫作感觉器官。全身各处的皮肤是重要的感觉器官，能感觉冷、热、触、痛。

【设计意图】利用生活中挑选西瓜的情境，激发学生学习兴趣，并在这个情境中初步感受感觉器官的作用。

二、用五个感官探索事物的特征

（一）教师出示任务，组织学生按顺序说出看到的图片中的物品

1. 教师出示图片。

（1）活动要求：学生头部不动，面朝前，从左往右看，按顺序说出看到的图片中的物品。

（2）鼓励学生说出物品的颜色、花纹、形状等信息。

2. 教师提问：你知道哪些动物的眼睛非常奇特，本领强大？

3. 学生讨论交流。

4. 教师小结：我们通过眼睛可以观察到物品的颜色、花纹、形状等信息。有些动物的眼睛非常奇特，本领强大。

（二）教师出示任务，组织学生闭上眼睛描述听到的声音

1. 教师播放各种声音片段。

（1）活动要求：学生闭上眼睛，用耳朵听，描述听到了哪些声音。

（2）鼓励学生用语言描述听到的声音是怎样的。

2. 教师提问：你知道哪些动物的耳朵非常灵敏，能够听到人类听不到的声音？

3. 学生讨论交流。

4. 教师小结：我们通过耳朵听到声音。有些动物的耳朵非常灵敏，能够听到人类听不到的声音。

（三）教师出示任务，组织学生闭上眼睛描述闻到的物体气味

1. 教师出示醋、酱油。

（1）活动要求：学生闭上眼睛，闻一闻，并辨别哪个是醋，哪个是酱油。

（2）鼓励学生描述醋和酱油的气味区别。

2. 教师提问：你知道哪些动物的嗅觉非常发达？

3. 学生讨论交流。

4. 教师小结：我们通过鼻子闻到物体的气味。有些动物的嗅觉非常发达。

（四）教师出示任务，组织学生分析药片放置在舌头的哪个位置不觉得苦

1. 教师出示人舌头的味觉敏感区域分布图。

（1）教师提问：在吃药的时候，把药片放在舌头的哪个位置不觉得苦？

（2）教师强调：对不熟悉的东西不要随便闻和尝。

2. 学生讨论交流。

3. 教师小结：味蕾所感受的味觉可分为甜、酸、苦、咸四种。人感受苦味的味蕾集中在舌头根部。

（五）教师出示任务，组织学生闭上眼睛，描述用手触摸盲文的感受

1. 教师出示盲文触摸纸卡。

活动要求：学生闭上眼睛，用手指触摸纸卡上表示数字的盲文，描述是否能区分出它们？

2. 学生讨论交流。

3. 教师小结：我们通过手指触摸可以感受盲文的信息。我们全身各处的皮肤是重要的感觉器官，能感受冷、热、触、痛等刺激。

【设计意图】分别用眼睛、耳朵、鼻子、舌头和皮肤来观察事物，并描述观察到的事物的信息，从而让学生更多地借助各种感官来感知世界。

三、课堂小结，保护我们的感觉器官

1. 拓展提问：下列哪些做法是在保护我们的感觉器官，哪些不是？

2. 教师小结：我们用眼睛、耳朵、鼻子、舌头和皮肤来观察周围的事物。在日常生活中要保护好我们的感觉器官。

【设计意图】适当的拓展提问加课堂小结，有助于学生更好地了解自己的感官，并学会利用自己的感官去感知世界。

【精彩片段】——如何挑选西瓜，动机激发，初步认识感官

教师出示西瓜，利用人们如何挑选西瓜引出问题，激发学生研究感官的动机，引导学生初步认识感官。

师：同学们，你们的爸爸妈妈在买西瓜时，是如何挑选西瓜的？

生1：拍一拍，听听声音。

生2：我记得爸爸跟我说过，可以看一看西瓜的花纹。

师：在挑选西瓜时，常常看西瓜的哪里？

生1：可以看看西瓜的一端，有的圆大一点，有的圆小一点。

生2：还可以看看西瓜的尾巴，那个藤是否是绿色的、新鲜的。

生3：还可以看看西瓜的形状，西瓜是圆的还是扁的。

生4：可以用手感受西瓜重不重。

生5：有一次买西瓜时，老板直接叫我们尝一尝西瓜甜不甜。

生6：我爸爸告诉我挑选西瓜时，还可以闻一闻西瓜的气味。

【教学评析】

小学低年级段的学生在面对事物时，以直觉兴趣为主，在上面这个片段中，教师直接出示实物西瓜，创设如何挑选西瓜的情境，唤醒学生在日常生活中跟随家长买西瓜时挑选西瓜的经历，就如何挑选西瓜进行积极讨论。学生谈到可以用眼睛、鼻子、手（皮肤）等感官来挑选西瓜，通过创设生动有趣的真实情境，激发学生关注感官的学习动机，从而初步认识感官，引导学生积极思考。

【学习单】

小朋友,你知道我们的感觉器官有哪些吗?请填写在下面的圆圈中。

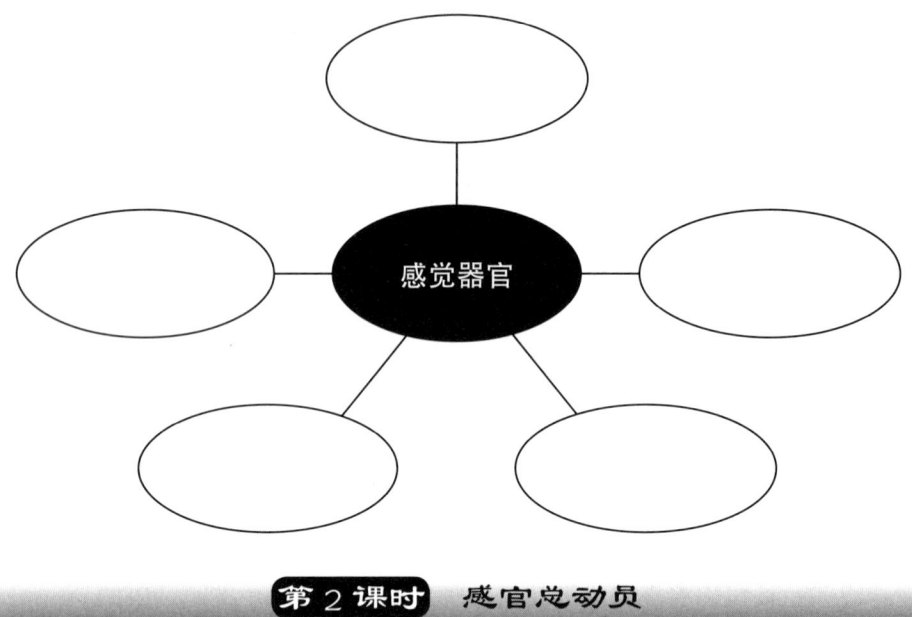

第 2 课时 感官总动员

核心问题:如何利用多种感官全面认识并掌握事物的特征?

【教学目标】

1. 知道要全面认识掌握事物的特征,需要动用多种感官。

2. 利用感官观察到的物体特征与已有经验进行比较,辨别物体;多角度、多方式认识事物,能全面综合地表达事物的外部特征。

3. 利用各种感官尝试观察并描述物体在颜色、形状、气味等方面的特征,运用文字、图表等记录物体的特征,表达自己的想法。

4. 能在好奇心的驱动下,对常见物体的外部特征、科学现象等表现出探究兴趣,养成仔细观察、耐心倾听的习惯。

【教学重难点】

重点:引导学生用多种感官观察事物的特征,并用自己的语言全面综合地表达事物的外部特征。

难点：利用感官观察到的物体特征与已有经验进行比较，辨别物体。

【教学准备】

教师准备：萝卜片、洋葱片、苹果片、眼罩、贴纸、蜡烛、点火器、班级记录单等。

学生准备：水、苏打水、醋、学习记录单等。

【教学过程】

一、创设情境，激发动机

1. 学生听"鼻子和舌头的争吵"的故事，评一评谁的话最有道理，并说出理由。

2. 教师出示萝卜片、洋葱片、苹果片，让学生从颜色、味道、气味等方面说一说它们的特点。

3. 揭示课题：感官总动员。

【设计意图】教师通过创设"鼻子和舌头的争吵"的故事情境，让学生认识人体感官中鼻子和舌头的作用。借助"萝卜片、洋葱片、苹果片"三种食物，帮助学生回忆它们的特点，同时复习巩固感官的功能，为后续全面观察综合信息与已有经验进行比较做准备。

二、动用感官，自主建构

1. 教师提问：如果把你的眼睛蒙起来，你还能分辨出这三种食物吗？你会用什么方法进行辨别呢？

2. 活动要求：

（1）全班学生戴好眼罩。

（2）老师将食物分3次分给学生。

（3）让学生捏住鼻子，用舌头尝一尝，记住它们的味道，并且不要告诉旁边的同学。

（4）收起食物，学生将3种食物的贴纸在班级记录单上贴一贴，小组内说一说自己的理由。

（5）重复同样的方法，全班学生戴好眼罩，老师再次将食物分3次分给学生，不捏住鼻子，用舌头尝一尝，记住它们的味道，并且不要告诉旁边的同学。

（6）收起食物，学生将3种食物的贴纸在班级记录单上贴一贴，小组内说一说自己的理由。

3. 教师强调：一般情况下，在实验中我们不能用嘴巴尝的方法辨别实验材料，包括实验材料中的食物，也不能随意用鼻子闻不清楚的东西。

4. 全班交流辨别结果，并说一说这样辨别的理由，特别是前后两次辨别结果不一致的同学，说一说为什么辨别结果会有变化。

5. 教师小结：我们在品尝食物味道的时候，通常是舌头和鼻子一起工作的。

【设计意图】一年级学生"舌""鼻"的功能还不是特别发达，通过"戴眼罩捏住鼻子用舌头尝""戴眼罩不捏住鼻子再用舌头尝"两个实践活动，训练学生"舌""鼻"的灵敏度和准确性。两次辨别结果不一致的学生，他们在捏住鼻子用舌头尝的时候，味觉没有那么敏感，松开鼻子再次用舌头尝的时候，鼻子的参与让他们对于气味的捕捉更为敏感。通过亲身体验，学生明白了在品尝食物的过程中，需要"舌""鼻"并用才能获得比较准确可靠的信息。

三、感官总动员，自我监测

1. 活动前，教师说明学习记录单，并指导学生记录的方法。

2. 教师出示蜡烛，并演示用点火器点燃蜡烛，观察并记录蜡烛点燃前后的不同特点。

活动要求：学生尽可能多地找出蜡烛点燃前后的不同特点，点燃蜡烛时要注意安全，有困难的小组可以请教师指导。

3. 学生进行实验，教师巡视指导。

4. 学生交流反馈，教师评出发现不同特点最多的小组。

5. 教师小结：要全面认识掌握事物的外部特征，需要动用多种感觉器官。

【设计意图】在观察蜡烛的活动中，教师要鼓励学生动用多种感官参与观察，寻找蜡烛点燃前后的变化，同时，也要鼓励学生用文字、图片等多种方式表达自己观察到和想到的。在活动中，学生慢慢学会多角度、多方式认识事物，掌握事物的外部特征，全面综合地认识事物，并能通过语言、文字、图表等方式表达自己的想法。

四、课后拓展，应用迁移

请家长帮忙在透明的塑料杯内倒入水、苏打水、白醋三种液体，分别贴上1号、2号、3号标签纸，充分调动你的眼、耳、鼻、舌、皮肤等感觉器官，综合应用各种感觉器官辨别水、苏打水、白醋这三种液体，用下面的句子跟家长说一说你的辨别方法。

例：我用_____，观察到_____，猜测_____号杯子里是_____。

【设计意图】通过亲子小实验——"水""苏打水""白醋"三种液体的辨别，训练学生眼、耳、鼻、舌、皮肤等感官的灵敏性。在活动中，学生学会迁移应用，利用课堂上学到的用眼睛看、用鼻子闻、用舌头尝等方法来辨别这三种液体，用多种不同的方法来区别液体，培养了学生的发散思维。

【精彩片段】——辨别常见食物的特点，在真实情境中激发学习动机

教师提供了一个真实的情境：出示萝卜片、洋葱片、苹果片，让学生从颜色、味道、气味等方面说一说它们的特点。

师：这是萝卜片，这是苹果片，这是洋葱片，那你们能说一说它们的特点吗？

生：老师，洋葱有一股刺鼻的气味。

师：你是怎么知道的？

生：我吃过。

师：那这刺鼻的气味是哪个感官告诉你的？是嘴巴告诉你的吗？

生1：不是，是鼻子。

生2：老师，萝卜是白色的。

生3：洋葱有白色和紫色的。

师：嗯，这是用眼睛观察到的。

生：苹果粉粉的，甜甜的。

师：是的，老师也吃过甜甜的苹果。

生：白萝卜有一点辣。

师：嗯，白萝卜会有一点点的辣味。

……

【教学评析】

教师通过一个真实的情境，让学生从颜色、味道、气味等方面描述萝卜、洋葱、苹果的特点，激发了学生课堂探究学习的兴趣。这三种食物对于大部分学生来说比较熟悉，也容易区别。当老师抛出这个问题时，学生参与的积极性是十分高涨的，学生迫不及待地说："洋葱有一股刺鼻的气味"。此时，教师通过"你是怎么知道的？""那这刺鼻的气味是哪个感官告诉你的？是嘴巴告诉你的吗？"等问题引导学生，得出气味是利用"鼻子闻"获得的信息。一方面学生了解了食物的特点，另一方面学生把发现事物特点与相应的感官对应起来了。慢慢地，学生的话匣子打开了，利用"眼"这一感官，从颜色、外形等方面进行辨别，通过调动自己的生活经验，从自己的大脑记忆中提取关于这三种食物的"气味、味道"等信息，用到了"舌""鼻"等器官。在这样真实的情境中，学生的参与是十分积极的，学生的思维发展也是有梯度的，学生的学习动机得到了最大限度的激发。

【学习单】

一、班级记录单

（一）戴上眼罩，捏住鼻子，用舌头尝一尝，初步辨别它们分别是什么？根据品尝顺序，将物品图片贴到相应的圈内。

（二）继续戴着眼罩，松开捏住鼻子的手，用舌头尝一尝，再次辨别它们分别是什么？根据品尝顺序，将物品图片贴到相应的圈内。

二、学习记录单

观察蜡烛点燃前后的变化，用尽可能多的感官记录蜡烛点燃前后的不同特点，并将这些特点记录在下表中。

感觉器官	👁	✋	👃
蜡烛点燃前			
蜡烛点燃后			

第3课时 借助工具观察

核心问题：哪些工具可以帮助我们观察并描述事物的更多细节？

【教学目标】

1. 通过用感官直接观察和借助简单工具观察的活动，知道使用简单工具可以观察到事物的更多细节。

2. 通过阅读图片资料，知道各种各样的观察工具延伸了人的感官功能。

3. 会用放大镜、简易显微镜等观察工具。

4. 能与同学合作，并乐于交流。

【教学重难点】

重点：能够使用简单工具观察事物的更多细节。

难点：会简单使用放大镜、简易显微镜等观察工具观察事物。

【教学准备】

教师准备：听诊器、放大镜、透明塑料膜、印泥、简易显微镜、多媒体课件等。

学生准备：学习单等。

【教学过程】

一、创设情境，激发动机

1. 教师提问：今天和大家一起上课，我的心情非常激动，心跳的速度很快，你们能用哪种感觉器官来观察到我的心跳？你们能听到我的心跳声吗？用什么方法能听到我的心跳声呢？

2. 学生自由回答。

【设计意图】教师通过创设情境引导学生观察教师的心跳，让学生认识到除了用手摸以外还可以用耳朵听，直接用耳朵听不到心跳声时还可以借助观察工具。

二、对比观察，自主建构

活动一：比较用耳朵直接听和用听诊器听心跳有什么不同

1. 教师出示听诊器图片并播放视频，讲解听诊器的使用方法以及注意事项。

2. 教师提问：用耳朵直接听和用听诊器听心跳会有什么不一样呢？

3. 小组活动：请同桌之间试着用听诊器听心跳，并在小组内交流与用耳朵听相比有什么不同。

4. 教师小结：利用听诊器可以帮助我们更清楚地听到心跳的声音。

【设计意图】通过对比用耳朵听和用听诊器听心跳的不同，让学生亲身体验使用观察工具大大延伸了听觉功能，发现使用工具的好处。

活动二：用肉眼、放大镜、简易显微镜观察指纹，比较不同

1. 问题情境导入：刚才听诊器上留下了两个指纹，你能分辨出哪个是自己的吗？

2. 教师引导学生用肉眼观察右手大拇指指纹，并提问：你看到的指纹是什么样的？并让学生完成学习单上的"画一画"。

3. 教师引导学生认识指纹的三种常见形状：斗形纹、弓形纹、箕形纹。

4. 教师出示放大镜，并播放放大镜的使用方法及注意事项的视频，引导学生用放大镜观察指纹，并完成学习单上的"画一画"。

5. 教师引导学生利用印泥在透明塑料膜上印上自己的大拇指指纹，完成学习单上的"印一印"。

6. 教师出示简易显微镜，并播放简易显微镜的使用方法及注意事项的视频，引导学生用简易显微镜观察印在透明塑料膜上的指纹，观察比较与刚才用放大镜看到的有什么不同？并让学生完成学习单上的"画一画"。

7. 教师小结：用放大镜时我们已经基本能看清楚指纹了，但是使用简易显微镜能让我们看得更清晰，看来利用这些观察工具可以帮助我们更清

楚地观察到事物的细节。

【设计意图】先用眼睛直接观察，再借助放大镜观察，最后使用简易显微镜观察，层层深入，符合学生的认知水平，发展了学生的深度思维。让学生利用观察工具观察事物时，先教会学生观察工具的使用方法，再让学生去观察，可以降低学生在活动中损坏观察工具的可能性，从而保证活动的顺利进行。

三、延伸拓展，自我监控

1. 教师提问：除了我们刚刚了解的工具以外，你们还知道其他哪些工具能帮助我们观察到事物的更多细节吗？

2. 学生自由回答。

3. 出示更多观察工具图片（如电子显微镜、望远镜……），并介绍这些观察工具的结构和功能。

4. 教师小结：电子显微镜、望远镜……这些观察工具的使用，拓展了我们的观察能力。

【设计意图】通过谈话了解学生已知道的观察工具，结合图文介绍，进一步让学生感受到利用工具可以拓展人的观察能力。

【精彩片段】——对比"用耳朵听"和"用听诊器听"，在体验中对比，完成自主建构

师：（出示听诊器图片）这个工具你们见过吗？

生：见过。

师：什么时候？在哪里见过呢？

生1：在医务室里见过。

生2：生病时，在医院见过，医生用来给病人检查身体。

师：这个工具叫作听诊器。

师：用耳朵直接听和用听诊器听心跳，你们觉得会有什么不一样呢？

生：我觉得用听诊器会听得更清楚。

师：下面就请同桌之间试着用听诊器听一听心跳声，并在小组内交流与用耳朵听有什么不同？在使用听诊器前，我们先来了解一下听诊器要怎样使用，使用时我们都要注意什么呢？

教师播放视频，并讲解听诊器的使用方法以及注意事项。

提示：在使用听诊器的时候保持教室内安静，不要用力敲打听诊器或者对着听诊器大声喊，以免破坏听诊器或损伤耳朵。

学生分组用听诊器听心跳。

师：谁来说一说用听诊器听心跳和直接用耳朵听心跳有什么不同？

生1：用听诊器听心跳声，砰砰砰得很大声。

生2：我觉得用听诊器听比直接用耳朵听听得清楚。

师：利用听诊器可以帮助我们更清楚地听到心跳的声音。

【教学评析】

听诊器对于学生来说并不陌生，但是在实际生活中，会使用听诊器的学生很少，所以在使用之前教师应该具体地讲解听诊器的使用方法和注意事项。在这个对比观察活动中，工具选取从学生熟悉的听诊器入手，贴近学生生活，提高学生参与的兴趣；同时，通过对比用耳朵听和用听诊器听心跳的不同，学生亲身体验后发现"用听诊器听心跳声，砰砰砰得很大声"，比直接用耳朵听得更清晰，强烈的认知冲击使学生完成自主建构：使用工具大大延伸了听觉功能，发现使用工具的好处。

【学习单】

活动一：比较用耳朵听和用听诊器听心跳有什么不同

听心跳	说一说你的发现
用耳朵听	
用听诊器听	

活动二：用肉眼、放大镜、简易显微镜观察指纹，比较不同

1. 画一画

用肉眼观察大拇指指纹	用放大镜观察大拇指指纹

用简易显微镜观察大拇指指纹

2. 印一印

用印泥印大拇指指纹 （粘贴透明塑料膜）

3. 看一看

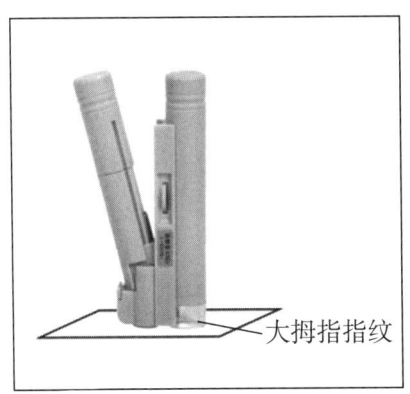

大拇指指纹

持续反馈与应用设计

项目式作业 感官与观察

1. 自然界中许多动物都具有某种特别发达的感官,这些感官有着我们意想不到的功能,将你了解到的信息填写在下面的表格中,并和同学们一起分享。

动物	发达的感官	功能
……		

2.随着科技的发展,越来越多的观察工具拓展了我们的观察能力。请借助阅读资料,选取其中的一种观察工具做一张名片,展示到班级科学角。

观察工具名称:＿＿＿＿＿＿＿＿＿＿＿＿＿＿＿

观察工具功能:＿＿＿＿＿＿＿＿＿＿＿＿＿＿＿

＿＿＿＿＿＿＿＿＿＿＿＿＿＿＿＿＿＿＿＿＿＿

单元教学反思

对于一年级的学生来说,对观察的认识还只是一个起步阶段,本单元通过一系列动手动脑的活动,旨在落实课标中低年级段的课程目标。本单元包括"认识感官""感官总动员""借助工具观察"三部分内容,以核心概念"物质的结构与性质"作为单元组织的聚合器,抓住"如何用感官观察"这一单元主干问题,从结构与功能的属性对该问题展开进一步追问,构成引发思考与探究的活动链:(1)明确什么是感官,认识到这些感官的一些功能;(2)综合运用感官进行观察,全面认识掌握事物的特征;(3)了解各种各样的观察工具,知道越来越先进的工具提高了人类的观察能力和解决问题的能力。

本单元的教学设计,整体的逻辑关系也呈现出了人类观察活动不断深入,观察工具不断完善,观察能力不断提高的一个过程。一系列动手动脑的活动是思维型单元教学的主线,有助于进一步强化对科学学科逻辑的深层次理解,能够持续挖掘学生学习潜力,提升自主建构能力。本单元教学设计的亮点:基于学习进阶的单元教学目标设计契合学科核心素养理念,单元学习指向的核心概念、学习进阶路线以及学习内容的组织线索，牢牢把握本单元学习聚焦"物质的结构与性质"这一核心概念。在单元整体教学设计的框架下，每一课的教学内容设计紧紧围绕落实课标中1~2年级相关的学习内容要求，层层递进，螺旋上升，实现一年级学生在每一课中经历一个相对完整的科学实践活动。

在聚焦核心概念的思维型探究实践单元设计思路下，教师在教学过程中始终能做到心中有谱，教学有方，明白本单元学习内容在整个义务教育阶段的学习进阶中是如何循序渐进的，从而选择采用归纳、分析、综合、联想等合适的教学思维策略，指导学生开展主题式探究实践。本单元在科学观念方面，学生要了解人的眼、耳、鼻、舌、皮肤等感觉器官及其功能，知道观察工具延伸了人的感官功能；在科学思维方面，学生能在教师引导下，运用观察、比较、分析、判断等方法，多角度、多方式认识事物，全面综合地表达事物的外部特征；在探究实践方面，学生要在教师的指导之下，能够利用多种感官，以及放大镜、简易显微镜、听诊器等简单的观察工具观察事物的外部特征；在态度责任方面，学生要能够在好奇心的驱使之下，对生活中常见的动植物以及事物的外部特征，生活当中常见的科学现象、自然现象表现出浓厚的探究兴趣，了解到常见的科技产品也给人们的生活带来了一些便利。

案例提供者：汪钢钧，杭州市萧山区瓜沥镇第三小学
朱玲爱，杭州市萧山区瓜沥镇任伯年小学
陆丽芬，杭州市萧山区瓜沥镇党山小学
指导教师：李　霞，杭州市基础教育研究室附属学校

物质的结构与性质

案例2 杯子不简单

单元教学内容规划

（一）本单元学习指向的核心概念及学习进阶路线

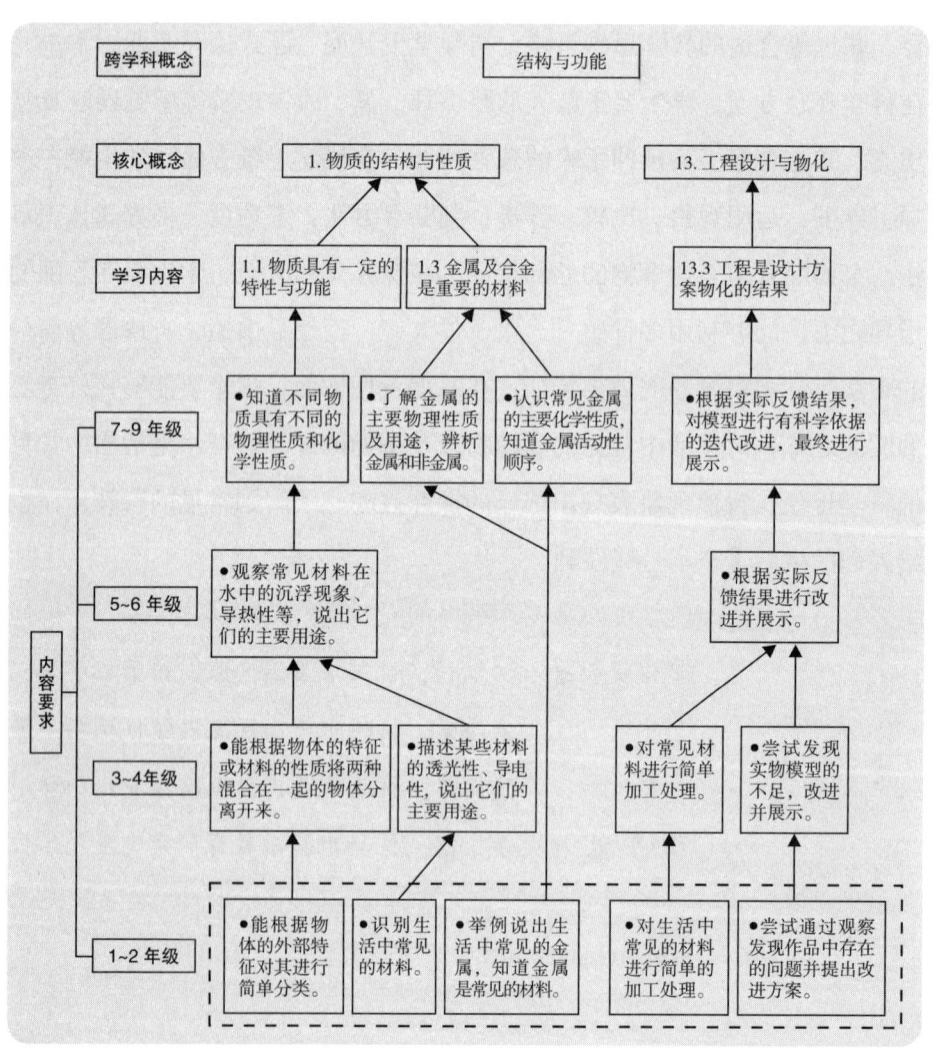

本单元聚焦"物质的结构与性质"核心概念,落实课标中"物质具有一定的特性与功能"的学习内容要求。

世界是物质的,太阳系、地球、原子、基本粒子、电磁场等都是物质。不同组成与结构的物质具有不同的性质,物质的性质决定了其功能和用途。

1~2年级初步认识材料,能识别生活中的常见材料,通过观察物体的外部特征,初步对其进行简单分类。

3~4年级通过初步探究能描述材料的特性,并能说出它们的用途,初步建立物质的性质决定其功能和用途的概念。

5~6年级通过设计实验、比较分析常见材料在水中的沉浮现象、导热性等,说出它们的主要用途。

7~9年级通过探究知道不同物质具有不同的物理性质和化学性质。

在层层深入的学习过程中,本单元建构了物质的性质决定其功能与用途的概念,也有助于学生形成结构与功能的跨学科概念。

(二)本单元学习内容的组织线索

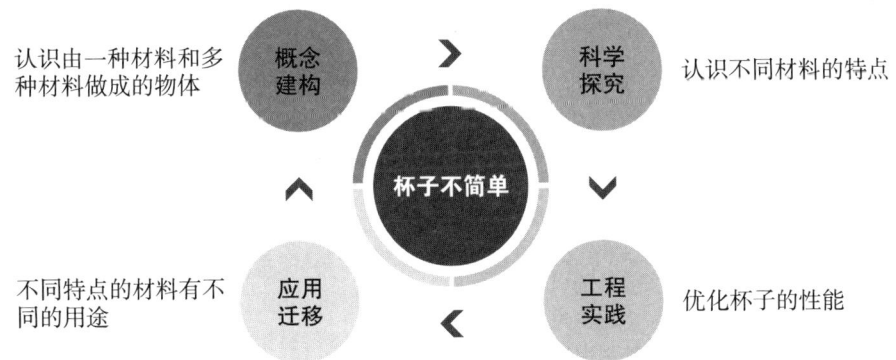

单元学习目标设计

核心素养	学习目标
科学观念	1. 认识生活中常见的材料,了解新材料及其用途。 2. 知道物品是由一种或多种材料制成的,不同的材料具有不同的特性,材料的特性决定材料的用途

续表

核心素养	学习目标
科学思维	1. 能辨别生活中常见的材料。 2. 能比较用不同材料制成的杯子的外部形态特点及其功能。 3. 能分析说明用不同材料制成的杯子在使用时存在的问题
探究实践	1. 能利用多种感官或者简单的工具，观察、比较、描述常见材料的轻重、软硬、易碎、易烫、光泽、透明度、光滑程度等特点。 2. 能找出支持自己在不同场合选择合适功能杯子的证据。 3. 能对常见的杯子提出优化的设计方案
态度责任	1. 能在好奇心的驱使下，体验探究杯子的乐趣，意识到探究材料的重要性。 2. 感受杯子的发展史给人类社会发展带来的巨大变化和深远影响

单元学习评价设计

单元学习评价设计一

"杯子不简单"评价量表

核心素养	评价指标	评价等级			评价结果
		★	★★	★★★	
科学观念	认识制成物品的材料	能在教师的引导下，举例说出物品是由一种或多种材料制成的	能在教师的引导下，举例说明物品是由一种或多种材料制成的	能根据教师提供的各类材料，自主辨认出物品是由一种或多种材料制成的	☆☆☆
科学思维	理解材料的性能和用途	能在教师的引导下，了解常见材料的基本用途	能在教师的引导下，比较常见材料的性能，了解材料的主要用途	能根据学习单提供的实验记录，比较常见材料的性能，判断材料的主要用途	☆☆☆
探究实践	探究材料的性能	在探究不同材料的性能时，需要教师提醒才会运用感官或简单工具观察、比较、描述材料的特点	在探究不同材料的性能时，需要教师提醒才会运用多种感官或简单工具综合观察、比较、描述材料的特点	在探究不同材料的性能时，能自主运用多种感官或简单工具综合观察、比较、描述材料的特点	☆☆☆

续表

核心素养	评价指标	评价等级			评价结果
		★	★★	★★★	
态度责任	探究材料的兴趣	能在教师的引导下，愿意对常见材料的外在特点及用途进行探究，意识到探究材料的重要性	能在好奇心的驱使下，对常见材料的外在特点及用途的探究表现出一定的兴趣，领悟到探究材料的重要性	能在好奇心的驱使下，对常见材料的外在特点及用途表现出浓厚的探究兴趣，形成对材料进行探究的意识	☆☆☆

单元学习评价设计二

家中杯子小调查

人们常常需要根据自己的需求选择合适的杯子，你的家里也有各式各样满足不同需求的杯子吧，让我们来做个小调查吧！

1. 调查家中杯子的种类

序号	杯子	主要材料	使用场合
例如	一次性纸杯	纸质	有人来家里做客时使用
1			
2			
3			
4			

2. 你最喜欢的杯子是哪一个？它能满足你的哪些需求？

满足的需求	评价等级
容量	☆ ☆ ☆
保温	☆ ☆ ☆
隔热	☆ ☆ ☆
携带	☆ ☆ ☆
防滑	☆ ☆ ☆
美观	☆ ☆ ☆

3. 你希望你的杯子具有哪些功能？用什么材料可能会实现这些功能呢？

学生情况分析

材料是指用于制造物品的物质，材料的发现、发明及利用是人类文明进步的产物，与人们的日常生活密切相关。对二年级学生而言，材料的概念既熟悉又陌生。在本单元对材料展开的探究中，学生从对物品特征的观察深入到对材料特性的认识；认识到物品会随着新材料的出现而不断演变，材料性能可以改变或优化；了解人类根据功能和用途选择不同材料，利用技术加工材料、制造物品。在运用感官观察物体的基础上进一步发展观察能力，符合二年级学生的学习特点、实践能力等水平特征，贴近二年级学生的最近发展区。在整个单元的学习过程中，教师需要激发学生的科学思维，拓展学生认知材料特性的深度和广度。

思维型探究实践单元教学设计将核心素养有机融入学科核心概念的学习过程中，学习活动和目标结合紧密，让学生在真实情境活动中获得丰富的感性认识，提升动手能力。学生在对杯子的材料及其特性的一系列全面系统的探究过程中，对学习内容进行深度加工，解决了"材料是什么""材料有何特点""材料特点与用途的关系"等问题，完成经验和知识的相互转化，在探究实践中发展思维能力，体验学以致用的乐趣。

单元学习进程设计

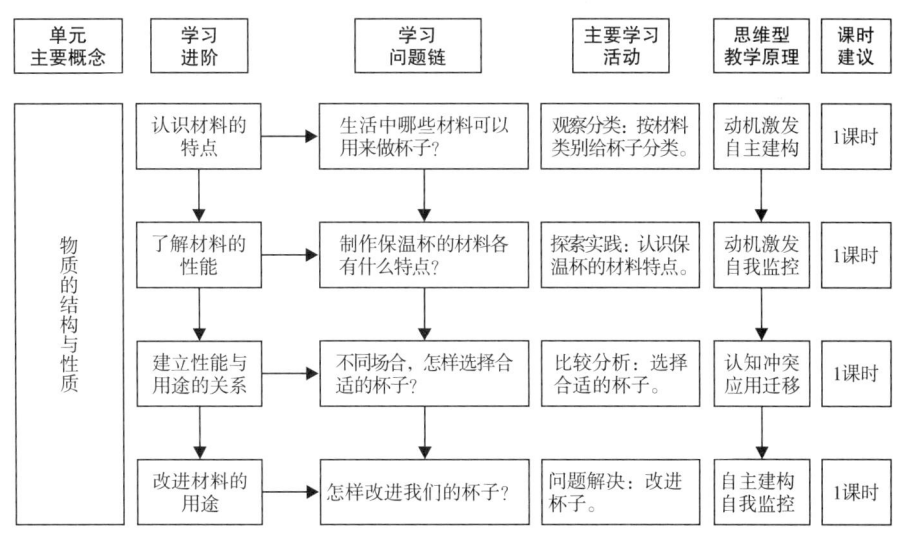

第1课时 各种各样的杯子

核心问题:生活中哪些材料可以用来做杯子?

【教学目标】

1.识别生活中常见材料做的杯子,认识不同材料具有不同的特点,不同的材料可以制作同一物品。

2.能按材料类别对常见物品进行分类,归纳金属、塑料、陶瓷、纸、木材等材料的特点。

3.运用看、摸、掂等多种方法观察制作杯子的材料的特点,能与同伴交流自己观察的常见材料的特点。

4.能关注身边的材料,愿意倾听、乐于表达和分享自己的观察结果,实事求是地描述材料的特点。

【教学重难点】

重点:能按材料类别对常见物品进行分类,归纳金属、塑料、陶瓷、纸、木材等材料的特点。

难点：运用看、摸、掂等多种方法观察制作杯子的材料的特点，能与同伴交流自己观察的常见材料的特点。

【教学准备】

教师准备：多媒体课件、8种材料（金属、塑料、木材、陶瓷、纸、硅胶、玻璃、其他）制成的10个杯子、板书贴、视频等。

学生准备：8种材料制成的10个杯子、学习单等。

【教学过程】

一、猜谜导入，揭示课题

1.出示谜面：前后一个样，独耳旁边站。天天大口张，喝水不吃粮。

2.学生猜谜，教师板书并贴图，引出课题。

【设计意图】猜谜语导入新课既能营造一种愉快轻松的学习氛围，还能激发学生探究知识的欲望，让学生以最佳的状态投入学习中。

二、按材料类别给杯子分类

1.引导交流：生活中，你们见过哪些材料可以用来做杯子？

2.出示各类常见的杯子，仔细观察辨认，提问：你们知道这些杯子都是用什么材料做的吗？你们准备用什么方法来辨别呢？

3.学生交流辨别方法：用眼睛看一看，也可以用手摸一摸、捏一捏。

4.任务：把这些杯子进行分类，分别放在相应的材料盒中。

5.交流：分类的理由。

【设计意图】利用多种感官观察、辨认常见的用单一材料制作的杯子，并描述这些材料的一些特点。在材料和名称之间进一步建立联系，强化学生对材料的认识。

三、认识金属杯的特点

1.出示金属杯，提问：金属杯与塑料杯、陶瓷杯、纸杯和木杯相比，有哪些特点？可以用哪些好办法来观察呢？

（看一看杯子的透明度，捏一捏杯子的软硬，摸一摸杯子的光滑程度、是否导热，掂一掂杯子的轻重……）

2.学生自己观察交流。

（金属杯与_____材料做的杯子相比，具有_____的特点。）

3.引导：不同的材料可以做成杯子，不同材料做的杯子的特点是不相同的。金属杯具有金属光泽、硬、易烫手、不易碎等特点。

4.提问：金属材料除了可以做杯子，还可以做哪些物品？

【设计意图】聚焦具体物品，让学生进一步认识金属材料及其优点。

四、了解杯子的发展史

1.谈话：杯子在发展过程中经历了翻天覆地的变化，我们一起来看一段视频，了解杯子的发展史。

2.思考：杯子都可以盛水，从古到今，人们为什么要选用不同的材料制作杯子呢？

【设计意图】聚焦杯子的发展史，让学生进一步认识各种材料及其优点。

【精彩片段】——通过合作交流汇报，激活学生的认知，自主建构概念

出示分别写着金属、塑料、木材、陶瓷、纸、硅胶、玻璃、其他的材料盒。

师：为了方便描述，我们把这些杯子都编了序号，先把这些杯子放在相应的材料盒中，再思考通过刚才的探究活动，发现每种材料都有哪些特点。

生1：1号杯子，薄薄的，软软的，白色的，它是纸做的。

生2：2号和5号杯子，硬硬的，凉凉的，容易碎，它们是陶瓷做的。

生3：3号杯子，透明的，软软的，它是塑料做的。

生4：4号和10号杯子，它们的表面很亮，用手捏一捏、掰一掰，感觉硬硬的，它们是金属做的。

生5：6号杯子，软软的，有弹性，它是硅胶做的。

生6：7号杯子，硬硬的，摸起来凉凉的，它是石材做的，我们把它分在了其他材料盒里。

生7：8号杯子，从它的表面可以看出是有纹路的，它是木材做的。

生8：9号杯子，透明的，凉凉的，硬硬的，滑滑的，容易碎，它是玻璃做的。

【教学评析】

本环节体现了思维型教学五大原理之自主建构，这个片段中，学生通过看、摸、掂等多种方法观察制作杯子的材料的特点，并按材料的类别对杯子进行分类，交流分类的理由，有利于学生自主建构制作杯子的材料的概念及材料的特点。

【学习单】

材料	金属	塑料	木材	陶瓷	纸	硅胶	玻璃	其他
物品编号								

第 2 课时　保温杯

核心问题：制作保温杯的材料各有什么特点？

【教学目标】

1.通过探究单一材料和保温杯各部分材料特点的活动，认识物品是由一种或多种材料制成的，不同的材料具有不同的特性，材料的特性决定材料的用途。

2. 在探究保温杯材料特点的活动中,能够运用观察、描述、比较和分析等多种方法辨识保温杯各部分材料的特性与功能。

3. 运用多种感官观察保温杯各部分的组成材料及其特性,并说出使用这些材料的目的。

4. 激发进一步改进保温杯的兴趣和想法,养成乐于表达、讲述自己观点的学习习惯。

【教学重难点】

重点:运用多种感官观察保温杯各部分的组成材料及其特性,并说出使用这些材料的目的。

难点:在探究保温杯材料特点的活动中,能够运用观察、描述、比较和分析等多种方法辨识保温杯各部分材料的特性与功能。

【教学准备】

教师准备:多媒体课件、板书(板书贴)、音频、视频、塑料杯、玻璃杯、陶瓷杯、不锈钢杯、纸杯、木杯、保温杯、电子温度计等。

学生准备:自己的保温杯、学习单等。

【教学过程】

一、创设情境,激发学习兴趣

1. 创设情境:秋季天气转凉,好多小朋友出现喉咙干痒的情况,多喝温热水可能缓解症状。老师准备了好多杯子,你们觉得哪种杯子适合带到学校喝温热水呢?

2. 出示单一材料制成的杯子,学生初步交流想法。

【设计意图】创设真实需求的情境,从自身体验出发,考虑水杯材料的特点和功能,判断杯子是否适合带到学校喝温热水,激发学生的探究欲和表达欲。

二、探索实践,认识不同材料杯子的特点

1. 学生活动:运用看、捏、摸、掂等方法认识单一材料制成的杯子,对比观察不同材料制成的杯子的各自特点。

2.组内交流：你们会选什么杯子来喝温热水呢？请说明你们选择的理由。

3.思考：还有一些同学们不选择的杯子，它们存在哪些问题？说说你们的想法。

学生尝试提出问题和解决问题的办法。（预设：保温杯。）

【设计意图】学生运用看、捏、摸、掂等方法认识不同杯子的不同特点。知道不同材料均可以做成杯子，不同材料做的杯子的特点是不相同的。基于学生的多种想法，聚焦制作保温杯的材料，从而引导学生对不同材料制成的保温杯的研究。

三、探索实践，认识制作保温杯材料的特点

1.交流研讨好杯子的标准：刚才同学们都不约而同想到了保温杯，它可以让水持久保温。那么，怎样的杯子才是能满足我们带到学校喝温热水需求的好杯子呢？它应该具备哪些功能呢？请给出你们的标准。（预设：好——保温，携带比较方便，容量大。）

2.观察保温杯。

（1）观察保温杯的组成部分，并提出观察要求：仔细观察保温杯，看看它的各个部分是由哪些材料做的。这些材料各有什么特点？

（观察要点：一要有序观察；二要辨别各部分的最主要材料是什么、有什么特点；三要边观察边及时记录。）

（2）提出交流问题，给出交流范式：分析制作保温杯的每一种材料各有什么特点。

（3）交流发现：根据设定的"好杯子的标准"，我们一起来讨论一下保温杯是不是好杯子。

得出结论：好杯子不只设计要好，在材料使用上也要多样，以使其具有更多的用途。

3. 为丰富学生认知，出示可折叠充电式保温杯和温显保温杯。提问：这两种杯子各有什么特点？它们有什么不同？

小结：材料单一，杯子的功能也单一；材料多样，杯子的功能也更多样。

【设计意图】本环节通过观察保温杯各部分的组成材料，并思考使用这些材料的目的，强化学生理解材料特点与功能之间的对应关系。在保温杯中，硅胶是学生前面没有接触的材料，因此，教师可通过一个短视频进行介绍，拓宽学生对陌生材料的认知，让学生对保温杯有一个正确而清晰的认识。

四、拓展迁移，对比自己保温杯的特点

我们自己的保温杯与老师课堂上提供的保温杯有什么不同呢？请说说你们的观察和发现。作为拓展内容，也可以和同学合作完成。

【设计意图】在生活中，不同材料制成的杯子给我们的生活带来了极大的便利。关注自己的保温杯，将和学生自身需求息息相关的话题作为拓展内容，引发学生思考，是对各种不同材料制成的杯子特点的有益补充。

【精彩片段】——创设情境，激发学生探究杯子材料特点的兴趣

师：秋季天气转凉，好多小朋友出现喉咙干痒的情况，多喝温热水可缓解症状。老师准备了好多杯子，你们觉得哪种杯子适合带到学校喝温热水呢？说说你们的理由。

生1：我想用玻璃杯，因为可以看到里面有多少水。

生2：可是玻璃杯容易摔碎，不方便携带。

生3：我认为可以用塑料杯喝水，因为它不容易摔碎。

生4：我觉得可以用不锈钢杯子喝水，因为它也不容易摔碎。

生5：不行不行，我摸过，用不锈钢杯子装热水是很烫的。

师：原来不同材料制成的杯子都有各自的特点，让我们再细致地观察一下杯子，看看不同材料制成的杯子还有哪些特点。

【教学评析】

本环节体现思维型教学五大原理之动机激发，通过创设真实问题情境，引导学生进入情境，让学生自由表达观点，激发学生表现出想要进一步探究杯子材料特点的主观意向。

【学习单】

1. 保温杯有哪几个组成部分？

①杯嘴　②开关　③密封圈　④胶垫　⑤杯盖　⑥杯体

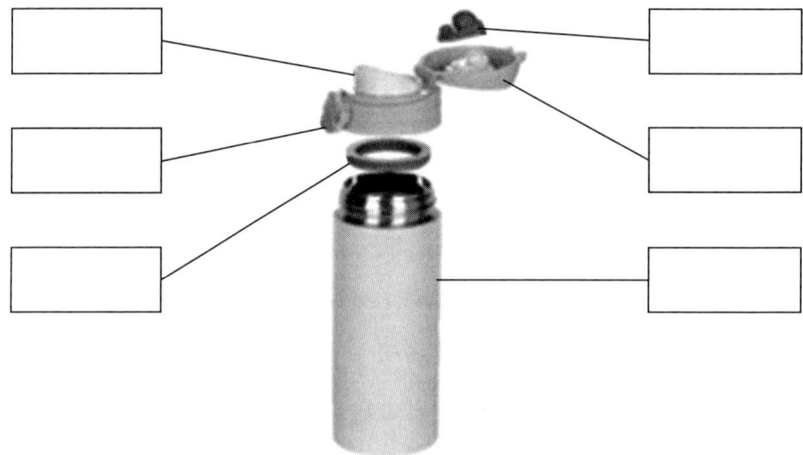

2. 请在主要材料前面的方框里打"√"，并将对应的材料特点序号填在相应的位置。

①坚硬　②柔软　③有弹性　④光滑　⑤粗糙　⑥防水　⑦吸水　⑧隔热性能好　⑨保温性能好　⑩轻　⑪厚实　⑫耐高温　⑬其他

部件	杯嘴	开关	密封圈	胶垫	杯盖	杯体
主要材料	□金属 □塑料 □硅胶 □其他	□金属 □塑料 □硅胶 □其他	□金属 □塑料 □硅胶 □其他	□金属 □塑料 □硅胶 □其他	□金属 □塑料 □硅胶 □其他	□金属 □塑料 □硅胶 □其他
材料特点						

第3课时　选择合适的杯子

核心问题：不同场合，怎样选择合适的杯子？

【教学目标】

1. 通过比较分析，认识到杯子的选择取决于生活场景和使用功能。

2. 能运用观察、描述、比较和分析等多种方法，区分不同材料做成的杯子的特点与功能。

3. 能运用生活经验和所学知识，选择适合场景的杯子，并寻找证据支持自己的选择。

4. 积极解决问题，并乐于分享自己的想法。

【教学重难点】

重点：能运用观察、描述、比较和分析等多种方法，区分不同材料做成的杯子的特点与功能。

难点：能运用生活经验和所学知识，选择适合场景的杯子，并能找出证据支持自己的选择。

【教学准备】

教师准备：多媒体课件、板书（板书贴）、量杯、电子温度计、塑料杯、玻璃杯、陶瓷杯、不锈钢杯、纸杯、木杯等。

学生准备：活动记录表等。

【教学过程】

一、创设情境，揭示课题

1. 创设情境：要想成为金牌推销员，就需要给客人推荐合适的杯子。我们商店里有玻璃杯、木杯、陶瓷杯、不锈钢杯、纸杯、塑料杯，金牌推销员不仅要能做出合理的推荐，还要说出恰当的理由。

2. 揭示课题：选择合适的杯子。

【设计意图】创设金牌推销员角色，根据不同的需求，结合制作杯子的材料的特点和功能，选择合适的杯子，激发学生探究与表达的兴趣。

二、比较分析，选择合适的杯子

情境一：客人想为一个刚学会自己喝水的小孩子买杯子，你们会怎么推荐？为什么选它？为什么不推荐其他杯子呢？

1. 分发材料，请将你们小组想选用的杯子在活动记录表上勾选出来，可以不止选一种，记得要有理由。

2. 小组展示，说一说理由是什么。教师板书学生理由。

3. 其他小组同意他们的观点吗？有没有不一样的想法？

4. 研讨：同学们推荐了不锈钢杯、木杯、塑料杯，因为它们不容易摔碎；有同学推荐了玻璃杯，因为可以看见小孩子喝掉了多少水，也有同学不同意，因为玻璃杯容易摔碎；不推荐陶瓷杯，是因为它重而且容易摔碎；不推荐纸杯，是因为纸杯虽然不容易摔碎，但是容易被撕破。

情境二：客人想在冬天买个杯子暖暖手，你们给他推荐哪种杯子呢？

1. 谈话：为了选出合适的杯子，我们倒入热水试一试。出示活动注意点：不要被热水烫伤。

2. 请将你们小组想选用的杯子放到水槽外。

3. 小组展示，说一说选择的理由是什么。教师简单板书学生的理由。

4. 研讨：同学们推荐了塑料杯、玻璃杯和陶瓷杯，因为它们摸起来正好暖和；不锈钢杯摸起来太烫了；木杯摸起来不暖和；纸杯比较软，且装水时间长了容易变湿。

情境三：阿姨准备了美丽的花茶。你们觉得她选用哪种杯子更合适呢？

1. 谈话：小组领取一包花茶，用刚倒的热水试一试，注意水不能太烫。

2. 小组展示泡的花茶。泡花茶用的是什么杯子？为什么？

3. 研讨：大多数同学选择了玻璃杯，因为玻璃杯是透明的，很好看；

也有几个小组选用了木杯，因为他们觉得木杯也很好看，而且不容易摔碎，喝花茶很合适。

【设计意图】对于二年级学生来说，直接引导学生认识材料的性质难度较大。通过三个情境来比较各种材料所做杯子的特点，可以引导学生观察并思考杯子在使用中的情况，在活动中自主认识不同材料的性质。学生通过动手尝试，提高了兴趣，也在小组活动分享中锻炼了表达能力。

三、介绍新产品，激发好奇心

1. 介绍新产品，启发发明意识。贝瓷杯：贝瓷杯是利用贝类硬壳作原料加工制成的杯子。贝瓷杯质地细腻、轻便、美观，且以"废物"为原料，有利于环境保护，深受大家喜爱。

2. 课后去观察更多的杯子。

【设计意图】介绍新材料、新产品，激发学生的好奇心，驱动学生课后进一步观察更多的杯子，研究更多新材料、新事物。

【精彩片段】——迁移应用所学材料知识推销杯子，促进深度理解

师：同学们，现在请各小组金牌推销员来向大家推销杯子。

生1：我给刚学会自己喝水的孩子推荐不锈钢杯。因为不锈钢材质坚固耐用，可以有效防止杯子因掉落而摔破，而且保温性能好，能够让水保持温热。

生2：我觉得不锈钢杯太重，刚学会自己喝水的孩子用的杯子不宜太重，我推荐塑料杯，因为塑料比较轻，而且有些塑料比较软，不会碰伤孩子。

生3：我给暖手的客人也推荐塑料杯，因为塑料杯摸起来正好暖和，不锈钢杯摸起来太烫了，木杯摸起来不暖和，纸杯比较软且装水时间长了容易变湿。

生4：我觉得陶瓷杯和玻璃杯摸起来也很暖和，也可以推荐。

生5：我给喝花茶的阿姨推荐玻璃杯，因为玻璃杯是透明的，可以看到花茶，很好看！

【教学评析】

本环节体现了思维型教学五大原理之应用迁移,在这个精彩片段中,不同金牌推销员能够清晰地表达自己的观察结果,并且应用所学知识给出了合理的推荐理由。学生之间既有肯定的反馈又有补充和说明,可帮助学生进一步理解和巩固所学知识。这种生生互动的精彩片段可以激发学生参与和学习的热情,提高观察能力、思维能力和表达能力。通过分享彼此的观点和体会,学生可以从中获得启发,拓展思维,培养团队合作意识。师生互动的评析和点评也能够使学生更加深入地理解所学知识。

【学习单】

1. 观察不同材料的杯子,在对应方框里打"√"。

不同材料的杯子	是否易碎	是否保温	是否方便携带	是否轻便	是否保温
不锈钢杯	□是 □否	□是 □否	□是 □否	□是 □否	□是 □否
玻璃杯	□是 □否	□是 □否	□是 □否	□是 □否	□是 □否
塑料杯	□是 □否	□是 □否	□是 □否	□是 □否	□是 □否
陶瓷杯	□是 □否	□是 □否	□是 □否	□是 □否	□是 □否

2. 根据使用情况,用连线的方法给不同场合选择合适的杯子。

不锈钢杯　　　　婴儿喝水杯

玻璃杯

塑料杯　　　　　暖手杯子

陶瓷杯　　　　　喝花茶杯子

第4课时　改进我们的杯子

核心问题:怎样改进我们的杯子?

【教学目标】

1. 能通过观察,辨别我们的杯子使用的材料。

2. 能运用生活经验和课堂中观察到的现象，分析说明不同材料的杯子在使用时存在的缺陷。

3. 仔细观察，归纳总结常见杯子使用时存在的问题，并提出可行的解决方法。

4. 对进一步优化杯子的设计产生持续的兴趣。

【教学重难点】

重点：能运用生活经验和课堂中观察到的现象，分析说明不同材料的杯子在使用时存在的问题。

难点：能发现杯子使用时存在的问题，并提出可行的解决方法。

【教学准备】

教师准备：多媒体课件、板书（板书贴）、不同材料的杯子等。

学生准备：自己的杯子、学习单等。

【教学过程】

一、创设情境，揭示任务

1. 创设情境：今天我们来担任杯子设计师。

2. 揭示课题：改进我们的杯子。

【设计意图】创设杯子设计师角色，结合自己使用杯子的经验来改进杯子，激发学生设计的兴趣。

二、观察设计，改进设计

活动一：材料方面，如何改进杯子

1. 讨论：我们的杯子从商店里买来时看起来不错，但是用着用着，会发现一些问题。今天我们来担任杯子设计师，给自己的杯子提出一些改进建议，并说出理由。

2. 小结：我们发现，玻璃杯和陶瓷杯容易碎，纸杯太软了容易变形，不锈钢杯盛热水后很烫手。

3. 提问：为了让杯子更好用，请设计师们想想可以怎样改进我们的杯子。

4. 学生小组讨论，展示创意。

5. 研讨：为了防止纸杯变形，可以在外面套一层比较硬的材料；为了防止玻璃杯和陶瓷杯摔碎，可以在外面裹一层厚的海绵或者布；为了防止被不锈钢杯里的热水烫伤，可以在外面裹一层布。

活动二：其他方面，如何改进杯子

1. 观察自己的杯子，画出自己杯子的设计图。

2. 介绍：介绍杯子原来的设计，以及使用过程中存在的问题和改进的方法。

3. 讨论：与其他同学的杯子进行对比观察，看看能否想出设计思路，改进我们的杯子。

4. 研讨：用硅胶做的吸管比较软，方便喝水；用金属做的杯子的杯体比较坚固，还可以保温；用硅胶做的胶垫和密封圈的密封性比较好而且安全无毒；杯体上的装饰品可以吸引婴幼儿喝水。

【设计意图】从自己的杯子入手，观察自己的杯子由哪些材料组成，是如何设计的，比较贴近学生的生活，引导学生关注身边物品所用的材料，并对不同杯子进行对比观察，结合自己的使用经验，提出改进意见。

三、理解设计，改进杯子

1. 观察更多杯子的外部细微特征，讨论杯子上的"小秘密"。

2. 预设学生回答：高脚杯上的细长腿（美观、方便）；杯身上的"凹"部（方便拿握）；杯身上的平行纹（防滑）；杯把（方便、不烫手）；杯提手（方便、省力）；折叠伸缩杯（节省空间）；杯盖（卫生、保温）；烧杯上的"尖凸小口"（方便倒物，不洒物）；杯身罩套（隔热、防滑、美观）。

【设计意图】观察更多种类的杯子，描述杯子的不同结构，理解杯子的设计原理，并且像设计师一样，利用所学知识设计方案来改进我们的杯子。

【精彩片段】——自我监控，杯子在使用过程中存在的问题及改进方法，促进理解

师：现在请各位杯子设计师来介绍一下杯子的设计，以及在使用这些杯子时遇到的问题和改进建议。

生1：玻璃杯太重了，不方便携带，而且容易摔碎。

生2：为了防止玻璃杯摔碎，可以在外面裹一层厚的海绵或者布。

生3：我的不锈钢杯不怕摔，但是装热水时摸上去很烫手。

生4：为了防止被不锈钢杯里的热水烫伤，可以在外面裹一层布。

生5：我的不锈钢杯不烫手，因为是双层的。

生6：我的不锈钢杯不仅不烫手，还可以保温。

生7：不锈钢杯比较硬，喝水不方便，我妹妹杯子上的吸管是用软软的硅胶做的。

生8：不锈钢杯不太好看，也不方便携带，我给它设计了一个杯套，不仅美观、隔热，而且还可以背在身上，携带方便。

师：同学们在思考问题和解决问题时，提出了很多创新的想法，像真正的设计师一样，不断发现问题，又找到更好的解决问题的方法。

【教学评析】

本环节体现了思维型教学五大原理之自我监控，通过这个教学片段，学生在观察自己的杯子并发现问题后，经过思考和讨论提出了改进方法。教师引导学生之间频繁互动，了解不同杯子的设计，并鼓励他们提出自己的想法和建议。这样能够激发学生对科学思维和创新思维的兴趣，并培养他们解决问题和改进设计的能力。

【学习单】

1. 观察我们的杯子，画出我们的杯子（材料用颜色表示）。

   粉色表示纸

   蓝色表示玻璃

   绿色表示陶瓷

   黄色表示玻璃

   棕色表示木材

   黑色表示不锈钢

   红色表示塑料

2. 讨论后，改进我们的杯子（可以用图示符号表示）。

   塑料 ▭

   不锈钢 ▭

   双层不锈钢 ▭

   杯套 ▊

   吸管 ▏

持续反馈与应用设计

项目式作业　神奇的感温变色杯——设计制作感温变色杯

（一）项目要求

用纸杯制作一个感温变色杯，可以利用感温变色粉末、胶水、小毛刷等材料制作。材料说明如下表所示。

材料名称	用途说明	备注
一次性纸杯	盛装冷热水	必选
感温变色粉末	颜色会因水的温度改变而改变	多种颜色，至少选择一种颜色

续表

材料名称	用途说明	备注
胶水	黏合材料，混合感温变色粉末	必选
搅拌棒	搅拌工具	
小毛刷	涂刷工具	
彩笔	绘图工具	
手持小风扇	加速干燥	

（二）项目实施步骤

1. 用彩笔在纸杯外壁绘制自己喜欢的简笔图案。

2. 将感温变色粉末倒入胶水中，用搅拌棒搅拌均匀。

3. 用小毛刷蘸取混合有感温变色粉末的胶水，涂在自己绘制的图案上。

4. 静置，晾干或用手持小风扇吹干。

5. 待纸杯外壁干燥后，先倒入热水，再倒入冷水，观察纸杯外壁图案的颜色变化。

6. 展示交流你设计制作的感温变色杯。

（三）展示纸杯设计图

单元教学反思

一、搭建问题链，聚焦学科本质

围绕核心概念的联结聚合是单元教学的核心，聚焦学科本质的问题设计是促进思维型单元教学有效实施的核心。"杯子不简单"单元包括"各种各样的杯子""保温杯""选择合适的杯子"和"改进我们的杯子"4课时内容。"物质的结构与性质""工程设计与物化"作为单元核心概念的聚合器，指向跨学科概念"结构与功能"，抓住"杯子的材料有怎样的特性及功能？"这一单元主干问题，从结构与功能属性对该问题进一步展开，构成引发思考与探究的问题链：（1）生活中哪些材料可以用来做杯子？（2）制作保温杯的材料各有什么特点？（3）不同场合，怎样选择合适的杯子？（4）怎样改进我们的杯子？基于主干问题设计的问题链，紧扣教学环节，对单元中的大量内容及相关问题进行串联与整合，是思维型单元教学的主线，有助于进一步强化学生对学科逻辑的深层次理解，持续挖掘学生学习潜力，提升自主建构能力和应用迁移能力。

二、基于学习进阶，设计单元教学目标

基于学习进阶的单元教学目标设计契合学科核心素养理念，围绕核心概念"物质的结构与性质"，以杯子为载体，以杯子材料的特性及功能为主线，关注科学观念的形成，注重思维方法与操作技能的培养，建构"认识材料的特点""了解材料的性能""建立性能与用途的关系""改进材料的用途"等学习进阶内容，加强知识间的联系，达成教学目标。同时，学生在科学探究过程中运用观察、分类、分析与综合、创意与设计等方法，认识材料与人类的密切关系，了解人类可以利用科学技术改造自然，使生活环境不断得到改善，但材料的使用也会对环境产生影响。所以，我们应倡导节能环保理念，渗透单元知识背后所蕴含的科学思想与方法，呈现出单元教学的育人价值。

案例提供者：郑之翔，杭州市基础教育研究室附属学校
　　　　　　　杨　丽，杭州市基础教育研究室附属学校
　　　　　　　徐玉红，杭州市文海凌云小学
指导教师：李　霞，杭州市基础教育研究室附属学校

物质的变化与化学反应

案例3 水

单元教学内容规划

（一）本单元学习指向的核心概念及学习进阶路线

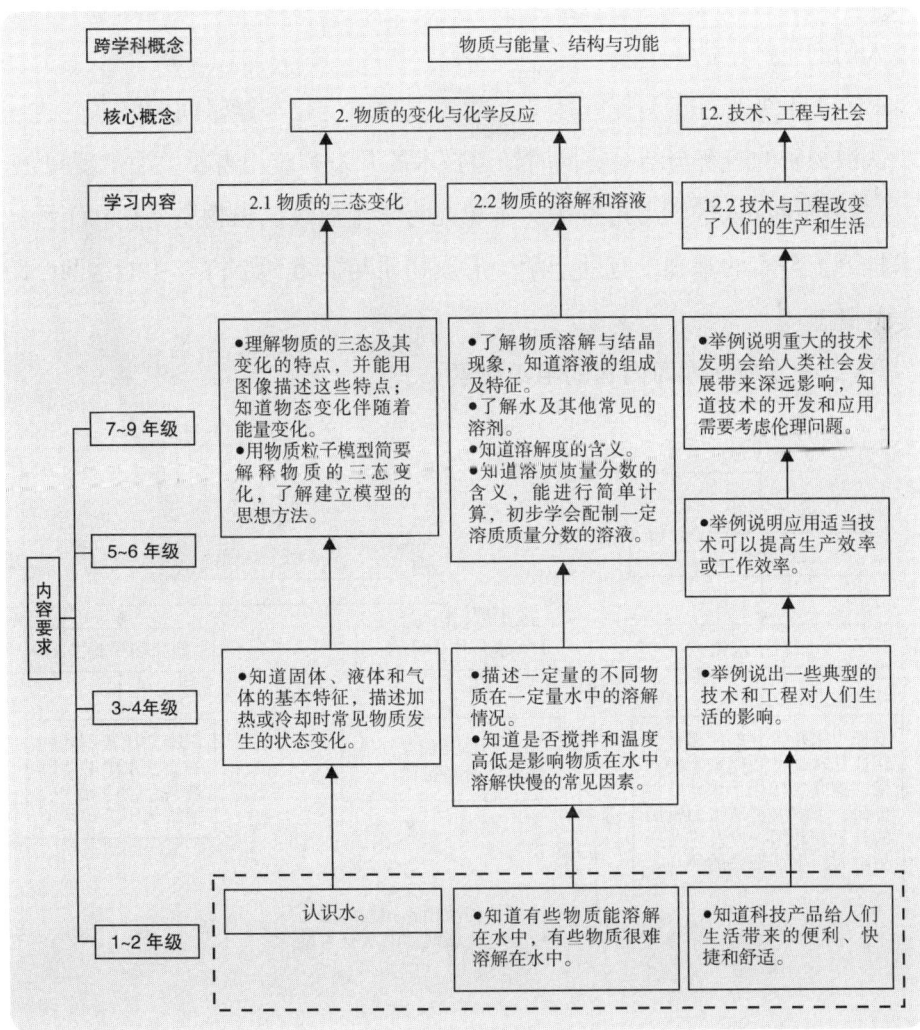

本单元聚焦"物质的变化与化学反应"和"技术、工程与社会"这两个核心概念,落实课标中"物质的三态变化""物质的溶解和溶液""技术与工程改变了人们的生产和生活"的学习内容要求。

1~2 年级通过开展对水这一物质的探究活动,初步建立对水这一物质的认识。学生在制作小水轮的过程中,初步感受了工程技术与生活的密切联系,为后续开展科技创造与发明培养了兴趣。

3~4 年级通过探究能初步认识物质三态的基本特征及进一步理解溶解的概念。同时能初步理解技术和工程与人们生活之间的联系。

5~6 年级通过开展各种形式的实践活动,理解技术水平的提升可以改善人们的生产生活。

7~9 年级通过实验探究活动,能建立物质变化与能量间的联系,进一步认识物质的溶解与结晶。同时知道技术的开发和应用需要关注伦理问题。

在层层深入的学习过程中,本单元为学生后续认识物质变化和工程技术打下了坚实的基础,有助于学生形成物质与能量和结构与功能这两个跨学科概念。

(二)本单元学习内容的组织线索

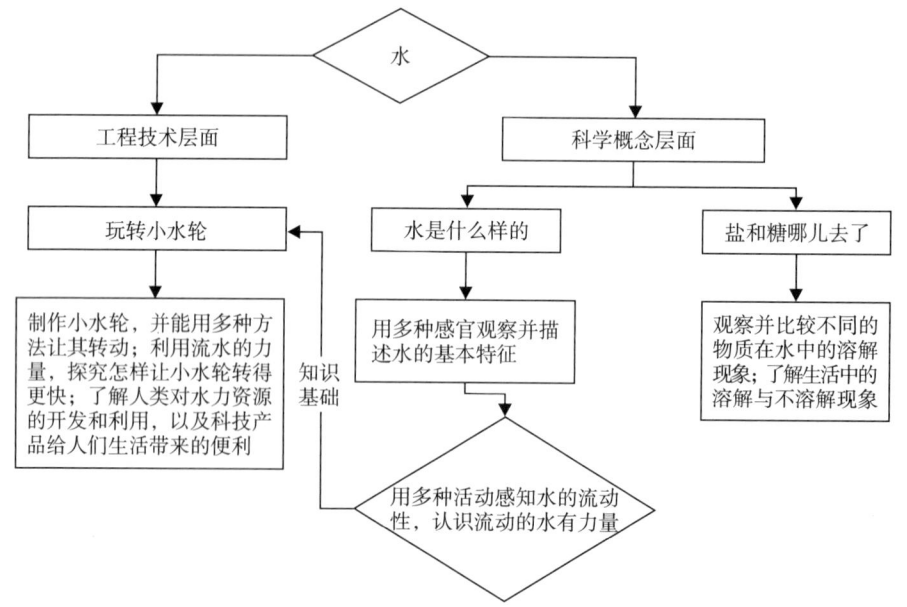

单元学习目标设计

核心素养	学习目标
科学观念	1. 通过对水的观察，认识水的颜色、状态和气味等特征。 2. 通过探究活动，知道溶解的特征之一是物质在水中化成了肉眼看不见的微小颗粒，且均匀稳定地分布在水中。 3. 通过对小水轮的制作和探究，知道流水是有力量的，水位越高，水量越大，小水轮转得越快。 4. 通过看图片和相关视频，了解人类对水力资源的开发和利用
科学思维	1. 在观察活动中运用比较的方法，建立对水这一物质的初步认识。 2. 运用分析和综合的方法，建立对水这一物质较为完整的认识
探究实践	1. 培养学生运用多种感官和简单工具观察物体的外部特征及现象的能力。 2. 经历小水轮的制作和探究活动，培养学生的探究实践能力。 3. 在探究活动中培养学生用语言和图表初步描述信息的能力
态度责任	1. 通过对水这一物质的观察活动，培养学生积极主动观察常见物质的习惯。 2. 通过制作和探究小水轮的活动，培养学生动手实践的习惯。 3. 通过对溶解现象的观察，培养学生细致观察的习惯

单元学习评价设计

单元学习评价设计一

"水"评价量表

核心素养	评价指标	评价等级			评价结果
		★	★★	★★★	
科学观念	认识水的颜色、状态和气味等特征	初步建立对水的颜色、气味和三态变化等特征的认识	认识到水是无色、无味、透明的液体，同时了解温度变化会影响水的状态变化	清晰认识水的多种特征，并清晰了解温度变化与水的状态变化间的关系	☆☆☆

续表

核心素养	评价指标	评价等级			评价结果
		★	★★	★★★	
科学思维	运用多种思维方法，建立对水的认识	运用比较的思维方法，建立对水的初步认识	初步运用分析和综合的思维方法，建立对水的认识	运用分析和综合的思维方法，建立对水较为全面的认识	☆☆☆
探究实践	运用多种感官探究并用多种方式描述水的特征	能运用感官探究并描述水的特征	能运用多种感官探究并较为完整地描述水的特征	能运用多种感官探究并用多种方式描述水的特征	☆☆☆
态度责任	主动并细致观察的习惯	养成对日常事物进行主动观察的习惯	养成对日常事物进行主动并较为细致观察的习惯	养成对日常事物进行主动并细致观察的习惯	☆☆☆

单元学习评价设计二

"水"评价量表

评价维度	评价等级			评价结果
	★	★★	★★★	
参与性	被动参与活动	能参与活动	积极主动参与活动	☆☆☆
探究性	被动参与探究	能参与探究	积极主动参与探究活动	☆☆☆
创意性	作品设计创意不足	作品设计具有一定的创意	作品设计很有创意	☆☆☆

学生情况分析

一年级学生的思维能力和认知能力都正处于发展阶段，他们对事物的认识主要依赖于感性经验，喜欢通过动手操作来探索和发现。在学习本单元之前，学生在日常生活中对水已经有了基本的认识，知道水可以喝、洗澡、洗衣服等，也知道水是透明的可以流动的液体。但是，他们对水的认识还比较表面，没有深入理解水的性质和特点。由于学生在观察、探究活动中已经掌握了初步的观察和探究方法，因此对于水的认识，教师应该采用直观、形象的教学方法，帮助学生建立对于水这种物质更多的感官认识；通过观察实验、游戏、制作小水轮等探究实践活动帮助学生更为深入地认识水这一物质。

单元学习进程设计

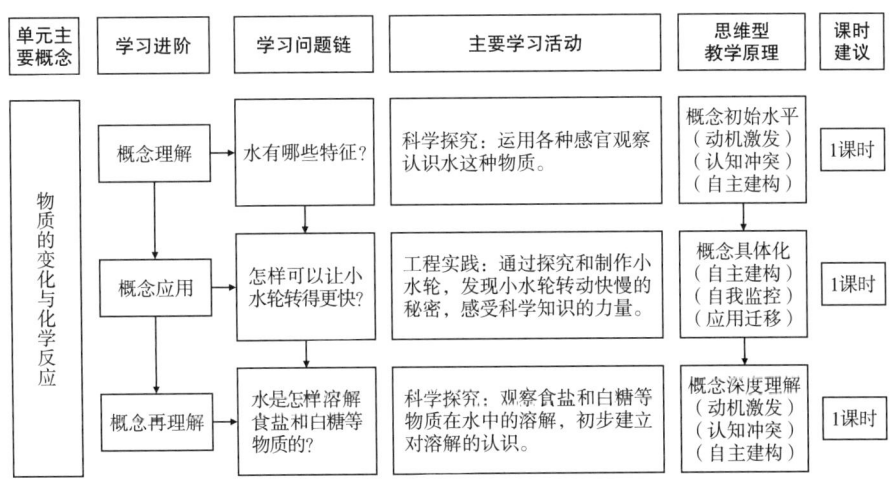

第1课时 水是什么样的

核心问题：水有哪些特征？

【教学目标】

1. 运用多种感官辨认哪一杯是水，并说出水的基本特征（没有颜色、没有气味、没有味道、透明等）。

2. 能在教师的指导下，通过口述、画图等方式描述水的特征，并用科学的语言对水的特征进行描述，用气泡图的方式加以呈现。

3. 通过把同样多的水倒入不同的瓶子，知道水没有固定的形状。

4. 通过用手接水，在手背上滴水，知道水可以流动。

5. 能在好奇心驱使下，对常见的水表现出探究兴趣，乐于表达、讲述自己的观点。

【教学重难点】

重点：运用多种感官辨认哪一杯是水，并说出水的基本特征（没有颜色、没有气味、没有味道、透明、没有固定形状、可以流动等）。

难点：用科学的语言对水的特征进行描述，用气泡图的方式加以呈现。

【教学准备】

教师准备：多媒体课件、学习单，水、白糖水、白醋、牛奶各一杯（编号1，2，3，4）、尝味棒、四杯滴了红色墨水的水、四种不同形状的透明瓶子、滴管、一瓶水等。

学生准备：抹布等。

【教学过程】

一、看图猜谜导入

1. 谈话：今天我们来做一个看图猜谜的游戏，谜底只有一个字，你们猜是什么？（出示图片：海洋、小溪、雨水、水滴。）

2. 提问：在你们的生活中，哪些地方需要用到水？

（预设：洗澡、刷牙、洗菜、浇花……）

小结：看来水在我们的生活中非常重要，那你们了解水吗？水是什么样的？（揭题板书）

【设计意图】本活动意在调动学生已有的生活经验，谈谈生活中哪里需要用到水,感知水在人们生活中的重要性。一年级学生容易受同伴影响而局限于某一方面的表达,教师要启发学生从生活的方方面面考虑。

二、用感官观察,认识水的基本特征

(一)我善思,我猜测

1. 提问:同学们,你们知道水是什么样的吗?

(预设:可以喝,没有颜色,透明的……)

2. 提问:今天老师带来了四杯液体,其中有水、白糖水、白醋和牛奶(编号1,2,3,4),但是老师不小心把它们弄乱了,请你们用眼睛帮我看一看,哪一杯可能是水。

3. 提问:为什么你们一致认为4号杯中的液体不可能是水?

(预设:4号杯中的液体是白色的,它肯定是牛奶。)

追问:那水应该是什么颜色?(预设:没有颜色。)

继续追问:除了没有颜色,你们还能看出水有哪些特征?

4. 讲解透明的概念:这是老师带来的一瓶水,它的背后藏着一个写有文字的卡片,你们知道写的文字是什么吗?(预设:科学。)你们透过瓶子和水还能非常清楚地看到卡片上的文字,这说明水还有什么特征?(预设:透明。)

继续追问:透明就一定没有颜色吗?

5. 出示里面装有滴了红色墨水的瓶子。提问:透过瓶子和滴了红色墨水的水,你们还能看到卡片上的文字吗?(预设:能。)

继续追问:看来有颜色的液体也可以是透明的,那谁能来说说1号、2号、3号杯中的液体有什么特征?(预设:没有颜色、透明。)

6. 学生在汇报过程中,教师在黑板上用气泡图的方式来总结水的基本特征(没有颜色、透明)。

（二）我交流，我设计

1. 提问：刚刚我们用眼睛看的方法排除了牛奶，剩下的三杯液体都是无色、透明的，那到底哪一杯是水呢？你们还打算用什么办法来找出水呢？

（预设：用鼻子闻、用嘴尝。）

安全提醒：同学们的方法很好，但是老师要提醒大家，对于不认识的物质，不能随便去闻，更不能随便去尝，因为容易引起中毒。但是今天老师给大家准备的东西可以闻、可以尝，都是安全的。

2. 讲解扇闻的方法：说到闻，你们打算怎么闻呢？用扇一扇的方法可以帮助我们辨别物质的气味，我们一起来试一试。老师示范，全班练习。

3. 讲解尝的方法：尝的时候，我们用尝味棒的一端蘸取少量的液体，放入嘴里尝一尝。可以用同一端去尝另一杯吗？

（预设：不能，味道会混淆。）

师：你们说得对，用同一端去尝会影响我们的判断，所以老师特意在尝味棒的两端标记了不同的颜色，这样可以帮助我们区分。

学生小组活动，完成活动记录单一。

【设计意图】选择牛奶、白糖水、白醋、水四种液体，利于学生运用多种感官，通过看颜色、闻气味、尝味道的方法进行排除与辨认。在辨认过程中尝试用科学的语言对水的特征进行描述，并用气泡图的方式归纳整理水的基本特征。因为一年级学生独立设计实验方案比较困难，所以教师需要给予学生启发，一步步引导，逐步形成完整的实验设计方案。

（三）我汇报，我总结

1. 小组派代表分享一下，你们小组是用什么办法找出水的？

（预设：先用鼻子闻一闻，排除3号杯，再用嘴尝一尝，排除2号杯，发现1号杯中装的是水。1号、2号杯中的液体没有气味，3号杯中的液体有一股酸味，所以 3 号杯中肯定是白醋。）

2. 提问：我们通过闻一闻、尝一尝的方法找出了水。哪位同学能总结一下，水有哪些特征呢？

（预设：没有气味，没有味道。）

在学生分享方法的过程中，教师在黑板上用气泡图的方式来总结水的基本特征（没有气味，没有味道）。

三、将同样多的水倒入不同形状的透明瓶子中，观察水的形状变化

1. 提问：如果将同样多的水倒入四种不同形状的透明瓶子中，水会变成什么形状呢？（为了让学生看得更加清楚，可以将水染成红色。）

2. 学生将水倒入瓶子中，在活动记录单二中画出水的形状。

3. 学生展示自己的记录。

4. 教师带领学生完善气泡图，并得出结论：水没有固定的形状。

【设计意图】认识水没有固定的形状，对于一年级学生来说有点抽象。本活动意在通过玩一玩的活动，让学生形象地感知将水倒入不同形状的透明瓶子中，水就呈现瓶子的形状这一特征，进而说明水没有固定的形状这一特性。

四、用手接水，在手背上滴 1 滴水，感知水具有流动性的特征

1. 在刚才的活动中，我们把水倒来倒去，现在如果我们把水倒在手上，你们能接住水吗？请一名学生试一试，学生描述自己的感受，同时提醒学生尝试完之后及时用抹布擦干手。

2. 提问：自然界中的水又是怎样流动的呢？

3. 学生模拟自然界中水的流动：将手背倾斜，在手背顶端滴 1 滴水。

4. 学生汇报后，教师带领学生完善气泡图：水从高处流向低处。

5. 观看视频，欣赏自然界中水的流动。

【设计意图】通过用手接水和在手背上滴水的活动，让学生感知水具

有流动性和从高处往低处流的特征，完善对水的特征的认识。

【精彩片段】——运用多种感官辨认水，建立对水的特征的认识

师：刚刚我们用眼睛看的方法排除了牛奶，剩下的三杯液体都是无色、透明的，那到底哪一杯是水呢？你们还打算用什么办法来找出水呢？

生1：我们可以用鼻子闻。

生2：我们还可以用嘴尝。

师：同学们的方法很好，但是老师要提醒大家，对于不认识的物质，不能随便去闻，更不能随便去尝，因为容易引起中毒。但是今天老师给大家准备的东西都是安全的，可以闻，也可以尝。除此之外，你们还有其他办法来找出水吗？

生：我觉得我们可以用pH试纸去测它们的酸碱性，像白醋就是酸性的。

师：刚刚你说的也是一个好办法，但是老师没有准备这种材料，课后我们准备好材料之后可以尝试着测一下。今天，我们主要利用感官去找出水。那么说到闻，你们打算怎么闻呢？

生：我们可以用手在杯口扇一扇来闻气味。

请学生上讲台给大家演示一下扇闻的方法。

师：我们应该怎么尝呢？

生：我们可以用一根尝味棒蘸取少量的液体，放到嘴里去尝。

师：你刚刚说的方法很好，老师给大家准备了尝味棒，我们用尝味棒的一端蘸取少量的液体，放入嘴里尝一尝。可以用同一端去尝另一杯液体吗？

生：不能，两种味道会混合在一起，就尝不出来了。

师：你们说得对，用同一端去尝会影响我们的判断，所以老师特意在尝味棒的两端标记了不同的颜色，这样可以帮助我们区分。接下来请小组派代表分享一下，你们小组是用什么办法找出水的？

生1：我们先用鼻子闻，闻到3号杯中的液体有一股酸味，1号和2号杯中的液体没有气味，所以觉得3号杯中的液体肯定是白醋。然后我们就用嘴去尝，先尝了2号杯中的液体，非常甜，肯定是白糖水，由此就猜出1号杯中是水。为了验证猜想，我们就尝了1号杯中的液体，果然和我们的猜想一样。

生2：我们是直接先闻，闻到3号杯的时候，好大一股酸味，我们都不想尝了，肯定3号杯是白醋。然后我们用尝味棒的两端分别蘸取了1号和2号杯中的少量液体，尝后发现1号杯中的液体是没有味道的，2号杯中的液体是甜甜的味道，所以我们判断出1号杯中的液体是水。

师：你们都是先用闻再用尝的方法排除了白醋和白糖水，最后发现1号杯中的液体是水。通过刚刚的实验，哪位同学能总结一下水还有什么特征？

生：没有气味，没有味道。

在学生分享方法的过程中，教师在黑板上用气泡图的方式来总结水的基本特征。

【教学评析】

本环节重点体现了思维型教学原理动机激发、认知冲突和自主建构。一开始教师拿出牛奶、白糖水、白醋和水四种生活中比较常见的液体，在没有贴标签的情况下让学生进行辨认，激发学生的学习动机。学生发现通过用眼睛看并不能将四种液体全部辨认出来，进而引出还需要通过用鼻子闻、用嘴尝的方式进行排除与辨认，激发学生的认知冲突。在排除和辨认的过程中引导学生用科学的语言进行描述，用气泡图的方式归纳整理出水的基本特征，自主建构对水的特征的认识。

【学习单】

活动记录单一

第_____小组

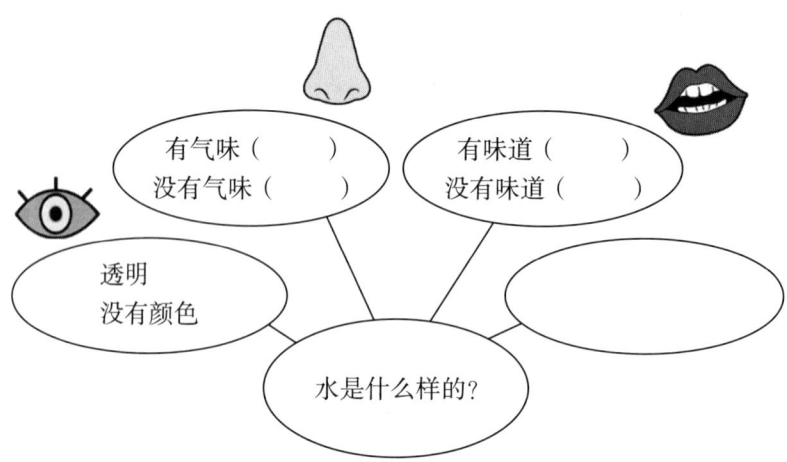

我们发现_____号杯中是水。

活动记录单二

第_____小组

画出不同形状透明瓶子里水的形状。

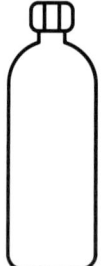  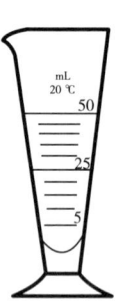 

第 2 课时　玩转小水轮

核心问题：怎样可以让小水轮转得更快？

【教学目标】

1. 通过用水流冲击使小水轮转动，知道流水是有力量的，水位越高，水量越大，小水轮转得越快；通过看图片和相关视频，了解人类对水力资源的开发和利用。

2. 通过制作一个转得更快的小水轮的活动，能做出假设，运用画图的方式表达自己的想法，能有意识地进行公平对比，具有证据意识。

3. 通过探究如何使小水轮转得更快的活动，能制订计划并观察比较不同条件下小水轮转动的快慢。

4. 通过探究如何使小水轮转得更快的活动，能与小组同学交流自己的发现，分享探究的乐趣。

【教学重难点】

重点：知道流水是有力量的，通过实验发现水位越高，水量越大，小水轮转得越快。

难点：在制作一个转得更快的小水轮的活动中，运用画图的方式表达自己的想法，能有意识地进行公平对比。

【教学准备】

教师准备：小水轮（用塑料套材组装）、人类对水资源利用的相关图片和视频等。

学生准备：一段厚度约 2 cm 粗细均匀的胡萝卜、六片长 5 cm 宽 2 cm 的塑料片、一根细铁棒、烧杯、塑料盒、水槽、水、铁架台、铁三环、大口径漏斗、小口径漏斗、毛巾等。

【教学过程】

一、创设情境，激趣导入

1. 谈话：同学们，你们喜欢玩吗？这节课老师就带你们一起玩，那我们玩什么呢？请同学们先看有关水轮车的视频。

2. 教师讲解：中国自古以来就是一个以农立国的国家，聪明的古代劳动人民运用自己的智慧，发明了能引水灌溉的农具——水轮车。

3. 提问：关于水轮车，你们有什么感兴趣的问题吗？

4. 谈话：大家对水轮车有这么多的疑问，只可惜老师不能把水轮车搬到课堂上供大家研究。不过，老师为大家准备了一些材料，我们可以自己制作一个小水轮，借助小水轮来研究。这节课就让我们一起玩转小水轮！

【设计意图】爱玩是孩子们的天性，所以在本课以"玩"导入，充分调动学生学习的积极性和主动性。出示引水灌溉的农具——水轮车视频，吸引学生的眼球，引发学生思考，提出问题：水轮车为什么会转动？能不能让水轮车转得更快？从而拉开本课科学探究的序幕。

二、自主探究，学习新知

活动一：制作小水轮，并让它转起来

1. 出示小水轮模型（用塑料套材组装），提问：说一说小水轮的基本组成部分。（预设：叶片、轮和轴。）

2. 任务：用一段胡萝卜、六片塑料片、一根细铁棒、一个塑料盒，以小组合作的方式共同组装一个小水轮并让它转动起来。

【注意事项】考虑到一年级学生的动手能力较弱，教师要事先在安装叶片和轴的位置做好标记，这样比较安全。

3. 通过观看视频指导学生如何组装小水轮。

4. 学生小组合作完成小水轮的制作，并完成学习单一。

5. 汇报：你们想出了几种让小水轮转起来的方法？这些方法分别是什么？请学生演示汇报：嘴吹、手拨、水冲……

6. 思考：为什么用水冲的方法能让小水轮转起来？这说明水有什么特征？（预设：有力量。）你们感受过水的力量吗？谁愿意来体验一下？

7. 教师小结：水从高处往下流时，会产生一种力量，正是这种力量使小水轮转动起来。聪明的古代劳动人民就是利用水的力量让水轮车转动起来的。

【设计意图】本活动意在激发学生动手制作的兴趣，通过动手操作，让学生认识小水轮的结构，并尝试自己解决一些技术上的小难题。设计让小水轮转动起来这一活动是为了让学生能够更深刻地感受到水有力量，从而使学生的感性认识上升到理性认识，揭开水轮车转动的秘密。同时，这一活动也为学生后面做出大胆猜想提供了经验。

活动二：借助水的力量，做一个转得更快的小水轮

1. 谈话：你们在用水冲小水轮时，有什么有趣的发现吗？（视频：用水冲转小水轮实验。）（发现：小水轮有时转得快，有时转得慢。）

2. 讨论：怎样让小水轮转得更快？小水轮转动快慢与哪些因素有关？

3. 集体交流，教师适时记录（水量大、水位高、冲击点等）。

4. 谈话：同学们的猜想可真多呀，也很有研究价值，老师也特别想知道答案，那要怎么办呢？

出示材料：铁架台（已固定好一上一下两个铁三环）、一个大口径漏斗、一个小口径漏斗。

一起讨论每种材料的用法。

任务：每个小组选择最感兴趣的问题，讨论怎样设计这个实验，并完成学习单二中的设计部分。

5. 小组讨论并汇报，集体交流后确定实验方案。

6. 学生分组实验并记录。

7. 汇报实验现象。

8. 教师小结：水量越大，水位越高，小水轮转得越快。

9. 根据以上实验结论设计一个转得更快的小水轮，完成学习单三，并调整好自己组的小水轮作品。

10. 展示介绍作品。

【设计意图】本环节是本课的重点，主要是通过亲历探究过程，让学生进一步认识到水有力量，了解到小水轮转动快慢与水量和水位等因素有关，有助于一年级学生初步掌握科学探究的方法。根据探究结果，设计并制作一个转得更快的小水轮，让学生初步具备技术与工程的实践能力。

三、立足生活，应用新知

1. 谈话：流水的力量可以使水轮车转动起来，那么流水的力量还有哪些作用呢？（视频：水力发电。）

2. 提问：生活中，你们还知道哪些地方用到了流水的力量？水塔为什么造得很高？

（出示课件：音乐喷泉、水幕电影图片。）追问：美不美？

3. 谈话：流水在给人们的生活带来便利和美的享受的同时，还会给人们带来什么呢？（出示课件：洪水、泥石流图片。）这些会给人们的生命和财产带来巨大的损失。

4. 教师小结：我们要学好水的知识，以更好地利用水、改造水，让我们的生活变得更加美好！

【设计意图】本环节利用多媒体课件展示一些流水给人们带来的好处（水电站、水幕电影、音乐喷泉等）以及害处（洪水、泥石流等），再引导学生列举一些生活实例，师生共同探讨有关水塔的话题。这样的设计一方面加深了学生对流水的力量的认识，另一方面也让学生认识到人类对水力资源的开发和利用及其给人们生活带来的便利。

四、总结收获，拓展延伸

1. 谈话：同学们，这节课你们玩得开心吗？你们都有什么收获呢？

2. 任务：在家中寻找合适的材料自制一个小水轮，寻找让它转得更快的方法。

【设计意图】把课内所学知识延伸到课外，不仅使学到的知识得以巩固，还能使学生的探究实践能力得到进一步提升。

【学习单】

学习单一

第_____小组

1. 同学们，制作好了小水轮后，你们可以通过哪些方法让它转动起来？请写在下面的横线上。

_____

_____

2. 评一评。

我们小组能让小水轮转动的方法种数	评价等级
1 种	☆
2 种	☆☆
3 种及以上	☆☆☆

学生单二

一、研究水位高低对小水轮转速的影响（请选择一种猜测，在对应的□中打"√"）。

1. 我们的猜测：□水位高低对小水轮转速无影响。

　　　　　　　□水位高，小水轮转得快。

　　　　　　　□水位低，小水轮转得快。

2. 我们组选择的是□大漏斗　□小漏斗，选择好后请在下图中标出漏斗的位置。

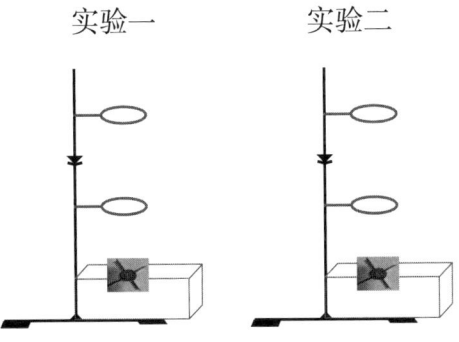

　　　　　实验一　　　　　实验二

请实验后再选择：实验一中小水轮转动　□快　□慢

　　　　　　　实验二中小水轮转动　□快　□慢

二、研究水量大小对小水轮转速的影响（请选择一种猜测，在对应的□中打"√"）。

　　1. 我们的猜测：□水量大小对小水轮转速无影响。

　　　　　　　　　□水量大，小水轮转得快。

　　　　　　　　　□水量小，小水轮转得快。

　　2. 我们组选择的是□大漏斗　□小漏斗，选择好后请在下图中标出漏斗的位置。

实验一　　　　实验二

请实验后再选择：实验一中小水轮转动　□快　□慢

　　　　　　　实验二中小水轮转动　□快　□慢

学习单三

1. 同学们，根据实验结论，你们会怎样设计实验让自己组的小水轮转得更快？你们组选择的是□大漏斗　□小漏斗，选择好后请在右图中标出漏斗的位置。

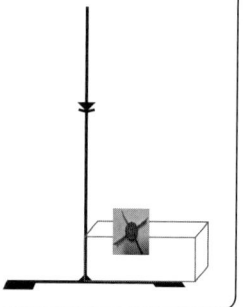

2. 评一评。

评价维度	评价等级			评价结果
	★	★★	★★★	
设计图	未画设计图	设计图不清晰	设计图清晰美观	☆☆☆
分工合作	1人完成	部分同学参与	全组同学共同完成	☆☆☆
作品完成情况	测试时小水轮不会转动	测试时小水轮转动速度慢	测试时小水轮转动速度明显变快	☆☆☆

【精彩片段】——对比小水轮转动快慢实验设计，引发认知冲突，强化自主建构

师：接下来请同学们分享自己小组想要探究的问题以及设计的实验。

生：我们组想要探究的是小水轮转动的快慢和水位高度有关，我们猜测水位高，小水轮转动得快。我们组选的是小漏斗，第一次放在低一点的位置，第二次放在高一点的位置，往小漏斗里倒水，观察小水轮转动的快慢。

师：其他小组同意吗？

生：我们组选的是大漏斗。

师：探究小水轮转动的快慢和水位高度是否有关时，要改变的是水位的高度，我们可以选择小漏斗，也可以选择大漏斗，两种漏斗都可以，但是注意实验过程中不能更换漏斗。还有没有其他不能变的条件呢？

生：每次倒的水量也要相等，不能一次多一次少。

师：是的，我们今天所设计的实验叫作对比实验，只能改变一个条件，其他条件都要相同，才能保证实验的准确性。实验时，这个小水杯中的水要正好装满。我们在每个高度倒一次水，然后观察小水轮转动的快慢，就可以得出结论了吗？

生：不可以，有时可能小水轮没摆好，实验不准确。

师：那应该倒几次水？

生：2次，5次，6次，很多次……

师：在科学实验中，同一个实验一般需要重复做三次，这样是为了减少实验误差，避免偶然现象对实验结果的影响。明确了探究小水轮转动的快慢和水位高度是否有关的实验操作后，请同学们继续分享小水轮转动的快慢和水量是否有关的实验设计。

生：我们组猜测水量大，小水轮转动得快。我们组选择用一个大漏斗放在高处，一个小漏斗也放在相同的位置，分别倒入相同的水，观察小水轮转动的快慢。

师：这个实验中改变的是什么？

生：大漏斗，小漏斗。

师：大小漏斗口径不一样，也就是改变了水量的大小。哪些条件要相同？

生：大漏斗、小漏斗在铁架台上的位置和每次倒入的水要相同。

师：现在请同学们根据刚才的讨论修正自己的学习单。

【教学评析】

本环节探究怎样用水的力量让小水轮转得更快，重点体现了思维型教学五大原理之自主建构、自我监控和应用迁移。一年级学生刚刚接触科学探究实践过程，对于完整的探究实践活动经历是非常陌生的，设计对比实验具有较大难度，所以教师在教学中要充分借助学习单，让学生根据学习单的引导一步步感受探究活动的步骤。设计对比实验时要降低难度，多一些提示，用画图的方式让学生更容易理解。小组汇报小水轮转动的快慢和水位高度是否有关的实验设计时，学生对于选择大漏斗还是小漏斗会出现分歧，此时教师引导对比实验只改变一个条件，即探究水位高度对小水轮转动的快慢是否有影响这一实验中，改变的条件是水位的高度，其他条件保持一致，学生意识到选择大漏斗或小漏斗都可以，这一过程引发了学生的认知冲突，强化了学生的自主建构。对于探究小水轮转动的快慢和水量是否有关的实验设计，学生会依据对比实验只改变一个条件的原则，选择出正确的材料进行设计。此环节有利于一年级学生初步掌握科学探究的方法。

第3课时 盐和糖哪儿去了

核心问题：水是怎样溶解食盐和白糖等物质的？

【教学目标】

1. 通过实践活动，知道溶解的特征之一是物质在水中化成了肉眼看不见的微小颗粒，且均匀稳定地分布在水中。

2. 通过观察红糖在水中的溶解过程，推测食盐、白糖等物质在水中的溶解过程。

3. 观察、描述红糖在水中的溶解过程，并能用简单的图示和文字进行记录。

4. 对生活中溶解现象产生探究兴趣，认识到科学实践中细致观察的重要性。

【教学重难点】

重点：观察红糖在水中的溶解过程，能用简单的图示和文字进行记录，并推测食盐在水中的溶解过程。

难点：通过观察、描述溶解过程，知道溶解就是物质在水中化成了肉眼看不见的微小颗粒，初步建立物质的微粒观。

【教学准备】

教师准备：多媒体课件、食盐、红糖、烧杯、搅拌棒、玻璃杯、水壶、水杯、勺子等。

学生准备：活动记录单等。

【教学过程】

一、真实情境导入

1. 教师出示干净水杯、水壶，倒一杯白开水，准备好食盐、勺子。教师操作并陈述，水是无色、无味的。如果往水中加入一些食盐，水会变成什么味道？

2. 教师请学生来尝一尝，并说一说品尝后的感受。

（预设：有点咸。）

3. 教师继续操作，用搅拌棒充分搅拌，再请学生尝尝味道。

（预设：很咸，越来越咸。）

4. 教师追问三次：这杯水的味道有什么不同？为什么会不同？

（预设：越来越咸了，因为食盐越来越少了，最后都溶解了。）

揭示课题：盐和糖哪儿去了。

【设计意图】从生活中的情境导入，贴近学生生活，激发学生的学习兴趣，让学生主动观察并参与探究，从而顺势引出本节课的课题。

二、实践探索

活动一：观察并猜测食盐在水中的变化，指导学生记录

1. 教师提问：杯子里的食盐哪儿去了，食盐怎么到水里去的呢？

（预设：溶解了，最后食盐消失不见了。）

2. 通过学生的回答和课堂生成，教师追问：什么是溶解？学生边说教师边记录学生的课堂生成，并指导学生如何用一些简单的符号来表示这一过程，例如颗粒用小圆圈表示。

3. 学生用简单图示画一画、写一写食盐在水中不见了的过程。完成活动记录单一，画一画自己的想法，推测食盐在水中的变化。

4. 教师请学生就食盐哪儿去了和食盐在水中是怎么消失不见的问题，展示交流自己的推测。

5. 学生交流汇报。

（预设：食盐先是沉到水里的，然后溶解在水中，最后就消失不见了。食盐先是一颗一颗的，然后水会把食盐颗粒的边缘一点一点地溶解，最后就不见了。）

【设计意图】本环节主要是想了解学生对物质溶解的前概念，通过画一画简单的图示让学生的思维可视化，将学生的想法呈现出来，为后续的交流汇报做准备。

活动二：设计实验，观察红糖在水中的溶解情况并记录

1. 教师设问：食盐是无色透明的，水也是无色透明的，我们看不见它到底是怎么在水中消失的，能不能想办法让我们看见食盐在水中消失不见的过程呢？

（预设学生的回答：给食盐染色，向水中加色素等。）

2. 教师及时反馈、引导，继续追问：色素进入水中后还是会和食盐分开，怎么办？能不能换一种常见的本身有颜色的物质呢？想一想，生活中厨房里常见的物质，引导学生说出红糖。

3. 设计实验，用红糖来探究物质在水中究竟是怎么消失不见的。出示红糖，研究红糖在水中的溶解过程，画一画、写一写红糖和水的变化。

4. 学生探究实验，完成活动记录单二。首先画一画红糖原来的样子，接着画一画刚放入水中时红糖和水的变化，随后画一画搅拌一次后红糖和水的变化，然后画一画充分搅拌后红糖和水的变化，最后观察并记录静置一会儿后红糖和水的变化。

5. 师：请学生分享他们的发现，红糖原来是怎样的，刚进入水中是怎样的，搅拌一次后是怎样的，充分搅拌后又是怎样的？静置一会儿后红糖和水的变化呢？活动结束后，请学生交流汇报。

【设计意图】借助生活中常见的物质红糖，让学生经历亲眼看见溶解

的过程，从抽象的想象到具象的表象认知，加深学生对溶解概念的理解，帮助学生自主建构溶解的概念。

活动三：交流研讨

1. 教师小结，并通过板书画出红糖和水的变化过程，出示溶解的概念。

2. 教师引导学生回顾食盐在水中的溶解过程，让学生谈谈对刚才的推测有什么要修正和补充的。

3. 引导学生说一说，刚才我认为……，现在我知道食盐是……溶解在水中的。

【设计意图】本环节主要是为了让学生产生认知冲突，学生对溶解和融化有一定的区别能力，从而自主地修正自己的前概念，加深对溶解现象的理解。

三、拓展

1. 教师设问：如果我们不搅拌，食盐、红糖会溶解在水中吗？
2. 学生猜测。
3. 教师出示一段微课，让学生进一步学习。

【设计意图】本环节主要是为后续研究溶解的快慢做铺垫，让学生知道在水中能溶解的物质可以不搅拌就能达到溶解的效果，但溶解需要的时间可能比较久，从而引出对影响溶解快慢因素的探究。

【精彩片段】——出示生活中常见材料，引发学生思考，激发探究兴趣，促进思维发展

师：今天老师带来了一杯白开水，它有什么特点呢？

生：无色、无味。

师：我这里有一包食盐，如果舀一勺食盐放入水中，白开水的味道会怎样？（师边说边用勺子舀食盐）

生：会很咸。

师：谁想来尝一尝？这位同学举手最快，就请你来吧。（师在白开水中加入食盐，不搅拌，舀一勺，请学生品尝白开水的味道。）

生：不是很咸。

师：那我用勺子搅拌一次，白开水的味道又会有什么变化呢？（师边说边操作，舀一勺，请学生品尝。）

生：水变得很咸。

师：如果我充分搅拌一下，水的味道又会怎么样呢？（师边说边操作，舀一勺，请学生品尝。）

生：太咸了，比刚才的还要咸。

师：为什么三次品尝的味道不一样呢？水中的食盐哪儿去了？

【教学评析】本环节重点体现了思维型教学五大原理之动机激发。在这个片段中，教师利用简单的实验材料充分激发了学生的好奇心，从一杯无色、无味的白开水入手，利用猜一猜、品一品、说一说的方式，让学生表达出体验后的真实感受，能调动学生的思维，让学生积极主动地思考，说一说水变咸背后的原因，真实地暴露学生的前概念，为后续探究打下基础。

【学习单】

活动记录单一

推测：食盐在水中的变化过程

过程	食盐刚放入水中时	搅拌一次后	充分搅拌后
画一画、写一写食盐在水中的变化			

活动记录单二

推测：红糖和水的变化过程

过程	红糖原来的样子	刚放入水中	搅拌一次后	充分搅拌后	静置一会儿后
画一画红糖的变化					
写一写水的变化					

持续反馈与应用设计

项目式作业　设计制作水力驱动小车

【任务】

同学们，我们在这个单元的学习中了解到水是有力量的，水位越高，水量越大，小水轮转得越快。让我们应用这个原理，寻找身边的材料，设计并制作一辆利用水的力量驱动的小车。

【要求】

绘制利用水力驱动小车的设计图，依照设计图寻找身边合适的材料，完成水力驱动小车的制作。

基础版：完成设计图，并寻找合适的材料制作水力驱动小车。

进阶版：能利用水的力量驱动小车运动。

高阶版：能通过对水（水量或水位高度）的控制，达到对小车运动距离的控制。

评价标准：

项目及评价指标	评价等级			评价结果
	★	★★	★★★	
子任务1：绘制设计图	能画出一幅设计图	能根据自己的设计意图，初步画出一幅设计图	能根据自己的设计意图，画出一幅完整的设计图	☆☆☆
子任务2：制作小车	能利用身边的材料制作出一辆水力驱动小车	能根据设计图，利用身边的材料制作出一辆较完整的水力驱动小车	能根据设计图，利用身边的材料制作出一辆完整、精致的水力驱动小车	☆☆☆
子任务3：小车运行检测	制作的小车可以运动	能利用水力驱动小车运动	能通过对水（水量或水位高度）的控制，达到对小车运动距离的控制	☆☆☆

单元教学反思

思维型教学有六大基本要素：创设情境、提出问题、自主探究、合作交流、总结反思和应用迁移。这六大基本要素是思维型教学原理在课堂教学中的体现。在本单元案例的教学中，教师着重关注了这六大基本要素在课堂中的融合。

在学习第1课时"水是什么样的"之前，学生对水已经有了基本的认识，知道水可以喝、洗澡、洗衣服等，但是对水的认识比较片面，没有深入理解水的性质和特点。一开始，教师联系生活中的情境，通过让学生辨认牛奶、白糖水、白醋、水四种液体，激发学生学习动机。之后教师通过问题链的形式一步步让学生产生认知冲突，继而引导学生用眼睛看、用鼻子闻、用嘴尝等自主探究活动辨认出四种液体，并用科学的语言描述出水的基本特征，自主建构对水的初步认识。在整个课时的教学中，教师通过激发学生学习动机、产生认知冲突、自主建构对水的认识这一过程让学生理解水是什么样的，培养了学生的科学思维。

第 2 课时"玩转小水轮"的设计环环相扣，从认识小水轮、制作小水轮、转动小水轮到探究加快小水轮转动的方法和制作一个转得更快的小水轮，这些活动是层层递进、相互依托的。本课时的设计非常重视学生小组的合作交流，鼓励学生开展自主探究，旨在培养学生的规则意识和小组合作意识，让学生养成善于观察、善于发现的习惯，提升初步分析问题和设计简单实验解决问题的能力。在教学过程中，教师用细致的课堂指导、明确的学习要求、量化的评价标准，旨在高效实现课堂教学目标。本课时内容初步发展了学生的技术与工程能力，在应用迁移环节，把制作一个转得更快的小水轮升级为制作一个利用水力驱动的小车，以此引导学生持续参与探究活动。

第 3 课时"盐和糖哪儿去了"的教学过程设计流畅，环节设置有进阶，促进了学生思维的发展。教学过程中，倡导学生在情境中自主探究，弱化教师讲解，使学生科学观念的形成更多是基于自主探究后的发现和解释。本课时学生科学思维目标达成度较好，大部分学生能比较积极流畅地表达自己的想法，思维有呈现、有进阶。本节课为学生提供了非常充裕的开展探究实践活动的时间，学生较好地完成了探究实践目标。从活动一观察食盐在水中的溶解现象到活动二观察红糖在水中的溶解情况，学生在探究方法上实现了应用迁移。

总体来说，本单元的三个案例在落实课标中 1~2 年级学段"物质的三态变化""物质的溶解和溶液""技术与工程改变了人们的生产和生活"的学习内容要求的过程中，较好地体现了思维型教学的六大基本要素。

案例提供者：何美嫦，金华市望道小学
姜艳虹，金华市宾虹小学
金　夷，金华市宾虹小学
陈　琳，湖州市月河小学教育集团
指导教师：李　霞，杭州市基础教育研究室附属学校

物质的运动与相互作用

案例4 磁铁

单元教学内容规划

（一）本单元学习指向的核心概念及学习进阶路线

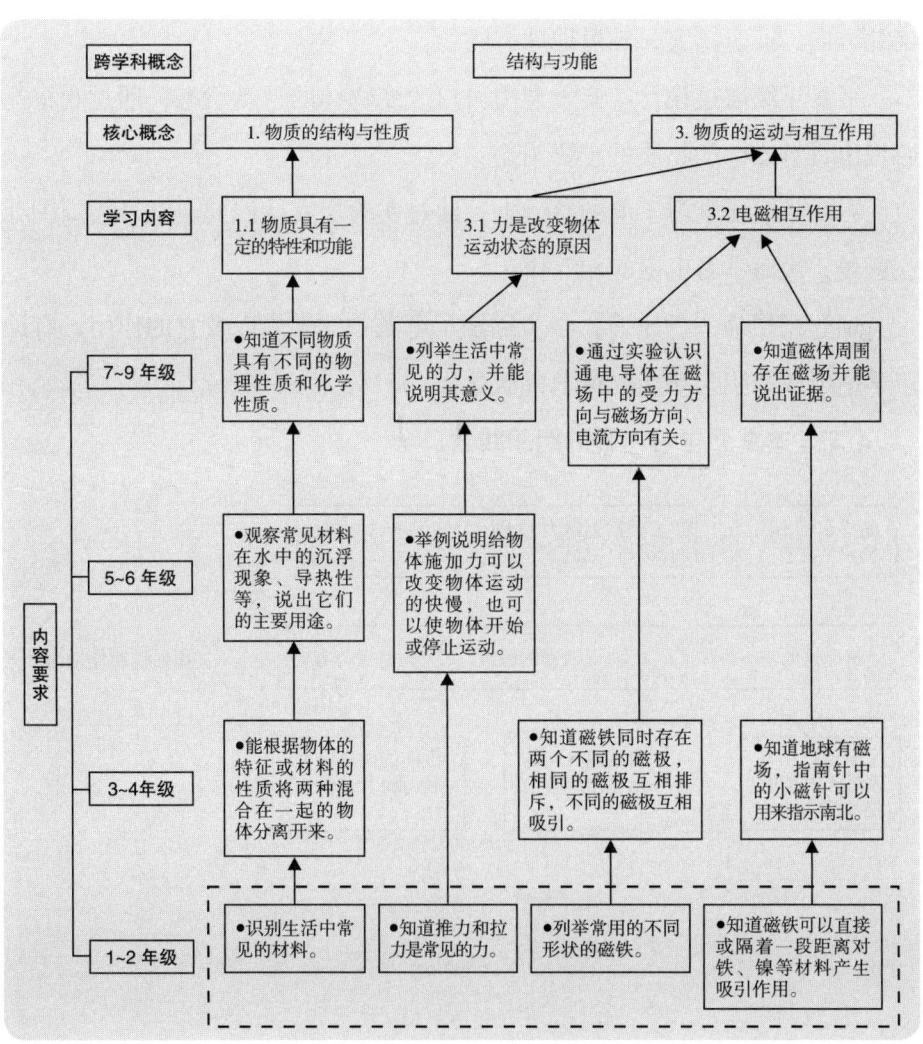

本单元聚焦"物质的运动与相互作用"核心概念，落实课标中"电磁相互作用"的学习内容要求。

物质是运动的。物质的运动包括机械运动、热运动和电磁运动。物体之间存在相互作用力，包括电磁力、万有引力、强相互作用与弱相互作用；力可以改变物体的形状和运动状态。

1~2年级初步认识磁铁的基本性质，能够识别常见的不同形状的磁铁，能够描述磁力。

3~4年级通过实验发现磁铁的磁极间的相互作用，知道磁铁可以指示南北方向；通过探究，知道地球有磁场。

5~6年级通过设计实验发现力可以改变物体的运动状态，通过观察能够说出具有磁性的物质的主要用途。

7~9年级在学习了电的基础上，通过实验探究认识到通电导线周围存在磁场，进而学习电磁的相互作用。

通过层层深入的学习，学生逐渐了解磁铁的性质以及它的作用，有助于学生形成结构与功能的跨学科概念。

（二）本单元学习内容的组织线索

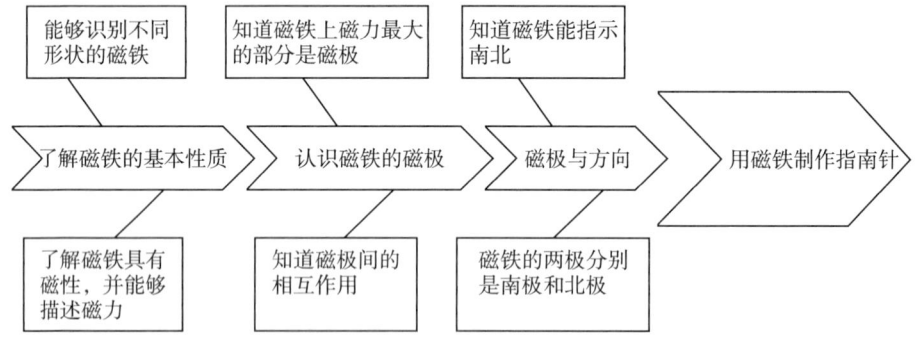

单元学习目标设计

核心素养	学习目标
科学观念	1. 知道推力和拉力是常见的力。 2. 知道磁铁具有磁性,可以对某些物体产生作用。 3. 知道磁铁上磁力最强的部分叫磁极,相同的磁极互相排斥,不同的磁极互相吸引
科学思维	1. 能围绕磁铁的相关探究做出自己的猜测,并尝试用多种实验方法来验证自己的猜测。 2. 能采用合适的方式如实记录和表述有关磁铁的信息
探究实践	1. 能用简单的材料和方法探究磁铁的性质。 2. 能用语言、示意图初步描述观察到的磁铁的实验现象,并由此开展基于证据的、初步的科学论证活动
态度责任	1. 能对磁铁及磁现象表现出探究兴趣。 2. 愿意倾听他人的意见,乐于分享自己的经验

单元学习评价设计

单元学习评价设计一

"磁铁"评价量表

核心素养	评价指标	评价等级			评价结果
		★	★★	★★★	
科学观念	了解磁铁的基本性质	能够说出磁铁吸引铁一类的物体	能够说出磁铁有磁性,知道常见的力	能够准确说出磁铁可以直接或隔着一段距离吸引铁质物体;磁极间的作用是相互的;磁铁可以指示南北方向	☆☆☆
科学思维	理解磁铁的作用	能根据已有经验对磁铁及磁现象做出猜测	能比较、分析磁铁及磁现象,尝试解释其中的科学原理	能比较、分析磁铁及磁现象,并能设计实验方案解释其中的科学原理	☆☆☆

续表

核心素养	评价指标	评价等级			评价结果
		★	★★	★★★	
探究实践	探究磁铁的作用	能够在教师指导下参与探究活动	能提出问题，做出猜测并用一种方法探究磁铁	能发现和提出问题，做出猜测，用多种方法验证猜测，描述现象，并用证据解释实验结果	☆☆☆
态度责任	对探究磁铁感兴趣	愿意参与探究活动，对磁铁产生探究兴趣	能积极主动参与探究活动，并能如实记录结果，乐于设计、制作	能主动设计多种方法，运用不同思维方法分析总结，乐于分享自己的想法，能不断完善和修改方案	☆☆☆

单元学习评价设计二

自制磁悬浮小车

【活动目的】制作一个可以悬浮的小车。

【活动材料】环形磁铁8个，车架一个，粘胶或胶水，硬纸板一块。

【活动步骤】

1. 将4个环形磁铁分别固定在车架的四个角上，注意环形磁铁朝下的面磁极要相同。

2. 将另外4个环形磁铁分别固定在硬纸板上，距离要与车架上的磁铁相对应。

3. 将磁铁小车放到硬纸板上，观察小车是否能够悬浮。

4. 如果失败，尝试分析失败的原因，调整磁铁，直至成功；如果成功，拍照记录这一精彩时刻吧！

照片粘贴处

学生情况分析

二年级学生以形象思维为主，思维发散。但他们对一切事物有着强烈的好奇心，且乐于表达自己的想法，而这些想法往往又停留在表面，没有对事物的本质属性进行深入思考与分析，也无法形成系统的认知。

磁铁是日常生活中比较常见的物质。通过调查发现，很多学生对磁铁很熟悉且都接触过磁铁，也知道磁铁能吸引铁，磁铁两端颜色不同，还有一些学生能够说出磁铁具有互相吸引和互相排斥等特点。但他们大都认为磁铁只能吸引铁，对是否能吸引其他金属不清楚，也无法详细描述磁铁怎么吸引铁，不知道磁铁还有哪些性质，更没有系统地分析和探究过磁铁的性质，仅仅是发现了一些有趣的磁现象，对磁铁缺乏系统深刻的认识，也很难清楚解释很多现象。

因此，基于以上学情分析，本单元的教学将在学生原有认知的基础上，遵循学生认知发展规律，培养学生科学系统认识物体的能力。基于学生已有认知，开展系列探究实验，引导学生从现象中主动提出问题，多角度寻找证据验证猜测，有意识地运用比较、分析、归纳等思维方法分析处理数据，归纳事实，解释现象。在教师的引导下，学生可以经历完整的科学探究过程，充分训练学生的发散性思维和批判性思维，培养科学思维。学生在探究过程中充分认识了磁铁的相关性质，对磁铁的认识也不再停留在表象与结论，还能系统地了解磁铁的各个现象与规律。

单元学习进程设计

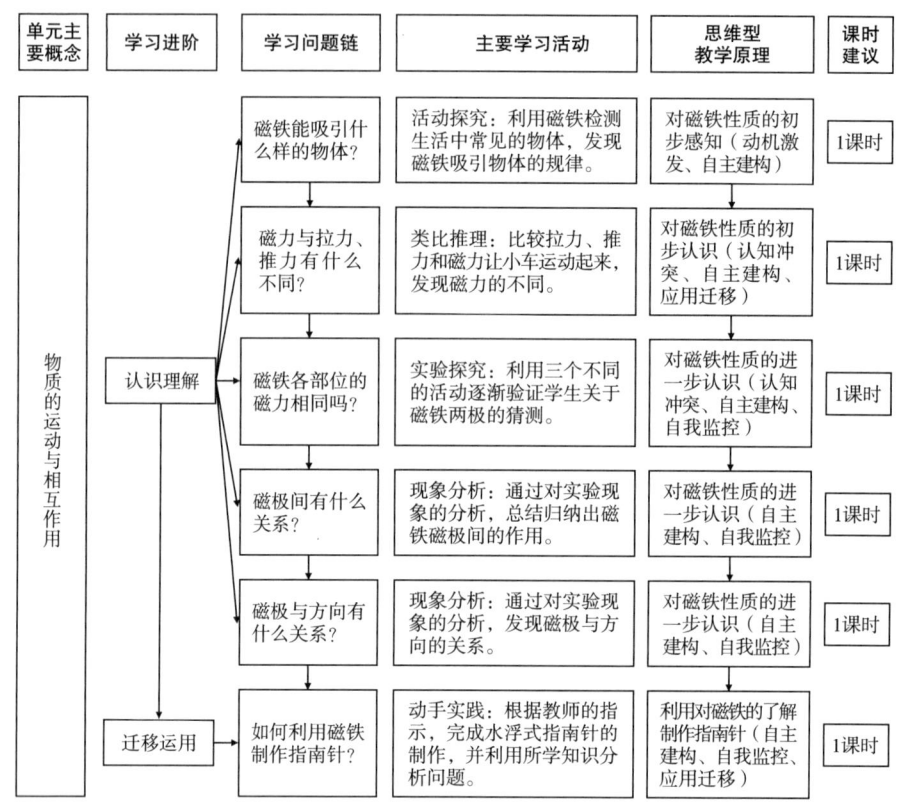

第1课时 磁铁能吸引什么

核心问题：磁铁能吸引什么样的物体？

【教学目标】

1. 知道磁铁能够吸引铁一类的物体，具有磁性。

2. 能如实记录观察到的现象，并利用证据来证明自己的猜测。

3. 能在教师指导下操作简单的实验，并通过多次测试来判断物体是否含有铁。

4. 能够在获取证据后如实地讲述事实，愿意倾听他人的想法，也乐于分享和表达自己的想法。

【教学重难点】

重点：用磁铁对多种材质的物体进行检测，认识到磁铁具有磁性。

难点：磁铁并不能吸引所有金属，而是吸引铁一类物体。

【教学准备】

教师准备：多媒体课件、条形磁铁、蹄形磁铁、环形磁铁、卡片；20种检测物体，包括金属制品、不同材质的硬币、易拉罐、铜钥匙、铁钉、金银首饰等；回形针、木屑和3种不同材质的晾衣架等。

学生准备：实验记录单等。

【教学过程】

一、创设情境，激发学习兴趣

1. 出示卡通视频：琪琪在森林里迷路了，利用指南针找到了正确方向。

2. 思考：指南针为什么能够指示方向？

3. 发放指南针，各小组观察并了解指南针的结构，推测指南针中哪个部分是用来指示方向的。

4. 集体交流：指南针中用来指示方向的是其中的磁铁。

5. 明确本单元主题：磁铁为什么能够用来制作指南针？推测磁铁可能有哪些性质。

（预设：磁铁可以指示方向，磁铁可以吸引铁。）

6. 小结：看来大家对磁铁已经有一些自己的认识，希望通过本单元的学习我们能够更加清楚地认识磁铁，并通过学习完成指南针的制作。今天这节课我们就来初步认识一下磁铁。

7. 在展示台上出示条形磁铁、蹄形磁铁和环形磁铁。大家刚才都说磁铁可以吸引铁，那我们一起来研究磁铁到底能吸引什么（板书）。

【设计意图】通过创设在森林中迷路的琪琪利用指南针找到正确方向

这一情境，引导学生了解指南针中最重要的部分——磁铁，暴露学生前概念，激发学生观察和认识磁铁的兴趣。

二、活动探究，发现磁铁吸引物体的规律

活动一：学生对认识的物体是否能被磁铁吸引进行分类

给学生分一些卡片，让学生在卡片上写出不同物体的名称，并把写有相应名称的卡片分为能被磁铁吸引和不能被磁铁吸引两堆。

活动二：用磁铁对20种物体进行检测

1. 学生分组检测20种物体并记录到实验记录单上。
2. 根据实验现象进行小组讨论。
3. 全班反馈交流。提问：通过实验，你们有什么新的发现？

【设计意图】学生通过对认识的物体是否能被磁铁吸引进行分类这一活动，将前概念暴露出来，再通过检测20种不同物体，产生强烈的认知冲突，并修正自己错误的前概念。

三、互动交流，总结磁铁吸引物体的规律

学生研讨交流情境教学中的问题：发现磁铁能够吸引什么样的物体？

可让学生结合前面的实验结果进行发言。

【设计意图】实验后学生能说出磁铁吸引了哪些物体，在本环节中通过对比和归纳，总结出磁铁吸引物体的规律，培养学生的归纳总结能力。

四、利用磁铁的性质解决问题，学以致用

活动一：大比拼，看哪个小组在教室里找到的含铁的物体最多

1. 提问：用磁铁判断教室里哪些物体是用铁做的。
2. 学生汇报交流：通过什么现象确认自己的判断正确呢？

活动二：找出木屑中的铁钉

小鹏家刚装修完，小鹏的爸爸发现，木匠师傅干完活之后，木屑中还有很多铁钉，扔掉又很浪费。请大家帮小鹏的爸爸想办法把木屑中的铁钉找出来。

1. 提问：你们是怎样把木屑中的铁钉找出来的？

2.学生汇报交流：通过什么现象确认自己的判断正确呢？

活动三：用磁铁判断哪些晾衣架是铁做的

给学生一些晾衣架，有的晾衣架是用塑料做的，有的晾衣架是用铁做的，但有些晾衣架是在铁的外面刷了油漆或镀了塑料。

1.提问：用磁铁判断哪些晾衣架是用铁做的。

2.学生分组领取材料，自主探索，教师巡视指导。

3.学生汇报交流：通过什么现象确认自己的判断正确呢？

【设计意图】让学生学以致用，提升学生解决生活中实际问题的能力，从而激发学生继续观察和探索磁铁的兴趣。

【精彩片段】——分析实验结果，产生认知冲突，明确磁铁吸引物体的规律

师：事实胜于雄辩，请同学们用手中的磁铁进行小组实验，完成实验记录单，并交流评价。你们有什么新的发现吗？

生1：铁钉能被磁铁吸引，易拉罐、铜钥匙不能被磁铁吸引。

生2：磁铁不能吸引铜、铝。

师：能被磁铁吸引的物体有什么共同特点？不能被磁铁吸引的物体又有什么共同特点？

生：能被磁铁吸引的物体都含有铁。

师：你们同意他的观点吗？

生：不同意，有的硬币也能被磁铁吸引，金银首饰也能被磁铁吸引！

师：大家都很认真地做了实验，发现了很多关于磁铁的秘密！科学家研究磁铁的时候，测试过很多材料，最终发现磁铁不但能够吸引铁，还能够吸引镍和钴。镍和钴也属于金属，我们测试时，发现能被磁铁吸引的硬币和金银首饰中就含有镍或钴的成分。如果是纯金或纯银首饰，则不能被磁铁吸引，所以人们也常用磁铁来鉴别金银首饰的纯度。

【教学评析】

基于学生已有认知，先让学生通过对认识的物体是否能被磁铁吸引进行分类活动，将前概念暴露出来，再通过检测20种不同物体的活动，使学生产生强烈的认知冲突，最后修正"磁铁能吸引金属"这一错误的前概念。这个过程有助于培养学生的科学素养。通过参与活动和教师的补充讲解，学生会发现"磁铁能吸引铁、钴、镍等金属，不能吸引其他金属"，从而真正理解"磁铁能够吸引铁、钴、镍等材料的物体，具有磁性"这一科学观念。

第2课时 磁铁怎样吸引物体

核心问题：磁力与拉力、推力有什么不同？

【教学目标】

1. 知道推力和拉力是一种常见的力，认识磁铁可以直接或隔着一段距离或一些物体吸引铁。

2. 能根据磁铁可以直接或隔着一段距离或一些物体对铁产生吸引作用，简单分析磁铁是怎样吸引铁的。

3. 能运用推力、拉力和磁力让小车动起来，能简单记录和描述使小车运动起来的磁力，并在交流中不断完善和修正自己的想法。

4. 在让小车运动起来的过程中，能在小组内进行合作交流，能保持让小车运动起来的探索兴趣。

【教学重难点】

重点：能用磁铁隔着物体使小车运动起来。

难点：理解磁铁的磁力是一种不需要直接接触物体的力。

【教学准备】

教师准备：条形磁铁、小车、棉线、布片、铝片、纸片、薄木片、塑料尺、陶瓷、玻璃、厚木片、厚塑料尺、装有水的瓶子、回形针、纸蝴蝶、多媒体课件等。

学生准备：学习单等。

【教学过程】

一、知识迁移，引出主题

1. 呈现生活中常见的车，如小汽车、工程车等。提问：这些车辆是怎样运动起来的？

2. 学生思考：了解这些车辆是靠发动机运动起来的。

3. 教师顺势拿出一辆小车，提问：怎样让这辆小车动起来？你们有哪些方法？

（预设：用手拉；用绳子拉；用手推；装一个电动小马达；用嘴吹……）

4. 大家想到了很多种方法，我们就来试一试吧。

【设计意图】由生活中小车运动起来需要靠发动机带动，引导学生思考让玩具小车运动起来的方法，发散学生的思维，激发学生探究的欲望。

二、实验探究，思考磁铁吸引物体的规律

活动一：直接接触小车使它动起来

1. 请同学们根据刚刚想的方法探究直接接触小车使它动起来。

2. 学生分组领取材料并进行实验操作，教师巡视指导。

3. 学生汇报交流。提问：你们用了哪些方法？小车动起来了吗？

（预设：我们用手拉小车，也可在棉线的一端系上小车，用手拉棉线的另一端，小车动起来了，还可以用手推小车，小车也动起来了。）

4. 追问：小车是靠什么力量动起来的？

（预设：一个是靠拉，一个是靠推。）

5. 小结：用手或用棉线拉小车的这个力量是拉力，拉力可以让小车动起来。用手推小车，小车是靠推力动起来的。

活动二：不直接接触小车使它动起来

直接接触小车使它动起来了，那么不直接接触小车，怎样才能使它动起来呢？

1. 用嘴吹能否使小车动起来

学生尝试用嘴吹小车并交流感受。

（预设：小车稍微有些运动，但跑不起来；小车移动很少，但不能持续移动；让小车动起来很费劲……）

2. 用磁铁使小车动起来

（1）如果给你们一块条形磁铁，不接触小车，但要使小车动起来。你们准备怎么做？

学生说说实验操作方法。

（预设：磁铁不接触小车，将磁铁放在小车前面，并隔着一段距离。）

（2）学生分组领取材料并进行实验操作。教师巡视指导。

（3）研讨交流：你们有什么发现和感受？

（预设：把磁铁放在离小车近一点的地方，小车就被吸引过来了，好像有一种力量拉着小车；部分学生可能感受到手中的磁铁往小车方向运动。）

（4）在学习单上画一画磁铁吸引小车的这种力量。

（5）学生汇报交流。

小结：磁铁不接触小车，隔着一段距离却能让小车动起来，这种力量就是磁力。

【设计意图】在自主实验开始前，引导学生交流实验方法、记录方法及注意事项；在实验过程中，教师随时给予学生指导，方便后续做交流汇报；在实验活动结束后，让学生画一画这种力量，更好地帮助学生表达自己对磁力的认识。

活动三：用磁铁隔着物体让小车运动起来

磁铁可以隔着一段距离让小车运动起来，如果磁铁和小车之间隔着一些物体，小车还能运动起来吗？我们可以怎样操作？

1. 出示实验材料，让学生说一说操作方法。教师出示实验微课，学生学习后,教师说出实验注意事项:两位同学为一组,先预测后实测,每组实验至少重复三次,完成实测后要做好记录,结束时将实验材料整理好。

2. 学生分组进行实验并在学习单上做好记录。教师巡视指导。

3. 各组整理并交回实验器材,准备汇报。

4. 请学生拿着学习单汇报。根据测试的几种物体的现象,归纳推理出结论:磁铁能隔着_____吸引小车。(预设:磁铁能隔着物体吸引小车。)

5. 我们只测试了这几种物体,能说明磁铁能隔着所有物体吸引小车吗?说说自己的理由。

(预设:不能,隔着比较厚的木片,或者距离比较远,磁铁可能就没有办法吸引小车了。)

6. 教师演示:磁铁隔着厚木片、厚塑料尺或改变磁铁与小车之间的距离等,观察磁铁能否让小车运动起来。

7. 教师追问:通过演示实验,同学们能得出什么结论?

(预设:磁铁能隔着一些物体让小车运动起来;物体太厚或者距离太远,磁铁的磁力可能就无法让小车运动起来。)

【设计意图】鼓励学生主动交流汇报实验中的感受,引导学生理解磁铁能隔着一些物体吸引铁,体现出学生理解"所有"到"一些"的思维过渡。

三、研讨:总结归纳,明确磁铁吸引物体的规律

通过今天的实验,我们知道磁铁可以隔着一段距离吸引小车,也能隔着一些物体吸引小车。那么磁铁是怎样吸引物体的?谁能回答这个问题?

(预设:磁铁有磁力,磁力可以隔着一段距离或一些物体吸引铁质材料的物体。)

【设计意图】让学生通过系列探究活动,学会自我建构及自我监控所

学知识，并对所学知识进行反思、内化吸收。

四、知识迁移，学以致用

（一）瓶中取物

1. 教师呈现一个装有水且底部有一枚回形针的瓶子，请学生思考在不接触水的情况下，如何取出回形针。

2. 学生小组交流讨论，分享方法。

（预设：可用磁铁在瓶子外壁移动，吸住回形针后，往上移动磁铁，就可以顺利取出回形针。）

3. 追问：磁铁是靠什么力量移动回形针的？这个方法说明了什么问题？

（预设：磁铁的磁力将回形针从水中取出。磁铁能隔着水和薄塑料吸引物体。）

【设计意图】创设情境，检测学生对所学知识的应用情况，让学生学会学习，勤思考，在解决问题的过程中将所学知识融会贯通，形成知识网络。

（二）"蝴蝶飞"游戏

1. 出示纸蝴蝶：纸蝴蝶上面别着回形针，回形针用棉线系住。

教师演示：用条形磁铁靠近纸蝴蝶，纸蝴蝶"飞"起来了。

提问：磁铁没有接触纸蝴蝶，为什么纸蝴蝶会"飞"起来？中间有没有隔着什么物体呢？隔着这么多空气还行不行？

2. 你们想不想也来做一个会"飞"的纸蝴蝶呢？（课件出示制作方法。）

3. 请同学们课后与家人一起制作纸蝴蝶，并玩"蝴蝶飞"的游戏。

【设计意图】教师通过演示，激发学生继续探索磁铁使物体运动起来的兴趣，引导学生课后继续探索学习，将课堂所学知识应用迁移。将游戏作为亲子活动来完成，也利于增强学生学习科学的成就感，激发学生学习的兴趣与内在动机。

【精彩片段】——围绕核心问题，引导学生进行自主探究和合作交流

师：磁铁可以隔着一段距离让小车运动起来，如果磁铁和小车之间隔着一些物体，小车还能运动起来吗？我们可以怎样操作？

生1：可以在磁铁与物体之间放一些物体，看磁铁隔着这些物体能不能让小车运动起来。

生2：中间放的物体不能是铁质材料做的，不然就直接被磁铁吸引了。

生3：我觉得中间可以放一些薄木片、薄纸片等物体，同时也要隔着一段距离，这样就能看到小车能不能运动起来。

师：同学们说得真好，老师给同学们准备了布片、铝片、纸片、薄木片、塑料尺、陶瓷和玻璃等材料。请同学们观看实验微课，了解实验方法。

学生观看微课学习。

师：我们实验时要注意哪些事项？

生1：两位同学为一组，先预测后实测。

生2：每组实验至少重复三次，完成实测后要做好记录，结束时将实验材料整理好。

生3：注意一只手拿磁铁贴着物体，另一只手将小车与物体隔着一小段距离，一起移动磁铁和物体，观察磁铁隔着物体能不能让小车运动起来。

师：对于这个实验还有没有不清楚的？如果没有，各小组可以开始实验了。

学生分组进行实验并在学习单上做好记录。教师巡视指导。

师：实验结束，请各小组代表汇报。

生1：我们的预测是磁铁隔着这些物体还能使小车运动起来。通过实验，我们发现磁铁隔着物体能让小车运动起来。

生2：当我们移动磁铁与物体时，发现小车也跟着移动，说明磁铁能够隔着这些物体吸引小车。

师：这个实验说明磁铁能隔着所有物体吸引小车吗？说说自己的理由。

生1：我觉得不行，如果是厚点的物体，可能就不可以了。我们刚刚做实验时把木片、铝片、塑料尺和纸片叠放一起，磁铁隔着它们就不能吸引小车了。

生2：我也觉得磁铁不是隔着所有物体都能吸引小车的，如果物体太厚，磁铁可能就不能让小车运动起来。

生3：我们刚刚做实验时还发现，如果距离太远，磁铁也不能吸引小车。

师：同学们都说得有理有据，实验时也在仔细观察与思考，给你们点赞。刚刚同学们提到的物体的厚度与距离因素，我们现在通过实验来验证。我来做个演示实验，请同学们仔细观察磁铁隔着厚木片、厚塑料尺，以及改变磁铁与小车之间的距离时，小车能否运动起来。

生1：我发现磁铁隔着这些厚的物体时，小车没有运动起来。

生2：当磁铁与物体的距离太远时，磁铁也不能吸引小车。

师：通过演示实验，同学们能得出什么结论？

生1：当物体太厚，磁铁的磁力可能就无法让小车运动起来。

生2：当磁铁与物体之间的距离太远时，磁铁也不能吸引小车。

生3：这说明磁铁不是隔着所有物体都能吸引小车的，磁铁吸引小车是有条件的。

师：是的，磁铁的磁力隔着一段距离能吸引铁，隔着一些物体也能吸引铁。但当物体变厚了或者物体与磁铁之间的距离变远了，磁力就难以吸引铁。

【教学评析】

在"用磁铁隔着物体让小车运动起来"的探究实验中，学生通过观察和分析实验现象，较易发现磁铁隔着物体也能吸引铁，进一步理解磁铁的磁力与拉力、推力的不同。为了培养学生的高阶思维，同时实现对所学知识的意义建构，教师在学生已有知识经验和认知水平的基础上，利用"这个实验说明磁铁能隔着所有物体吸引小车吗？"这一问题，引导学生再次对实验现象及新问题进行分析，促使学生聚焦到对磁铁"隔着物体"的思考。由此，学生经历质疑、辩证分析等思维活动，形成由"所有"到"一些"的思维过渡。

学生经历这样的深度学习，对"磁铁的磁力是一种不需要直接接触物体的力"有了更丰富形象的认识，同时也于无形中帮助学生认识"磁铁可以隔着一段距离或一些物体吸引铁"的相关知识，搭建了已有认知与科学观念之间的桥梁。通过该探究实验，学生经历了对学习活动进行积极的自我管理与调节的过程，实现了对所学知识的意义建构，有助于培养和提升科学素养。

【学习单】

1. 是什么力量让小车运动起来的？请用画图的方式表示这种力量。

2.磁铁能隔着这些物体吸引小车吗？先预测，再将每组实验做三次，并记录结果（可以吸引的打"√"，不能吸引的打"×"）。

序号	物体	推测	实验1	实验2	实验3
1	布片				
2	铝片				
3	纸片				
4	薄木片				
5	塑料尺				
6	陶瓷				
7	玻璃				

我的发现：磁铁能隔着_____（填物体序号）吸引小车

第3课时 磁铁的两极

核心问题：磁铁各部位的磁力相同吗？

【教学目标】

1.通过探究条形磁铁不同部位的磁力大小，发现"条形磁铁两端磁力最大，中间磁力最小"的特点；知道磁铁上磁力最大的部分叫磁极，磁铁有两个磁极。

2.运用比较的方法，分析磁铁不同部位吸引回形针的情况及铁粉在磁铁上的分布情况，尝试得出条形磁铁磁力分布的规律。

3.尝试用多种方法探究"条形磁铁不同部位的磁力大小"，并能用图示或语言的方式描述铁粉在磁铁上的分布情况。

4.能实事求是地描述观察到的现象，体会到多个证据对得出研究结论的重要性，初步培养用事实说话的意识。

【教学重难点】

重点：尝试运用多种方法探究条形磁铁不同部位的磁力大小，发现条形磁铁磁力分布的规律。

难点：开展实验并收集条形磁铁磁力分布规律的相关证据。

【教学准备】

教师准备：多媒体课件、条形磁铁、蹄形磁铁、磁铁小车、回形针、磁力测试卡、铁粉盒等。

学生准备：学习单等。

【教学过程】

一、创设情境，激发兴趣

1. 演示：将一个磁铁小车轻轻放在条形磁铁的不同部位（多演示几次）。

提问：你们看到了什么现象？

（预设：小车放在磁铁中间时不会运动起来，而放在磁铁两端时会运动起来。）

2. 创设问题情境：为什么条形磁铁两端能使小车运动起来，而中间不行？

学生交流，提出不同的猜想，教师通过画示意图的方式来呈现学生的猜测。（板书：一块划分成五个部分并标上序号的条形磁铁。）

3. 谈话：一块条形磁铁的磁力大小到底是怎样分布的呢？揭示课题：磁铁的两极（板书）。

【设计意图】通过简单的演示实验，让学生对条形磁铁不同部位磁力大小的分布产生疑问，并对哪个部位磁力大，哪个部位磁力小进行初步猜测。

二、感受并验证条形磁铁不同部位的磁力大小

活动一：用感官感受条形磁铁不同部位的磁力大小

1. 课件出示实验材料：一块条形磁铁（标上五个序号）、一枚回

形针。

提问：你能用一枚回形针比较条形磁铁不同部位的磁力大小吗？学生交流、讨论。

2. 教师归纳并讲解实验操作方法：先将条形磁铁平放在桌上，然后用手拿着回形针，依次放在条形磁铁的各个部位，感受条形磁铁各个部位的磁力大小。

3. 学生领取材料，分组实验，教师巡视指导。

4. 反馈交流。提问：通过实验，你们发现了什么？

（预设：学生能初步感受到条形磁铁两端磁力大，但对中间部分磁力大小有不同的意见。）

【设计意图】通过亲身体验的学习方式，学生能够真实感受到条形磁铁不同部位磁力大小的变化，初步感受到条形磁铁两端磁力较大。

活动二：用不同的方法探究条形磁铁不同部位的磁力分布

1. 学生分组讨论并设计实验方案。

2. 学生汇报实验方案，教师适时板书并让学生上台演示。

3. 教师总结实验方法和注意事项（课件出示），介绍磁力测试卡的使用方法（课件动画演示操作方法）。

①将磁力测试卡平铺在桌面上；

②在规定的位置分别摆放若干枚回形针（注意回形针的摆放方向）；

③移动条形磁铁或回形针时要沿虚线慢慢平移（注意：速度要慢，推一格，停一停）；

④再重复操作两次并记录。

4. 学生分组实验并在学习单上完成记录，教师巡视指导。

5. 反馈交流。提问：通过实验，你们有什么新的发现？

（预设：学生能明确认识到条形磁铁两端磁力大，中间磁力小，但对于中间部分是否一点磁力也没有，还是会有不同的意见。）

【设计意图】在活动一的基础上，活动二让学生通过科学的研究方法找到证据去验证活动一中感官体验的真实感受，更加明确地认识到条形磁铁两端磁力大，中间磁力小。

活动三：借助铁粉盒验证条形磁铁不同部位的磁力大小

1. 课件出示实验材料。

提问：怎样借助铁粉盒验证条形磁铁不同部位的磁力大小。学生交流、讨论。

2. 教师总结实验方法和观察重点（课件出示）。

①用手指轻轻敲击铁粉盒，让铁粉尽量均匀平铺在盒子中；

②将条形磁铁紧贴在盒子上晃动（注意：晃动时要轻微、快速）；

③仔细观察铁粉在条形磁铁上的分布情况并记录。

3. 学生分组实验，教师巡视指导。

4. 反馈交流。

提问：通过实验，大家对于条形磁铁中间部分是否有磁力是怎么想的？理由又是什么呢？

（预设：学生会发现条形磁铁两端磁力最大，中间逐渐减小，最中间似乎也有一点磁力。）

【设计意图】让学生经历"用感官感受条形磁铁不同部位的磁力""用条形磁铁的不同部位接触回形针"以及"借助铁粉盒观察铁粉在条形磁铁上的分布情况"三个活动，观察到条形磁铁两端的吸引能力更强，并由此现象得出条形磁铁不同部位的磁力大小是不同的结论，从而建构磁极的概念。

三、研讨：解决核心问题"磁铁各部位的磁力相同吗？"

1. 学生研讨交流情境教学中的问题：为什么条形磁铁两端能使小车运动起来，而中间不行？

（预设：条形磁铁中间磁力小，两端磁力大，所以条形磁铁两端能使小车运动起来。)

2. 讨论定义——磁铁两极

(1)师：条形磁铁中间磁力小，两端磁力大，在科学上我们把磁铁上磁力最大的部分称为磁极。追问：条形磁铁的磁极在哪里？（预设：在磁铁的两端。)让学生指出条形磁铁的两极。

(2)追问：条形磁铁有几个磁极？（预设：2个。)

【设计意图】前后呼应，让学生能从科学的角度解释情境中的问题。

四、寻找蹄形磁铁的磁极

1. 课件出示实验材料。

提问：蹄形磁铁有磁极吗？找一找。

2. 学生领取材料，自由探索，教师巡视指导。

3. 学生汇报交流。提问：用什么方法判断蹄形磁铁的磁极？通过什么现象确认自己的判断正确呢？

【设计意图】让学生用已经学过的方法探究和解决新问题，学以致用。

【精彩片段】——创设问题情境，激发学生自主思考，探究磁铁不同部位的磁力大小

师：(出示一个小车)怎样使这个小车运动起来？

生1：磁铁能吸引铁一类的物质，用磁铁靠近小车，小车就能运动起来。

生2：这个小车含有铁一类的物质，磁铁就能让小车运动起来。

师：(演示用条形磁铁的中间部位靠近小车)你们看到了什么现象？

生：小车没有运动起来。

师：为什么小车没有运动起来？

生1：磁铁磁力太小了。

生2：磁铁距离小车太远了。

生3：磁铁没有磁力了。

师：（演示用条形磁铁的两端靠近小车，强调靠近小车的位置相同）你们看到了什么现象？

生：小车运动起来了。

师：为什么小车运动起来了？这次和上次的区别在哪里？

生1：这次是用磁铁的两端靠近小车的，上次是用磁铁的中间部位靠近小车的。

生2：条形磁铁两次靠近小车时用的部位不同。我觉得这应该与磁力大小有关。

师：创设问题情境"为什么条形磁铁两端能让小车运动起来，而中间不行？"

生1：条形磁铁两端的磁力可能比中间大。

生2：条形磁铁的磁力越往中间越小。

学生交流，提出不同的猜想，教师通过画示意图的方式来呈现学生的猜测。（板书：一块划分成五个部分并标上序号的条形磁铁。）

3. 谈话：一块条形磁铁磁力大小到底是怎样分布的呢？揭示课题：磁铁的两极（板书）。

生1：1和5最强，2和3其次，4没有磁力。

生2：1最强，5其次，然后2大于3，4没有磁力。

生3：1最强，5其次，然后2大于3，4有很小的磁力。

生4：5最强，1其次，然后3大于2，4没有磁力。

生5：5最强，1其次，然后3大于2，4有很小的磁力。

生6：1和5最强，2和3其次，4应该有磁力，但很小。

【教学评析】

对二年级学生来说，本课的内容相对比较简单，通过之前的试教，教师发现学生对于磁铁的两极已经有了基础的概念，而普通的导入很难调动学生学习的主动性和积极性，所以通过创设小车被移动的情境导入新课，学生更容易通过情境学习调动前概念"磁铁能使小车运动起来"。基于对试教班级的调查，大多数学生知道磁铁有磁性，但是磁铁具体哪里磁力大，哪里磁力小，基本有三种想法：一是两端大，中间小；二是两端小，中间大；三是一端大，一端小。随后让学生通过直观感受及实验验证的方法得出结论：条形磁铁不同部位的磁力大小不同，磁力两端大，中间小。在研讨环节，再次将情境代入，看看猜想是否与实验结果一致，培养学生用实验说话、用证据说话的科学意识。最后，让学生寻找蹄形磁铁的两极，达到学以致用的目的。

【学习单】

实验记录单

第_____小组

活动二：用不同的方法探究条形磁铁不同部位的磁力分布

| A | B | C | D | E |

综合排名（　　）（　　）（　　）（　　）（　　）

特别注意：用"1""2""3""4""5"排序，如最快吸引的写"1"，如果不吸引，则不写数字。

第 4 课时　磁极间的相互作用

核心问题：磁极间有什么关系？

【教学目标】

1. 通过观察两个磁铁放在一起时发生的现象，进一步探究出磁极之间相互作用的规律，即相同磁极互相排斥，不同磁极互相吸引。

2. 能利用磁铁，通过语言表达对磁铁的认识和想法。

3. 能在教师指导下操作简单的实验，比较磁铁对不同物质的吸引作用。

4. 通过小组合作的方式，养成乐于合作、愿意倾听别人意见、乐于讲述自己观点的习惯。

【教学重难点】

重点：通过观察两个磁铁放在一起时发生的现象，进一步探究出磁极之间相互作用的规律，即相同磁极互相排斥，不同磁极互相吸引。

难点：尝试使用相同磁极互相排斥、不同磁极互相吸引这一规律解释本单元中与磁铁相关的各种现象。

【教学准备】

教师准备：多媒体课件、盛有水的盘子、瓶盖（里面是磁铁）、条形磁铁图片、条形磁铁、蹄形磁铁、环形磁铁、铁架台、绳子等。

学生准备：玩具小车、铅笔、学习单等。

【教学过程】

一、趣味活动，引出课题

师：同学们，我的手拥有魔力，你们相信吗？

师：大家请看，盛有水的盘子里有一小瓶盖。我现在轻轻放入另一个瓶盖，好像没有什么神奇之处。下面，我的手要开始施展魔力！

师：我的手好像真的拥有魔力，是不是很神奇？谁知道我的魔力来自哪儿？那磁铁在哪里呢？这几个瓶盖里面全都是磁铁吗？同学们说得非常对，瓶盖里面全都是磁铁，正是由于全都是磁铁，才能出现如此神奇的现象，因为磁铁之间具有微妙的相互作用。我们已经学习了磁铁和含铁物质之间的相互作用，今天我们要更进一步地探究磁铁的性质，探究的内容和磁铁之间的相互作用有关。当学习了这节课之后，你们也会成为合格的魔法师。下面我们一起开始今天的科学奥秘探究之旅吧！

【设计意图】通过小魔术吸引学生的注意力，激发学生的学习兴趣，为后续学习做铺垫。

二、实验探究，寻找规律

1. 回顾条形磁铁的磁极。（在黑板上贴条形磁铁图片）条形磁铁有两个磁极，红色的一端是 N 极，蓝色的一端是 S 极。

2. 讨论：如果用另一块条形磁铁的磁极水平靠近它，有哪几种不同的方式？

学生展开讨论，表达自己的看法，教师将每一种情况都粘贴在黑板上，直至学生将四种情况都罗列出来。

（预设：学生列出的情况可能不止四种，会有很多表述不完全一样但实质是一样的情况。教师要注意引导和"解读"学生的表述。）

【设计意图】通过班级集体讨论的方式得出四种情况。

3. 讨论：我们可以用哪些方法研究磁极间的相互作用呢？

［预设：（1）将一块磁铁悬挂起来，手持另一块磁铁靠近。（2）将一块磁铁放在桌面上，手持另一块磁铁靠近。（3）两只手分别握着一块磁铁，彼此靠近。］

教师提议先用比较简便的方法来试一试：两只手各拿一块磁铁，相互靠近来感受磁极间的相互作用。

4. 请一个学生来演示。问：你有没有感受到这个力？这个力很大吗？教师强调要仔细感受才能有所发现。

5. 出示学习单，介绍记录的方法，明确要求。

（1）每个实验重复三次，再记录结果。

（2）用"← →"表示互相排斥，用"→ ←"表示互相吸引。

6. 学生分组领取材料后进行实验并记录，教师巡视指导。

【设计意图】全班共同讨论，归纳两块磁铁磁极间相互作用的四种情况，让学生以小组为单位亲身去实践、感受，一方面是让学生在反复实践中强化对"磁极间相互作用规律"的认识；另一方面是将一颗"统计学"的小小种子种在了学生心里，有助于学生以后的学习。

三、交流讨论，确定规律

1. 呈现各组的学习单。分析这些实验结果，你们有什么发现？

（预设：S和S、N和N排斥，N和S、S和N吸引；相同字母的磁极互相排斥，不同字母的磁极互相吸引。）

2. 适时指导学生规范表述：相同磁极互相排斥，不同磁极互相吸引。

3. 小结：当两个相同的磁极靠近时，磁极之间会产生互相排斥的力，于是出现"推开"的现象；当两个不同的磁极靠近时，磁极之间会产生互相吸引的力，于是出现"吸过来"的现象。

4. 条形磁铁磁极间有这样的规律，其他形状的磁铁也有这样的规律吗？

（1）演示：悬挂一块蹄形磁铁，分别用另一块蹄形磁铁的同名磁极和异名磁极靠近。

（2）学生仔细观察，认真思考，并说出蹄形磁铁磁极间的规律是否与条形磁铁相同。

（3）出示三套实验器材：一对蹄形磁铁，一对环形磁铁，一块条形磁铁和一块蹄形磁铁。

学生小组选择其中一套实验器材，实验重复三次，完成后可与其他小组交换器材并交流观察后得出的结论。

（4）各小组进行汇报，教师及时板书。

（5）小结：无论什么形状的磁铁，磁极间的相互作用都表现出"相同磁极互相排斥，不同磁极互相吸引"的规律。

【设计意图】通过研讨活动，学生发现了条形磁铁磁极间相互作用的规律，再拓展到其他形状磁铁磁极间的相互作用，不仅再一次验证了规律的科学性，也有效清除了部分学生头脑中"只有条形磁铁有这种规律"的潜意识。另外，环形磁铁相同磁极互相排斥的现象也非常有意思，在铅笔等物体的协助下，一块环形磁铁能够利用斥力使另一块环形磁铁浮起来，这无疑会大大激发学生的兴趣，也会让学生更加热爱科学这一学科。

四、提出设疑，拓展思考

1. 提问：（出示图片）将一块条形磁铁悬挂起来，磁铁静止后指示南北。此时，如果用另一块磁铁去靠近它，会出现怎样的情况？

（预设：学生猜测原来的磁铁会被吸引或者排斥。）

2. 师：本节课我们发现了磁铁的两极能够互相吸引的小秘密，但还不能解释为什么磁铁可以用来制作指南针。是否真的像同学们在第一节课中猜测的那样，磁铁可以指示南北呢？"S"和"N"分别表示什么意思呢？下节课我们继续探究磁铁的秘密。

【设计意图】让学生先观察现象，再应用磁极间的相互作用来解释，以巩固所学概念。

【精彩片段】——通过交流讨论，激发生生互动，建构一般规律

师：如果用另一块条形磁铁的磁极水平靠近它，有哪几种不同的方式？

生1：N极和N极靠近。

生2：S极和S极靠近。

生3：一端S极和另一块磁铁的N极。

师：还有吗？

生1：一端N极和另一块磁铁的S极。

生2：一端S极和另一块磁铁的N极与一端N极和另一块磁铁的S极是一样的方式。

师：大家觉得一样吗？是否有必要再做一次？

学生小组交流。

生：有必要，用不同的磁极相互接触可以进一步验证它们之间的反应。

师：大家的意见呢？

生：好像有道理，我们可以试一试。

师：看来你们已经达成一致了，那么我们就按照这个顺序来探究。条形磁铁磁极间有这样的规律，其他形状的磁铁也有这样的规律吗？

演示：悬挂一块蹄形磁铁，分别用另一块蹄形磁铁的同名磁极和异名磁极靠近。

学生仔细观察，认真聆听，并说出蹄形磁铁磁极间的规律是否与条形磁铁相同。

出示三套实验器材：一对蹄形磁铁，一对环形磁铁，条形磁铁和蹄形磁铁。

学生小组选择其中一套实验器材，实验重复三次，完成后可与其他小组交换器材，并交流观察，归纳得出结论。

（实验过程中，在铅笔等物体协助下，一块环形磁铁能够使另一块环形磁铁浮起来。）

各小组进行汇报，教师及时板书。

小结：无论什么形状的磁铁，磁极间的相互作用都表现出"相同磁极互相排斥，不同磁极互相吸引"的规律。

【教学评析】

在实验探究环节，学生不但能把磁极吸引的四种方法都罗列出来，而且能表达出来一定的想法并去探究,教师也给了学生充分表达的机会,通过生生交流,让学生在相互的探讨中探究出磁铁的相互作用。但学生对左N极和右S极作用以及左S极和右N极作用存在疑问:都是N极和S极作用,为什么要做两次不同的实验呢?这样就引起了矛盾冲突,有利于发展学生的科学思维。在研究方法上,学生也进行了思维的碰撞,从而为后续研究做铺垫。在前概念的基础上,从了解磁铁的部分吸引方法到掌握磁铁的全部吸引方法,从条形磁铁到蹄形磁铁的研究,学生认识到"相同磁极互相排斥,不同磁极互相吸引"这一科学观念,并且可以用生活中的部分物体来探究这一规律,把掌握的科学概念回归于生活,提升了学生的科学素养。

【学习单】

小组:_____ 时间:_____

实验操作	结果预测	实验结果
S N　　N S		
N S　　S N		
S N　　S N		
N S　　N S		

第5课时 磁极与方向

核心问题:磁极与方向有什么关系?

【教学目标】

1.通过支撑和悬挂磁铁的实验,知道磁铁能指示南北方向;通过简单使用指南针来辨别方向，知道指南针是利用磁铁能够指示南北方向的特点制成的，了解指南针中不同结构具有不同的功能。

2. 用比较和分析的方法能从实验记录中发现磁极与南北方向的关系。

3. 能使用支撑和悬挂的方法组装实验器材，能通过重复测试、简单表格来收集和记录磁极与方向关系的证据；初步学会使用指南针来辨别方向。

4. 养成愿意倾听他人意见、乐于分享自己经验的合作探究学习习惯；能关注到指南针是生活中常见的科技产品，它为人们辨认方向带来便利。

【教学重难点】

重点：通过支撑和悬挂磁铁的实验，发现磁铁具有指示南北方向的特性。

难点：如实地记录和交流有关磁极与方向的信息，体会重复测试在探究中的必要性和重要性。

【教学准备】

教师准备：多媒体课件、用白纸包住的条形磁铁、蹄形磁铁、环形磁铁、演示用指南针等。

学生准备：常规条形磁铁、方位纸、用白纸包住的条形磁铁、旋转支架（包括底座和旋架）、蹄形磁铁、环形磁铁、塑料支架、线、指南针、学习单等。

【教学过程】

一、活动激趣，引出课题

1. 创设问题情境：演示小瓶子在水面上转动。

提问：你们观察到了什么现象？（预设：瓶盖始终指向北。）为什么？（预设：因为里面有磁铁。）

2. 聚焦问题

提问：磁极能指示方向吗？揭示课题：磁极与方向（板书）。

【设计意图】创设问题情境，引导学生观察并思考磁极与方向的关系，激发学生探究磁极与方向的兴趣，快速聚焦核心问题。

二、合作学习，互动探究

1. 确定方位

（1）出示方位纸

提问：观察方位纸，你们有什么发现？如何正确使用方位纸表明教室的方向？

（预设：上面有东、南、西、北四个方向，东和西相对，南和北相对。）

（2）初步尝试摆放方位纸

（3）正确摆放方位纸

引导学生根据教室以及自己座位所在的真实方位，在桌面上贴好方位纸。教师可借助平板上的指南针 App 软件，调整角度，将方位纸投影在屏幕上，帮助学生更准确地摆放方位纸。

2. 探究条形磁铁的指向

（1）提问：借助方位纸，我们已经知道了教室内的方向，磁铁真的能指示方向吗？如果能，磁极与方向有什么关系呢？

（2）学生做出预测

（3）出示材料，师生讨论研究方法

（4）明确实验方法

课件出示活动要求与实验器材，明确实验器材的组装和实验操作过程，介绍学习单及记录方法，并让学生说说为什么要重复实验几次。

教师小结实验方法：①用白纸包裹磁铁，在两个磁极上标出数字"1""2"（已包好）；②组装材料，将支架放在方位纸中间，轻轻转动小磁铁；③观察静止后磁铁的两端各指什么方向，并标在磁铁的末端；④重复几次并记录。

（5）分组探究

学生分组探究条形磁铁的指向并在学习单上完成记录。

（6）反馈汇报

提问：通过实验，你们发现了什么？

小结：条形磁铁能指示南北方向，一个磁极总是指向南方，另一个磁极总是指向北方。

【设计意图】实验之前让学生猜测磁铁是否能指示方向，在引发学生思考的同时，促使学生在实验时更加投入和关注实验现象并思考，从而产生一定的认知冲突。学生依据实验现象认识到条形磁铁可以指示方向，认知冲突的产生促使学生思考重复实验的意义。

3.探究蹄形磁铁、环形磁铁的指向

（1）出示蹄形磁铁、环形磁铁

提问：条形磁铁能指示南北方向，那么其他形状的磁铁，比如蹄形磁铁、环形磁铁是不是也能指示南北方向呢？学生做出猜测。

（2）明确实验方法

课件出示活动要求，教师出示实验器材，讲解实验器材的组装和实验操作过程，介绍学习单及记录方法，同样强调"重复实验几次"。

实验方法：①选择蹄形磁铁或环形磁铁；②将磁铁悬挂在塑料支架上，轻轻转动；③观察静止后磁铁的指向；④重复几次并记录。

（3）分组探究

学生分组探究蹄形磁铁或环形磁铁的指向并在学习单上完成记录。

三、分析交流，引出发现

1.交流汇报

提问：通过实验，你们有什么新的发现？

（预设：蹄形磁铁和环形磁铁能指示南北方向。）

追问：观察磁极的颜色、字母和指示的方向，你们还有什么新的发现？

（预设：指南的磁极是蓝色，字母为 S；指北的磁极是红色，字母为 N。）

2.通过比较条形磁铁、蹄形磁铁、环形磁铁的实验记录，发现共性。

提问：条形磁铁也是这样吗？撕开白纸看看，与你们的发现一致吗？

小结：磁铁能指示南北方向，指北的磁极叫北极，用字母 N 表示，一般为红色，指南的磁极叫南极，用字母 S 表示，一般为蓝色。正因为磁铁能够指示南北方向，所以才会用于制作指南针。

【设计意图】本环节主要引导学生对其他两种不同形状的磁铁进行探究，从而科学严谨地得出磁铁能够指示南北方向的结论。

四、应用迁移，学习致用

1.课件出示指南针图片，教师出示指南针实物。提问：我们已经知道了指南针就是利用磁铁能够指示南北方向的特点制成的，那么你们会使用指南针吗？

2.使用指南针

（1）课件出示指南针使用说明书，引导学生自主阅读说明书。请一位学生上讲台边讲解边演示使用指南针，教师适时指导。

（2）组织学生用指南针到校园里辨别方向。找一找：校门在哪个方向？操场在哪个方向？

3.师：我们了解了磁铁的性质，知道了如何使用指南针，你们能否利用磁铁的性质自己制作一个指南针呢？课下请思考如何利用磁铁制作指南针。下节课我们一起制作指南针。

【设计意图】本环节先让学生自主阅读指南针的使用说明书并尝试操作，培养学生自主学习和探究的能力与意识，再用指南针辨别校园里的方向，不仅可以帮助学生熟练地使用指南针，同时也能让学生体会到科学技术为生活带来的便利，也为下一节课制作指南针做铺垫。

【精彩片段】——重视应用迁移，提升思维能力

师：你们做了几次实验？结果一样吗？

生1：我们做了三次实验。

生2：我们做了四次实验，每次都指向相同的方向。

师：其他同学呢？有不同的观点吗？

生：我们做了四次实验，第一次实验时磁铁的两端指的是斜的，后面三次实验时磁铁指的是南北方向。

问：为什么要重复做多次实验呢？

生：多次实验可以减少误差。

小结：条形磁铁能指示南北方向，一个磁极总是指向南方，另一个磁极总是指向北方。

师：条形磁铁能指示南北方向，那么其他形状的磁铁，比如蹄形磁铁、环形磁铁是不是也能指示南北方向呢？

学生分组探究不同形状磁铁的指向并完成记录。

师：通过实验，你们有什么新的发现？

生：我发现磁铁总指向南和北。条形磁铁能指示南北方向，一个磁极总是指向南方，另一个磁极总是指向北方。

师：观察磁极的颜色、字母和指示的方向，你们还有什么新的发现？

生：我发现红色指向北方，蓝色指向南方。

师：条形磁铁也是这样吗？撕开白纸看看，与你们的发现一致吗？

【教学评析】

本课从逻辑上来看，第二环节和第三环节是从特殊到一般的推理论证过程，先通过观察条形磁铁的指示方向来明确条形磁铁能指示南北方向，一个磁极总是指向南方，另一个磁极总是指向北方。第三环节研究其他形状的磁铁是否也能指示方向，将学生分组，各组自选其一完成，根据实验现象，学生发现大多数情况下悬挂着的环形磁铁和蹄形磁铁也能指示方

向，并且 N 指向北，S 指向南，在充分尊重事实的情况下，学生如实记录现象，从特殊到一般，将条形磁铁指示方向的研究方法迁移应用到其他形状的磁铁中，并认识到重复实验对于发现一般规律的重要性。

【学习单】

第___组　　姓名：_____　　班级：_____

1. 条形磁铁能否指示方向（在磁极指示的方向下面打"√"）。

条形磁铁	实验次数	东	南	西	北
磁极 1	1				
	2				
	3				
磁极 2	1				
	2				
	3				

2. 其他形状的磁铁能否指示方向（先选择蹄形磁铁或环形磁铁，在所选磁铁后打"√"，再在磁极指示的方向下面打"√"）。

蹄形磁极（　　） 环形磁铁（　　）	实验次数	东	南	西	北
红色	1				
	2				
	3				
蓝色	1				
	2				
	3				

我的发现：磁铁_____（填序号，下同）指示南北方向；指北的磁极叫_____极，一般是_____色的；指南的磁极叫_____极，一般是_____色的。

①能　　②不能　　③南（S）　　④北（N）　　⑤红　　⑥蓝

第6课时 做一个指南针

核心问题：如何利用磁铁制作指南针？

【教学目标】

1. 知道指南针是利用磁铁指示方向的仪器，是我国古代的四大发明之一。

2. 知道钢针经过磁铁摩擦后可以变为磁针。

3. 能利用磁铁来磁化钢针以制成磁针，能借助指南针确定并标注磁针的南北极。

4. 能针对制作过程或检测结果中出现的问题提出一些改进方法。

5. 能利用示意图的方式对磁铁和漂浮物之间的组装方法进行初步设计。

6. 愿意参与制作水浮式指南针的活动。

【教学重难点】

重点：会制作水浮式指南针。

难点：能借助指南针确定并标注磁针的南北极，能针对制作过程或检测结果中出现的问题提出一些改进方法。

【教学准备】

教师准备：多媒体课件、钢针或缝衣针、大头针、吹塑纸、条形磁铁、指南针、盛水盘等。

学生准备：钢针或缝衣针、吹塑纸、条形磁铁、指南针、盛水盘、活动手册等。

【教学过程】

一、回顾旧知，引出主题

1. 指南针是利用磁铁指示方向的仪器，通过本单元的学习我们了解了磁铁的性质（回顾磁铁的性质）。

2.（出示指南针演变图）谁能看图讲一讲指南针是怎样演变到现在这个样子的？

3. 学生观看图片并简单描述。

4.（出示材料）琪琪为我们准备了实验材料，请各小组合作，用这些材料为她制作一个水浮式指南针。

【设计意图】通过复习回顾磁铁的性质，了解指南针的演变历史，引出本课主题——制作指南针。

二、设计方案，完成制作

1. 准备实验材料

四人一小组，每个小组有一个指南针、一根未被磁化的钢针、大头针、一张大小合适的菱形吹塑纸、一个小水槽、一块条形磁铁。强调：钢针头很尖，使用时一定要注意安全。

2. 制作过程

（1）制作磁针、检验效果

①我们怎样利用这些材料来制作水浮式指南针呢？（课件出示水浮式指南针）（预设：需要用盘子装水，要有小磁针，要让小磁针浮起来。）

②要使钢针有磁性，我们可以怎样做呢？

示范：教师用条形磁铁的磁极沿着一个方向摩擦钢针，重复摩擦20~30次。

③我们怎样才能知道用条形磁铁摩擦过的钢针已经具有磁性呢？（预设：用磁铁吸一下，用条形磁铁摩擦过的钢针吸引大头针。）

④这两个方法哪个更好呢？（预设：学生通过讨论否决用磁铁吸一下的想法。）

⑤老师按照同学们的想法来试试看。（用条形磁铁摩擦过的钢针去吸引大头针。）

⑥现在我们有了小磁针,怎样让小磁针浮起来呢?

⑦吹塑纸相当于古代水浮式指南针的哪一部分?

(2)安装小磁针

①怎样将小磁针固定在菱形吹塑纸上呢?同学们可以先思考并在活动手册上画出示意图。

②试着将小磁针用穿针的方法固定在吹塑纸上。

③还有没有其他方法可以固定小磁针?(预设:还可以借助胶水、透明胶等工具进行固定,也可以用棉线绑起来。)

(3)指示方向

①(演示)这样我们就得到了一个能浮在水面上的指南针,接下来我们要怎样做才能让它指示方向呢?

②为什么要把它放在水中呢?(预设:因为这样它能够转动起来,指示方向。)

③(演示)将小磁针轻放在水面中央,让它自由转动。注意不要让小磁针与水槽内壁发生碰撞阻碍转动。多试几次,直到磁针始终指向同一方向。

(4)标注小磁针的磁极

①我们可以怎样知道小磁针的南北极呢?(预设:要知道教室的哪边是南,哪边是北,这样就能标注了;和另一个已经标注好的指南针对比,然后标注。)

②直接和指南针对比更加方便。

③各组完成小磁针方向的标注。

3. 试一试

(1)我们一起来制作水浮式指南针吧。

(2)水浮式指南针做好后,现在用自制的指南针来确定一下我们教室的方位吧。

（3）教师巡视，对学生进行针对性的帮助。

【设计意图】通过制作水浮式指南针，让学生直观感受到钢针经过磁铁摩擦后可以变为磁针，在制作过程中引导学生逐步解决遇到的问题，思考合理的解决方法，在培养学生解决问题的能力的同时，提升学生的思维能力。

三、总结优缺点，提出解决方法

1. 今天我们制作了水浮式指南针，说一说它有什么优点或缺点。（预设：优点是所用材料很简单，制作很方便；缺点是不便于携带。）

2. 琪琪觉得在野外用起来不太方便，同学们有没有改进方法呢？

3. 学生交流讨论。

（预设：可以增加一个外壳，可以让容器更大一点，可以在盒子上标出东、南、西、北四个方位，方便使用……）

【设计意图】通过思考改进指南针制作的方式，让学生能够利用自己的生活经验尝试解决问题，并将课堂知识延伸到生活中去，从而产生进一步探究的欲望。

四、提出疑问，拓展思维

思考：为什么我们制作的指南针有的针尖是北极，有的针尾是北极？

【设计意图】通过对磁针磁极不一致的讨论，引发学生的比较和思考，从而发现磁化钢针时操作不同会导致不同的结果，激发学生更深层次的思考。

【精彩片段】——强化交流过程，培养学生自主建构能力

（1）制作磁针、检验效果

生1：用磁铁吸一下。

生2：应该用摩擦后的钢针吸引大头针。

师：这两个方法哪个更合适呢？请同学们思考这个问题。

生3：第二种，因为磁铁本来就可以吸引钢针，第二种方法可以判断钢针是否有磁性。

师：你们同意他的想法吗？

生齐声：同意。

师：那怎么证明他的想法是对的呢？

生4：先用磁铁去吸引钢针，再用磁铁吸引摩擦后的钢针，如果都能被吸引，说明这个方法不行。

师：那你来试试。

（学生上台操作，结果钢针都能被吸引）

师：这个结果说明什么？

生4：说明第一种方法不能确定钢针是否被磁化。

师：那第二种方法是否可行呢？请一个学生来试试。

（学生上台操作，发现磁化前钢针无法吸引大头针，磁化后可以吸引大头针）

师：这个现象说明什么？

生5：说明第二种方法可以验证钢针是否有磁性。

师：那钢针是否有了磁性呢？

生齐声：有了。

（2）制作小磁针、体会材料选用

①请同学们将吹塑纸和小磁针放进水里，观察现象。

生1：吹塑纸浮在水面上，小磁针沉入水底。

师：你有没有什么办法可以让小磁针漂浮在水面上呢？

生2：把小磁针放在吹塑纸的上方，小磁针就漂浮起来了。

师：你真聪明。但是小磁针直接放置在吹塑纸上容易掉落，应该怎么样固定小磁针呢？老师有个要求哦，不可以用其他工具。

生3：将小磁针穿过吹塑纸就可以了。

师：真棒！你很有想法。那么各位同学，请你们观察一下老师准备的吹塑纸有什么特点呢？

生4：很轻。

生 5：形状和指南针很类似。

生 6：打湿后不易破。

师：你们真棒！那老师想问问吹塑纸的这些特点对于我们制作指南针有什么作用呢？

生 7：吹塑纸很轻，这样磁针就会带动吹塑纸一起转动。

生 8：吹塑纸的形状可以帮助我们判断水浮式指南针的指向，并标注南北极。

生 9：吹塑纸不易破，可以防止小磁针掉入水中。

师：非常棒哦，你们观察得很仔细，想法也十分准确。

【教学评析】

本节课对整个单元的内容进行了整体回顾与运用。在教学过程中，教师指导学生回顾之前的知识，了解了指南针的发展历程，明确本节课的任务要求，让学生产生探究的兴趣。学生经历制作磁针、安装磁针、轻放磁针于水面、确定方向、标出南北极的过程，并完成了水浮式指南针的制作，从中体验了包括设计、实施、改进在内的简单的技术与工程的实践过程，培养了动手能力和创造意识。在精彩片段中，教师将问题细化，逐步引导学生探究制作水浮式指南针的方法，并鼓励学生大胆猜测，及时验证，符合二年级学生的学情，也逐渐提升了学生会思考、敢质疑的能力。

持续反馈与应用设计

项目式作业　科学调查——生活中的磁铁

【活动详情】

磁铁是一种具有磁性的物质，种类繁多，例如条形磁铁、环形磁铁、U 形磁铁等。由于其强大的磁场和能够吸引铁、钴、镍等材料的物体的特性，磁铁在许多领域都有应用。例如，磁铁被用于制造发电机和电动机；在医疗领域，核磁共振成像技术也利用了磁铁的特性；在日常生活中，我们也可以看到许多磁铁的应用，如扬声器、耳机、硬盘、磁条等。请同学们留心观察生活，寻找与磁铁有关的物品，观察并描述这些物品。

【活动要求】

1. 收集与磁铁有关的物品。

2. 仔细观察这些与磁铁有关的物品。

3. 可以采用画图的形式进行记录。

【活动记录】

生活中的磁铁大调查

调查人：_____

单元教学反思

通过研读新课标，提出跨学科概念"结构与功能"，明确教学核心概念为"物质的运动与相互作用"以及三个二级主题学习内容，并确定了1~9年级围绕核心概念的教学目标，梳理了单元教学逻辑，确定了单元教学的核心概念是"磁铁的性质"。

在梳理教学逻辑时，我们发现本单元可以以"制作指南针"为主题进行类似项目化的学习。因此我们重新梳理了教学内容，将7课时的内容删减为6课时，并更改了教学顺序，整个单元围绕指南针来学习磁铁的基本性质。在第1课时，通过故事情境提出本单元的学习目标——制作指南针，引出指南针中的重要材料——磁铁。然后通过活动探究和教师的补充讲解，知道磁铁能够吸引铁、钴、镍等材料的物体。第2课时则在第1课时的基础上，进一步了解磁铁是如何吸引物体的。第3~5课时则逐步了解磁铁的两极以及两极间的相互作用，最后完成指南针的制作。经过重新调整后，整个单元的教学更有逻辑性，每节课之间的联系也更加紧密，有利于学生将碎片化的知识进行整合，形成系统的认知。

在教学设计中充分运用了思维型教学五大原理，即动机激发、认知冲突、自主建构、自我监控和应用迁移。教学过程中，教师注重创设真实情境，激发学生的探究兴趣，通过制造认知冲突，引导学生互动交流，促使学生深入思考，在实验探究中发现问题、解决问题，建构自己的认知。经过师生互动、生生互动，学生对自己的认知进行反思，产生新的认知，最后通过拓展，将知识应用到生活中，并用所学知识解释生活中的现象，实现知识的内化。整个过程中，教师充分利用了学习单，实现学生的自我监控，调动学生学习的内驱力，让学生的思维真正地动起来！

但是，在教学中我们也发现了一些问题。二年级学生还比较小，对实验操作感兴趣，但是学习的目的性不够强，经常是老师让做什么就做什么，做完以后等着老师去提问、总结，缺乏学习的主动性。因此在课堂教学中，教师都会通过创设情境提出一节课的核心问题，并板书在醒目的地方，在实验探究、小组讨论等环节也会提醒学生围绕核心问题去思考，从而训练学生主动思考的能力。我们相信，长此以往，学生的思维能力一定能够得到提高。

案例提供者：杜曼黎，武汉市东西湖区远洋世界小学
　　　　　　程丹丹，武汉市东西湖区金银湖第二小学
　　　　　　肖　丹，武汉市东西湖区金银湖第二小学
　　　　　　张云鹏，武汉市东西湖区将军路小学
　　　　　　叶　萌，武汉市东西湖区远洋世界小学
　　　　　　袁　茗，武汉市东西湖区金银湖小学
　　　　　　刘　艺，武汉市东西湖区恋湖小学
指导教师：易传发，武汉市教育科学研究院

生命系统的构成层次

案例 5 我们自己

单元教学内容规划

（一）本单元学习指向的核心概念及学习进阶路线

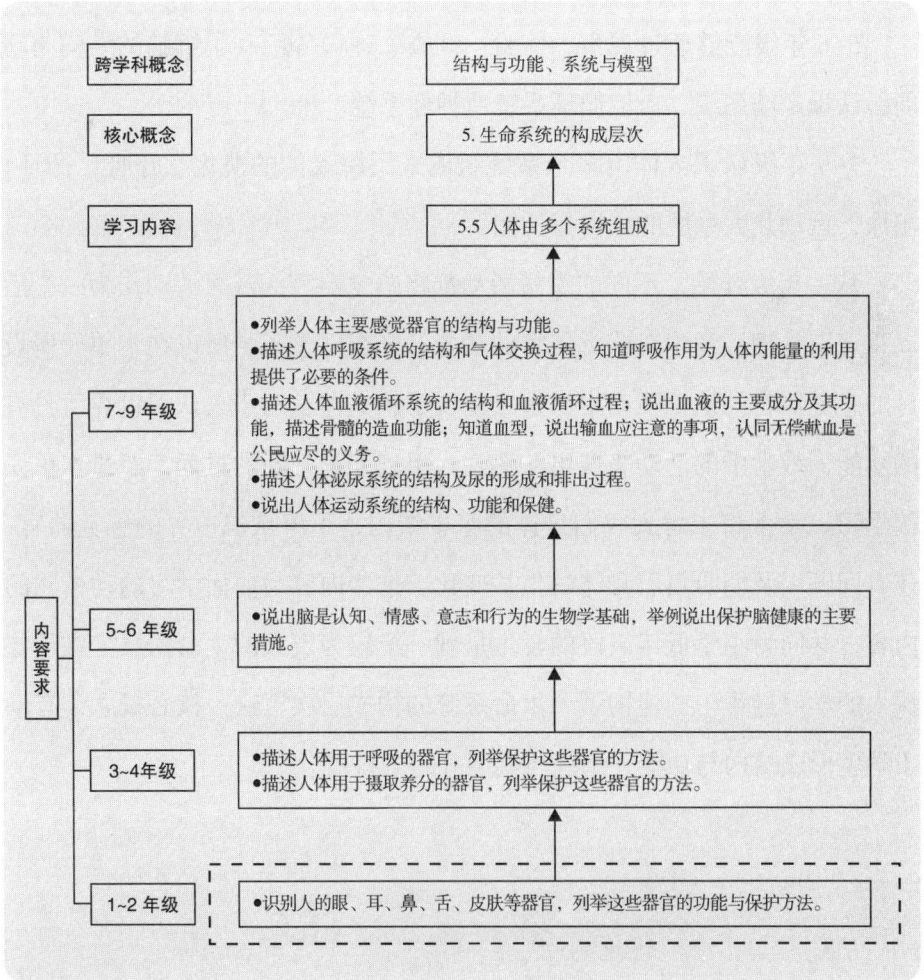

本单元聚焦"生命系统的构成层次"核心概念，落实课标中"人体由多个系统组成"的学习内容要求。

生命系统是一种复杂的开放系统，与其他物质系统一样具有层次性，遵循自然界的共同规律。

1~2年级能够识别人体的感觉器官，能够列举这些器官的功能与保护方法，能利用多种感官观察身边常见生物的外部形态特征。

3~4年级能够通过自主体验、观察、模拟实验等，认识呼吸系统和消化系统，并能够举例说出保护这些器官的方法。

5~6年级能够通过观察、体验、调查、建模等活动了解脑的结构与功能，认识运动系统、血液循环系统及神经系统。

7~9年级认识人体由多个系统组成，了解人体的消化、呼吸、循环、泌尿、运动几大系统的结构与功能。

从一年级开始，不同的观察活动都将感觉器官的观察活动作为一个活动重点来处理，学生对感觉器官的功能已经很熟悉了，所以在本单元所设计的感觉器官的认识活动中，重点呈现了感觉器官对于人认识世界所具有的功能，教学中的活动表现出从感觉入手到知觉判断的过程。经过本单元的学习，学生将了解到我们身体的基本结构，了解认识世界的感觉器官，还有回顾以及期盼自己身体的生长变化。这些内容与前面学习的动植物的内容，共同为小学低年级段的学生呈现一个较为宏大的生命图景。在层层深入的学习过程中，建构了"生命系统的构成层次"这一核心概念，有助于学生形成结构与功能、系统与模型等跨学科概念。

（二）本单元学习内容的组织线索

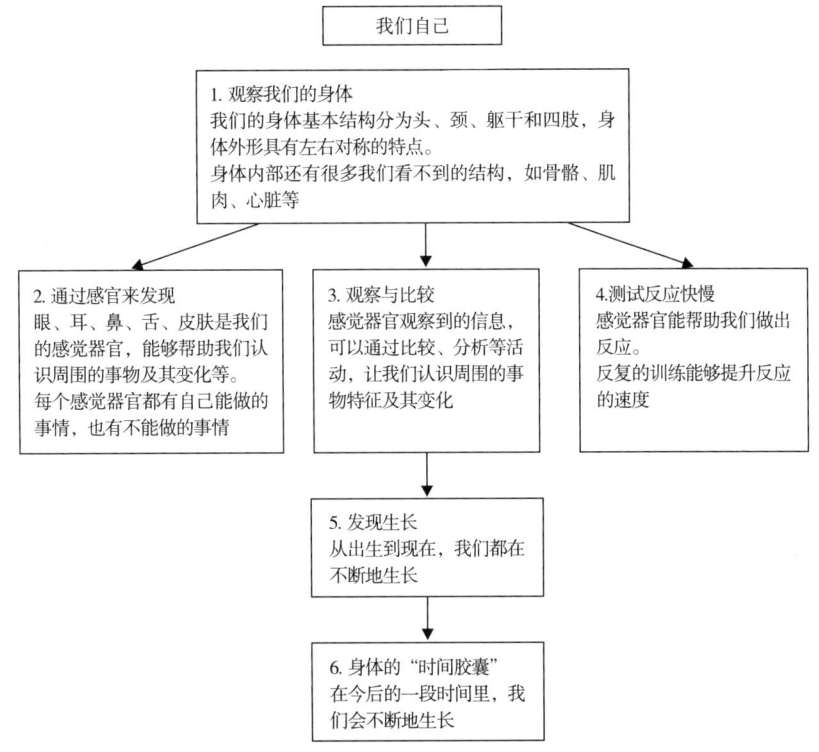

单元学习目标设计

核心素养	学习目标
科学观念	1. 知道我们身体的基本结构分为头、颈、躯干和四肢，身体外形具有左右对称的特点。 2. 知道身体内部有很多我们看不到的结构，如骨骼、肌肉、心脏等。 3. 知道眼、耳、鼻、舌、皮肤是我们的感觉器官，能够帮助我们认识周围的事物及其变化等。 4. 知道每个感觉器官都有自己能做的事情，也有不能做的事情。 5. 知道感觉器官观察到的信息，可以通过比较、分析等活动，让我们认识周围事物的特征及其变化。 6. 知道感觉器官能帮助我们做出反应。 7. 知道反复的训练能够提升反应的速度。 8. 知道从出生到现在，我们都在不断地生长

续表

核心素养	学习目标
科学思维	1. 能在教师的指导下，从外部观察由头、颈、躯干和四肢组成的身体的基本结构。 2. 能够认识到感觉器官能让我们观察到具体的事物，以此区分事实与想象。 3. 能够认识到通过感觉器官能获取事物的相同与不同特征，用比较的方法识别不同事物
探究实践	1. 能用摸、听等方法，探知自己身体内部的情况。 2. 通过感觉器官的综合运用，更加全面地认识事物和做出反应。 3. 通过比较、测量，知道身体在生长变化
态度责任	1. 能如实讲述观察到的信息。 2. 尝试从多个角度、以多种方式认识事物。 3. 能够保持对未知事物的好奇心，保持科学研究的兴趣。 4. 愿意倾听他人的想法，乐于表达、讲述自己的想法。 5. 能够关注未来身体的生长，认同健康生活是自己的责任

单元学习评价设计

"我们自己"评价量表

核心素养	评价指标	评价等级			评价结果
		★	★★	★★★	
科学观念	了解身体的基本结构、外形特点	知道身体的结构	知道身体结构的各部分名称	了解身体的基本结构、外形特点	☆☆☆
	知道感觉器官；知道每个感觉器官都有自己能做的事情，也有不能做的事情	知道人体的感觉器官	能运用感觉器官观察事物	能综合运用感觉器官观察事物，能区分事实与想象	☆☆☆
	知道感觉器官能帮助我们做出反应，反复的训练能够提升反应的速度	知道感觉器官能帮助我们做出反应	知道感觉器官能帮助我们做出反应。能解释我们做出反应的原因	知道感觉器官能帮助我们做出反应。能发现反应速度可以通过反复的训练提高	☆☆☆
	从出生到现在，我们都在不断地生长。在今后的一段时间里，我们会不断地生长	能如实地记录身体生长的信息	能如实、准确地记录身体生长的信息，能从中发现身体生长的痕迹	能如实、准确地记录身体生长的信息，能从中发现身体生长的痕迹，并预测未来身体的生长	☆☆☆

续表

核心素养	评价指标	评价等级			评价结果
		★	★★	★★★	
科学思维	在教师指导下，从外部观察由头、颈、躯干和四肢组成的身体的基本结构	能观察人体的基本结构	能说出人体的基本结构	能说出人体的基本结构，并发现身体对称的特点	☆☆☆
	具有初步的收集信息和得出结论的意识	能运用感觉器官观察事物	能用准确的词语描述观察到的事物，并初步收集信息	能用准确的词语描述观察到的事物。会进行简单的数据比较，发现反应速度的变化	☆☆☆
探究实践	能够观察并描述身体的外部结构；能够用摸、听等方法，探知身体的内部情况	能观察身体的外部结构	能观察并描述身体的外部结构	能观察并描述身体的外部结构；能够用摸、听等方法，探知身体的内部情况	☆☆☆
	通过感觉器官的综合运用，更加全面地认识事物和做出反应	能观察事物的特征	能够用比较的方法认识事物的特征和变化	通过感觉器官的综合运用，更加全面地认识事物和做出反应	☆☆☆
	能够通过比较、测量，知道身体在生长变化	能测量并记录身体的生长变化信息	通过比较、测量，发现身体生长的痕迹	能够通过对长辈、哥哥姐姐们身体生长情况的了解，推测自己身体的生长变化情况	☆☆☆
态度责任	通过观察，对人体的外部特征产生探究兴趣	通过观察，激发学生对人体外部特征的好奇心	能如实表达自己的发现和想法，通过探究人体的特征，激发学生的想象力和探究欲	在合作中主动承担自己的工作，同时愿意倾听他人的想法，进而形成注重合作、尊重他人的科学态度	☆☆☆

学生情况分析

在这个单元学习中，学生研究的对象就是自己的身体。对于身体，学生既熟悉又陌生。熟悉是因为身体就是自己，生活中的每一天都在利用身体感知外界，而陌生是因为学生还没有正式对身体开展有目的的观察和认识。例如，在学生成长的过程中，感觉器官始终在他们的生活中具有着重要的功能——认识事物,感受外界环境变化等,只是学生并没有意识到感觉器官的存在和意义。

本单元的第5、6课时希望学生能够展开对未来生活的规划,尽管二年级的学生还不会进行多么完整的规划,也不会有完善的健康意识,但是我们需要想到的是,四年以后他们是12岁的少年,可能已经开始有能力、有意识地对今后的生活提出自己的希望,并做出简单的规划。而在那时再打开四年前充满童趣的畅想、充满希望的期盼时,学生会回顾这四年来自己的成长,并做出自我评价。

单元学习进程设计

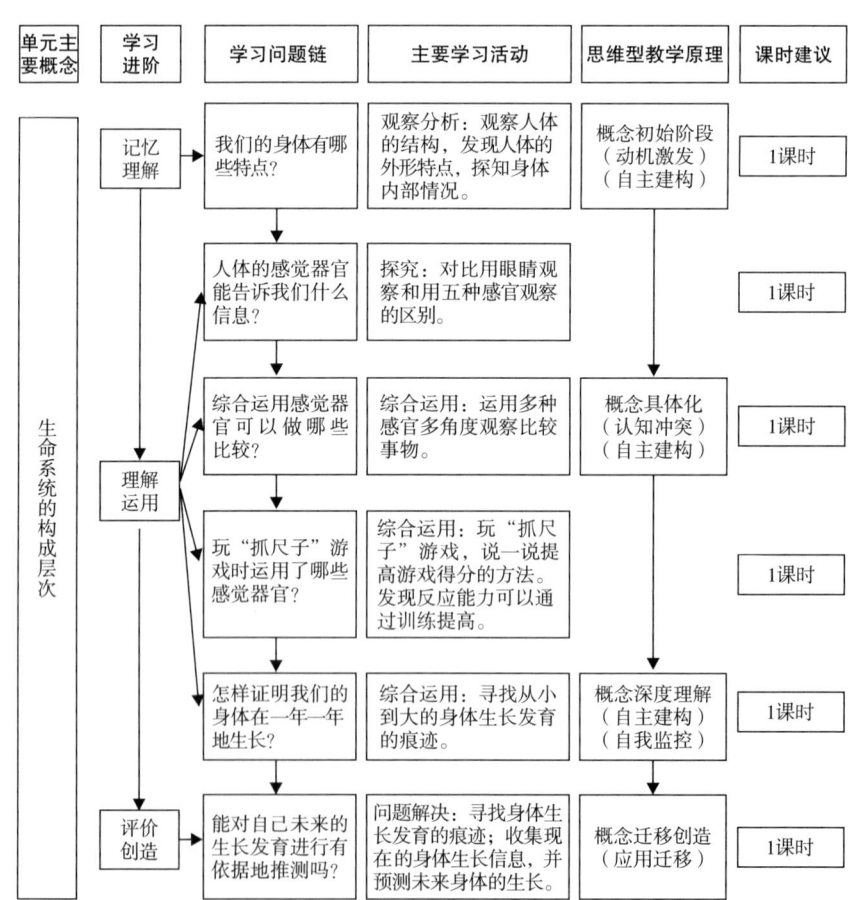

第1课时 观察我们的身体

核心问题：我们的身体有哪些特点？

【教学目标】

1. 知道我们身体的基本结构分为头、颈、躯干和四肢，身体外形具有左右对称的特点。

2. 知道身体内部还有很多我们看不到的结构，如骨骼、肌肉、心脏等。

3. 能够观察并描述身体的外部结构。

4. 能够用摸、听等方法，探知身体的内部情况。

5. 能够尝试用不同的方法开展观察活动，以证实自己的观察结果。

【教学重难点】

重点：知道身体由哪些部分组成，认识身体左右对称的特点。

难点：认识身体的内部器官。

【教学准备】

教师准备：橡皮泥、小木棒、长方形泡沫块、多媒体课件等。

学生准备：学习单等。

【教学过程】

一、游戏激趣，导入新课

1. 游戏活动：看图识动物。教师依次出示动物的剪影：马、蛇、大象、长颈鹿、人。引导学生猜动物名称并说出理由。

2. 教师小结：我们在许多方面相像，又在一些方面不一样。关于人的身体，你还知道哪些特点呢？（揭示课题：观察我们的身体。）

【设计意图】观察剪影与观察人体结构都涉及对形态和结构的深入观察。通过猜剪影的游戏，一方面激发学生的学习兴趣，另一方面也为本课的核心内容——观察我们的身体做铺垫。

二、明确问题，认知冲突

游戏活动：拼一拼。

1. 活动材料准备。

2. 教师提问：人的身体是由哪些部分组成的？

3. 引导学生利用活动提供的材料拼出人的身体。

4. 学生分组活动，小组合作拼出人的身体，并展示拼出的人体由哪些部分组成。

5. 教师小结：人的身体主要由头、颈、躯干、四肢组成。

6. 教师提问：在拼搭人体的过程中，同学们有哪些发现？如果用纸板遮挡半边身体，你能根据露出来的部分，画出另一边身体吗？这说明了身体的哪个特点呢？（预设：左右对称的特点。）

7. 引导学生思考：你还能说一说身体的哪些地方是对称的吗？

（预设：眼睛、耳朵、眉毛、鼻孔等。）

【设计意图】用橡皮泥、长方形泡沫块和小木棒等材料拼出人体外形结构。通过拼搭活动，让学生更直观地了解身体部位的名称、位置和功能，同时培养了学生的动手能力。

三、合作探究，体验交流

活动一：体验人体结构对称的优点

1. 学生用两只眼睛看物体和用一只眼睛看物体。

2. 学生用双脚站立和用一只脚站立。

3. 小组讨论交流：人体结构对称有哪些好处？

（预设：两只眼睛看到的范围更广；双脚站立更平衡。）

【设计意图】通过体验活动，学生能感受到对称结构在人体中的优点。

活动二：观察身体内部

1. 学生观察身体的外部特征，思考还可以用哪些方法观察身体的内部情况。

(预设：手摸肌肉、骨骼、声带；耳朵听心跳、肚子咕咕叫；眼睛看血管……)

2.活动过程：

（1）引导学生摸一摸自己的喉咙、胳膊、手、小腿等部位，感觉皮肤下面有什么。并在身体外形图上标出所摸部位的位置。

（2）两人为一组，互相听一听对方的腹部和背部，哪里有声音，可能是由什么器官发出的。并在身体外形图上标出所听部位的位置。

3.小组内交流记录的情况，再在全班的范围内交流活动的发现。

【设计意图】人体就像一个暗盒，其内部结构和活动难以直接观察。通过听心跳声、肠鸣声、看血管，摸声带感受振动等活动让学生感受身体内部的活动，不仅能帮助学生理解身体的结构和功能，还能培养他们的观察力和探究能力。

四、总结反思，应用迁移

1.教师展示人体骨骼图、肌肉图、内部器官图。引导学生联系刚才观察中的发现，想一想它们可能是什么？

2.引导学生思考：今天这节课你有哪些收获？

3.教师小结：人体由头、颈、躯干、四肢等部分组成，具有左右对称的特点。人体内部还有骨骼、肌肉以及许多器官。它们的作用我们会在今后继续去学习、了解。

【设计意图】总结本课学习，展示人体骨骼图、肌肉图、内部器官图等，帮助学生了解身体的复杂性和奇妙性。

【精彩片段】——聚焦自主建构，通过拼搭游戏感受人体结构特点

师：老师现在提供以下材料，橡皮泥、长方形泡沫块、小木棒等，同学们能用这些材料拼出人的身体吗？

学生两人一组，分组活动。

师：说一说你们是怎么拼的？

生：我们用橡皮泥搓成一个小球当作人的脑袋，长方形泡沫块当作人的身体，小木棒当作人的手和腿。

师：脑袋和身体怎样连接呢？

生1：橡皮泥有黏性，可以把头和身体粘在一起。

生2：我们和他们的做法不同，我们用一个小棒当作脖子，连接小人的头和身体。

师：大家的办法真多，你们的动手能力太厉害了。同学们的人体模型都做好了，你们看看其他组同学的模型，是不是都差不多？那人体究竟是由哪些部分组成的呢？

生：我认为人体由头、身体、手和腿组成。

师：你说的"身体"部分，在科学上我们称为"躯干"；连接头和躯干的部分叫"颈"，也就是我们平时所说的脖子；人的双手和双腿合称为"四肢"。所以人体主要是由头、颈、躯干和四肢组成的。

师：在拼搭人体的过程中，同学们还有哪些发现？如果用纸板遮挡半边身体，你能根据露出来的部分，画出另一边身体吗？

生：可以。

师：这说明了我们身体还有什么特点呢？

生1：左右一样。

生2：都有两个，两个手、两条腿、两只眼睛……

生3：左右是对称的。

师：你们还能说一说身体的哪些地方是对称的吗？

生：耳朵、眉毛、鼻子……

【教学评析】

在这个用橡皮泥等材料拼搭人体的活动环节中，围绕体验活动开展探究式学习，学生在活动中思考，进行自主建构与合作建构，体现了思维型教学的特点，学生通过观察、实践、创造、解决问题，了解到人体的基本结构和比例关系，实现"人体基本结构"概念的建构，为后面的学习奠定基础。

【学习单】

观察我们的身体

日期：_____

1. 画出被遮挡部分的身体轮廓。

2. 摸一摸自己的喉咙、胳膊、手、小腿等部位，感觉皮肤下面有什么。并在身体外形图上标出所摸部位的位置。

3. 两人为一组，互相听一听对方的腹部和背部，哪里有声音，可能是由什么器官发出的。并在身体外形图上标出所听部位的位置。

第2课时 通过感官来发现

核心问题：人体的感觉器官能告诉我们什么信息？

【教学目标】

1. 知道眼、耳、鼻、舌、皮肤是我们的感觉器官，能够帮助我们认识周围的事物及其变化等。

2. 知道每个感觉器官都有自己能做的事情，也有不能做的事情。

3. 能够认识到感觉器官能让我们观察到具体的事物，以此区分事实与想象。

4. 通过感觉器官的综合运用，更加全面地认识事物和做出反应。

5. 能如实表达自己的发现和想法。

【教学重难点】

重点：在教师指导下，用实验的方式研究感觉器官能做与不能做的事。

难点：能够通过游戏活动，认识到感觉器官能让我们观察到具体的事物，以此区分事实与想象。

【教学准备】

教师准备：多媒体课件、黑色袋子、装有陈醋的瓶子、灰色石头、冰水、豆沙馅包子、词卡等。

学生准备：一次性手套、学习单等。

【教学过程】

一、游戏激趣，导入新课

游戏活动：猜一猜里面有什么？

1. 教师拿出一个黑色袋子（里面放有一个装有陈醋的瓶子，在瓶子外壁涂抹一些醋，确保气味能散发出来）。

要求：不打开袋子，看学生能否猜出袋子里面有什么？

2. 教师引导学生回答，并邀请学生上台试一试。

要求：学生用"我可以用……观察，是……样的，我猜里面是……"的句式进行汇报。学生要能够说清楚观察时使用的是什么感官，观察到的特征是什么，由此推测里面是什么。

（预设：我可以用手摸一摸，是圆柱体，我猜是瓶子；

我可以用耳朵听一听，能发出声音，我猜瓶子里有水；

我可以用鼻子闻一闻，是醋的气味，我猜瓶子里装的是醋。）

3. 教师打开袋子，揭晓答案：袋子里是装有陈醋的瓶子。

4. 教师提问：还有哪些特征是刚才没有观察到的？为什么？

（预设：颜色是深棕色的，需要用眼睛观察；味道是酸的，需要用舌头尝。）

5.教师小结：我们用来观察的眼、耳、鼻、舌和皮肤，是人体的感觉器官，简称感官。感官可以帮助我们感知周围的世界，今天就让我们通过感官来发现事物吧。

【设计意图】用猜一猜的游戏调动学生学习的兴趣，同时导入新课，介绍感官的作用。

二、明确问题，认知冲突

活动：区分事实与想象

1.教师依次出示教材中的四幅图片：石头、水、包子、音箱。

2.小组讨论交流：学生互相交流，彼此说一说看到的内容，老师巡视指导。

3.全班汇报交流：每个小组汇报结束后，其他小组可以进行补充。老师提前预设学生回答，做好词卡，相继粘贴在黑板上。（预设：石头——灰色、有孔、坚硬、坑坑洼洼、重等；水——透明、热水、小水珠等；包子——肉馅、好吃等；音箱——黑色、长方体、能发出声音等。）

4.教师提出问题：描述的这些事物的特征中，有哪些是符合事实的，哪些是不确定的？理由是什么？

5.学生讨论回答，老师相继将词卡分开摆放。（预设：石头——灰色、有孔、坑坑洼洼是我们看到的事实，但坚硬、重的特点不确定，因为没有在手中掂量……）

6.教师小结：用眼睛可以观察到物体的颜色、形状、大小、材质等，但是物体的轻重、冷热、酸甜苦辣咸的滋味、声音的高低大小这些却不能靠眼睛来判断。同学们在描述事物时，要注意区分哪些是观察到的事实，哪些是想象。

【设计意图】借助观察、描述和交流讨论，帮助学生将观察到的事实与头脑中的想象做出区分。

三、合作探究，体验交流

活动：用五种感官实际观察物品

1. 小组活动：教师引导学生用五种感官实际观察物品，并将发现记录在学习单中。（一般科学实验课上不允许用尝的方式观察，但今天的观察活动特殊，教师可做特别说明和特别准备，允许学生戴手套尝一尝包子的味道。）

2. 小组交流汇报：修正之前的想象，补充新的观察特征。教师相继将黑板上的词卡拿掉。

（预设：石头——重是不符合事实的；水——热水不符合事实，其实是冰水；包子——冷的、软软的。）

【设计意图】通过实践活动，帮助学生区分想象与事实，并理解它们之间的区别和联系，促进学生的批判性思维发展。

四、总结反思，应用迁移

1. 教师提问：对比我们的两次观察活动，同学们认为只用眼睛看，和使用五种感官观察，获得的信息有什么不同？说一说今后你会怎样去观察事物呢？

（预设：用五种感官获得的信息更多、更全面。在以后的观察活动中，用眼睛看物体的颜色、大小、形状、材质；用耳朵听声音大小、高低；用鼻子闻气味的浓淡；用舌头尝味道；用手感受物体的轻重、软硬、光滑还是粗糙……）

2. 教师小结：我们只用眼睛去看，获得的信息是片面的，甚至是错误的。而用五种感官同时去观察，就能得到更全面丰富的信息。

3. 教师引导学生思考：我们通过感官来感知世界，大部分人都拥有健全的身体。但是也有一些人天生听力障碍或视力障碍等，他们会遇到哪些困难？

4. 小组活动：体验触摸人民币上的盲文，看是否能正确识别。讨论城市中有哪些方便残障人士的设备设施。

（预设：电梯按钮上的盲文、人行道上的盲道、台阶旁的斜坡……）

5. 小组交流：我们能为他们做些什么？

（预设：不打扰导盲犬工作、不在盲道上乱停乱放、不涂鸦盲文按钮、为残障人士提供帮助……）

【设计意图】引导学生发现社会中还有一些特殊人群，关注社会、科技在方便残障人士生活及出行方面做了哪些努力。

【精彩片段】——选择有结构的材料，引发认知冲突，厘清事实与想象

活动：用五种感官观察物品

师：老师把图片上的物品搬到了讲台上，请组长上台领取。你们观察一下这些物品究竟有哪些特点，并将发现记录在学习单中。同时老师做个特别说明：一般科学实验课上不允许用尝的方式观察，但今天的观察活动特殊，允许同学们戴手套尝一尝包子的味道。

小组进行活动，并将发现记录在学习单中。

师：同学们，大家有什么新发现？

生1：之前我们看图片认为包子是肉包子，结果吃的是糖包子。

生2：我们觉得石头是重的，但是这块石头很轻。

生3：这杯水是冰水，不是热水。

师：那我们需要把哪些词语拿掉，补充上新的词语呢？

生：拿掉肉馅、重、热水……

师：看样子，分析问题我们不能想当然，是吧。看到石头就说它是重的，看到冒气的水就觉得它是热的……这些都是想象，可能与事实完全不同。那大家觉得用眼睛看和用五种感官一起观察，哪种更好呢？

生：用五种感官一起观察更好。

师：我们只用眼睛去看，获得的信息是片面的，甚至是错误的。而用五种感官同时去观察，才能得到更全面丰富的信息。

【教学评析】

二年级的学生并没有特意去认识身体的感觉器官，更不能准确地分辨哪些是观察到的事实，哪些是基于事实形成的想象。同时，在综合使用感觉器官认识周围事物方面还不熟练。在本环节，学生通过综合运用感官观察实物，会发现前面观察图片获得的信息与实物是有差异的，甚至是截然相反的。例如，图片中的石头感觉是重的，但实际掂量起来较轻；冒着"热气"的水不是热的，反而摸起来冰凉……通过这样的认知冲突，使学生认识到观察的事实与想象之间的区别，体会到每个感觉器官都有自己能做的事情，也有不能做的事情。综合运用感官来观察世界，获得的信息更全面。

【学习单】

通过感官来发现

日期：_____

图片	从图片中看到的	用感官感受到的

第3课时　观察与比较

核心问题：综合运用感觉器官可以做哪些比较？

【教学目标】

1. 知道感觉器官观察到的信息，可以通过比较、分析等活动，让我们认识周围的事物特征及其变化。

2. 能够认识到通过感觉器官能获取事物的相同与不同特征，用比较的方法识别不同事物。

3. 能够用比较的方法认识事物的特征和变化。

4. 能够使用准确的词语描述观察到的事物。

5. 愿意在合作中承担自己的工作，并积极参与探究活动。

【教学重难点】

重点：能对感觉器官观察到的信息，用比较的方法认识事物的特征及其变化。

难点：通过探究认识到综合运用多种感觉器官可以进行更精准、安全的比较。

【教学准备】

教师准备：真假橙子、真假橘子、真假面包、真假柠檬、大小红色球、轻重蓝色球、大小音量橙色球、三种花纹勺子、水、苏打水、柠檬水、多媒体课件等。

学生准备：学习单等。

【教学过程】

一、创设情境，导入新课

1. 教师提问：同学们喜欢玩积木吗？你用积木拼搭过什么？

2. 创设情境：生活中经常要根据需要复制、搭建或者制作某些物体。例如，人们根据积木图纸搭建飞机模型、工人按照图纸建造房子、警察根据监控寻找犯罪嫌疑人等。这些都需要敏锐的观察力。

3. 导入新课：今天，让我们玩一玩搭建游戏，看看同学们的观察力如何吧。（揭示课题：观察与比较。）

【设计意图】从学生感兴趣的积木拼搭游戏导入，明确本课需要挑战的任务。

二、明确问题，认知冲突

活动：按图片搭建场景

1. 活动材料准备。

2. 教师出示多媒体课件中的图片，引导学生回答：图中都有哪些物体？

3. 以小组为单位搭建一个和图片一样的场景。小组成员先观察一下图片中物品的数量，再商量一下分工。商量好以后，去不同的材料区拿取所需的材料。

4. 活动中同学们到材料区，发现有些材料不知道怎么选，教师引导学生思考造成这些困扰的原因主要是什么？

（预设：因为从图片中看不出谁轻谁重，也闻不到气味……）

5. 全班交流：哪些小组搭建的场景和图片一致？理由是什么？哪些小组搭建的场景不太符合要求，为什么？

（预设：材料区蓝色球有轻有重，不知道选哪个；材料区有三种液体，都是透明的，不知道选哪个……）

【设计意图】任务驱动，提供有结构的材料，在"按图搭建"这一活动中，培养学生综合运用感官观察周围世界的能力。

三、合作探究，体验交流

活动：按实物搭建场景

1. 活动材料准备。

2. 教师把图片中的场景搬到现场来，摆到相应的材料分区。各小组重新检视一下刚才的搭建，确认是否需要修改自己的选材。

3. 学生填写学习单，根据小组选择的物体，在表格的相应位置打勾。小组修正选材，并根据实物搭建场景。

【设计意图】第二次搭建活动让学生在观察实物的基础上修正第一次的选择，帮助学生提高观察力、分析力和描述能力，同时培养学生对事物细致观察和深入思考的习惯。

四、总结反思，应用迁移

1. 活动结束后，教师引导学生思考：

（1）小组在第二次搭建活动中做了哪些修改？为什么？活动中用了哪些感官进行观察？

（2）在小组间的横向比较中，同学们发现有什么不同？是哪里出了问题？

（3）对比前后两次的搭建活动，同学们有哪些感受？

2. 教师小结：综合运用各种感官会让我们的观察更准确。

【设计意图】回顾反思两次搭建活动，帮助学生深入挖掘问题的根源，明确综合运用感官观察的重要性和必要性，同时提高学生的修正能力。

【精彩片段】——用核心问题（任务）促进学生科学探究能力的发展

活动：按图片搭建场景

师：同学们，场景摆好了吗？哪个组有十足的信心，觉得自己组和老师所给的图片是完全一致的？

生1：我们组是按图片上的物品选择的。红色球是小的，橙色球和蓝色球是大的。

生2：还有三种水果——橙子、橘子和柠檬。

师：其他组呢？你们都没有信心和图片中的一样吗？

生1：我们组还有一个勺子没有选。

生2：我发现材料区杯子里的水不同，有的闻起来像柠檬水，有的没有味道，有的闻起来像苏打水。

师：哦，你发现了材料区看似相同的材料其实有不同。那么其他同学发现了吗？

生1：我还发现水果区有的是水果模型，有的是真的水果。

生2：我看到勺子里面的花纹也不一样。

师：有几种花纹呢？

生1：有3种。

生2：我发现有的面包摸起来有油，闻起来香香的。有的面包摸起来不油，像假的。

生3：我发现蓝色球有的轻，有的重，有的摇起来有声音；橙色球摇起来也有声音，有的声大，有的声小。

师：原来这些材料中还藏着这么多秘密啊。这些材料给你们的选择增加了难度吗？

生1：是的，我不知道图片中的水是什么，是苏打水，是柠檬水，还是普通的水。

生2：我也看不出图片中的蓝色球是重的那个，还是轻的那个。

师：同学们，如果我把图片中的物品搬到现场，你们能准确地找到跟图片一样的那个材料吗？接下来，就请同学们按实物选择材料，搭建场景吧。

【教学评析】

本片段中，按照图片搭建场景的活动看似简单，但当学生站在选择多样、构成有差别的材料区前，他们会产生选择困难。在这个过程中，他们发现仅仅看图片是无法获得完整信息的，只有对照着样品，看、摸、听、闻，才能准确地选到符合图片特征的物品，从而达成了本课的教学目标，提高了学生的学习主动性，促进了学生科学探究能力的发展。

【学习单】

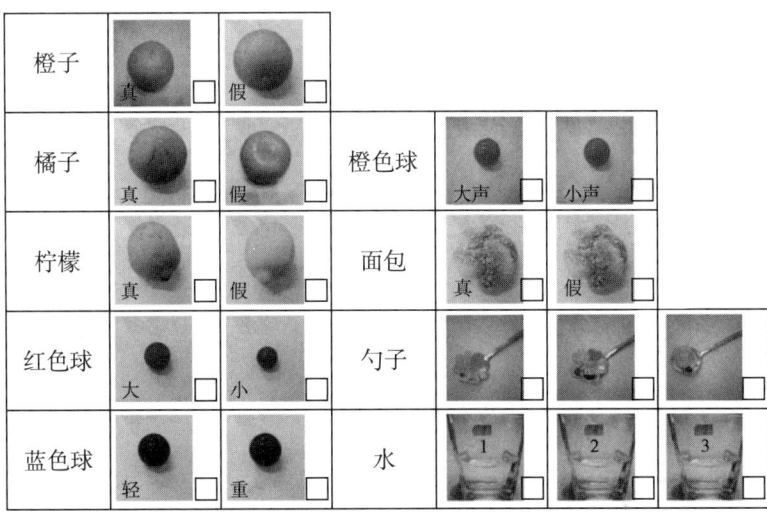

第4课时 测试反应快慢

核心问题：玩"抓尺子"游戏时运用了哪些感觉器官？

【教学目标】

1. 知道感觉器官能帮助我们做出反应。

2. 知道反复的训练能够提升反应的速度。

3. 会进行简单的数据比较，发现反应速度的变化。

4. 通过感觉器官的综合运用，更加全面地认识事物和做出反应。

5. 能够积极投入研究活动中，保持好奇心和兴趣。

【教学重难点】

重点：通过"抓尺子"游戏，体会感觉器官能帮助我们做出反应。

难点：通过简单的数据分析比较，发现反应速度快慢与各种感官相互配合有关。

【教学准备】

教师准备：反应尺、圆形磁贴、多媒体课件、班级统计表等。

学生准备：学生活动手册等。

【教学过程】

一、游戏激趣，导入新课

1. 萝卜蹲游戏：

（1）全班以小组为单位，每组用不同颜色的萝卜命名，如白萝卜、红萝卜、绿萝卜……

（2）随机选中一个小组开始游戏，该组成员边做蹲起动作的同时，边说："*萝卜蹲，*萝卜蹲，*萝卜蹲完*萝卜蹲（"*"指代不同的颜色）"。

（3）被选中的小组做相同的动作，并指向下一组。没有及时反应的同学被淘汰，退出游戏。

2. 教师提问：萝卜蹲这个游戏考验的是什么？游戏调动了大家哪些感觉器官？（预设：反应能力；耳、眼。）

3. 教师导入新课：通过游戏，发现大家的反应能力是不同的，今天学习测试反应快慢。（揭示课题：测试反应快慢。）

【设计意图】用萝卜蹲的游戏迅速激发学生的学习兴趣、提高学生的参与度，引导学生进入学习状态，为后面的学习做好铺垫。另外，这个面向全体学生的亲身体验方式有助于学生更深入地理解反应速度的含义。

二、明确问题，认知冲突

活动一：抓反应尺计次赛

1. 学生观看比赛操作视频，教师明确活动要求：

（1）甲、乙两同学一组。

（2）甲同学伸长手臂，拿反应尺上端；乙同学伸出一只手，放在反应尺下端，手不可碰触反应尺，也不可高于反应尺。

（3）甲同学松开手，使反应尺自然下落；乙同学抓住反应尺为成功，没抓住反应尺为失败。

（4）每人操作10次，将成绩记录在学生活动手册上，成功抓住反应尺则画"√"。

2. 学生活动，教师巡视指导。

3. 统计班级成绩，学生将自己的次数贴在黑板上的班级统计表中。

4. 教师依据班级统计表引导学生思考：

（1）全班大部分同学能抓住几次反应尺？

（2）10次都抓住反应尺的有几位同学？

（3）抓住反应尺最少的次数是几次？

5. 学生讨论交流：

（1）活动中调动了哪些感官？（预设：眼、手。）

（2）怎样才能每次都抓住反应尺？（预设：集中注意力，眼和手要配合好。）

（3）抓住反应尺的次数相同的同学，是不是代表他们的反应力一样呢？（预设：不一样。）

（4）抓住反应尺的位置和反应快慢之间有什么关系？（预设：抓的位置越低，说明反应的时间越短，反应能力越快；反之，则说明反应能力越慢。）

活动二：抓反应尺积分赛

1. 教师引导学生思考：反应尺上标的数字是什么意思？

2. 教师明确活动要求：把每次抓住部位的分数记录下来，比一比谁的得分多。

（1）抓住反应尺上端的分值低，下端的分值高。

（2）每人有5次机会，记录每次的分数，算出总分。

（3）如果手抓在2个分数之间，看大部分手指在哪个区间，就算哪个区间的分数。

3. 学生进行活动，教师巡视指导。

4. 统计班级数据。计算出每次的班级总分，看是否存在分值越来越高的趋势。

【设计意图】通过有趣又有挑战性的活动，促使学生更积极地参与课堂，让学生在轻松愉快的氛围中锻炼和提高反应能力。

三、合作探究，体验交流

教师引导学生思考：

1. 分析活动二中从第1次到第5次抓到反应尺的人数是否有增加，这说明了什么？

2. 分析活动二中从第1次到第5次全班的数据，总分是否有增加，这说明什么？

（预设：经过不断地练习，学生认识到自己的反应速度在变快。）

【设计意图】在这一环节，低年级的学生接触到数据分析。通过对比活动二中从第1次到第5次抓到反应尺的人数变化，以及5次抓到反应尺的总分变化，让学生思考反映出什么规律。用磁吸贴的方式呈现抓到反应尺的次数，从而降低小学低年级段学生数据分析的难度。

四、总结反思，应用迁移

1. 教师视频播放生活中快速反应的例子：快速还原魔方、打乒乓球……

2. 学生交流看完视频的感受和这节课的收获。

3. 教师小结：体育锻炼能训练我们的反应能力和身体协调能力，只要持之以恒地进行体育锻炼，就能使我们的反应能力越来越快。

【设计意图】列举生活中需要快速反应的例子，使学生明白在学习新知识、解决复杂问题或处理突发情况时，需要有敏捷的思维和快速的反应能力。同时，使学生明白通过反复练习和巩固能提高自己的反应速度。

【精彩片段】——师生对教学活动进行积极主动的检查、评价、调节

1. 教师引导学生观看抓反应尺计次赛的操作视频。
2. 学生进行活动，教师巡视指导。
3. 统计班级成绩，学生将自己的次数贴在黑板上的班级统计表中。
4. 师生交流讨论：

师：全班大部分同学抓住反应尺几次？

生：5次和6次。因为小磁贴在5次和6次的格子里最多。

师：10次都抓住反应尺的有几人？

生：0人。

师：抓住反应尺最少的次数是几次？

生：2次。

师：在抓反应尺的活动中，你用到了哪些感官？

生：我用到了眼睛和手。

师：要怎样才能每次都抓住反应尺呢？

生1：眼睛要盯住反应尺，它一掉下来就去抓。

生2：手要快。

师：也就是说我们的眼睛和手要配合好，在游戏时要集中注意力。抓住反应尺次数相同的同学，是不是代表他们的反应能力一样呢？

生1：是的。

生2：不是。因为有的一下就抓住反应尺了，有的差一点就没抓住反应尺。

师：一下就抓住反应尺和差一点就没抓住反应尺，抓反应尺的位置会有不同吗？

生：会，一下就抓住反应尺的同学会抓住反应尺的下面，差一点没抓住反应尺的同学就会抓住反应尺的上面。

师：也就是说，抓的位置越低，反应的时间越短，说明反应能力越快。

【教学评析】

该环节的活动设计，教师特别关注培养学生的自我监控能力。例如对收集来的数据进行分析，培养学生收集数据和发现规律的能力。基于二年级学生的思维特点，选择用磁贴粘贴的方式形成全班的数据图，更加直观可视，从而降低学生数据分析的难度。问题"要怎样才能每次都抓住反应尺呢？"引导学生思考在活动中他们使用了哪些方法确保能尽可能多地抓到反应尺。问题"抓住反应尺次数相同的同学，是不是代表他们的反应能力一样呢？"引导学生观察反应尺上的数字，思考数字大小与反应快慢之间的联系。在这样的师生、生生对话中对活动过程、所用方法等进行总结和反思，发展学生的认知结构等。

【学习单】

活动一班级统计表

10
9
8
7
6
5
4
3
2
1
0

活动二班级统计表

学生姓名（学号）	次数				
	1	2	3	4	5
班级总分					

第5课时 发现生长

核心问题：怎样证明我们的身体在一年一年地生长？

【教学目标】

1. 知道从出生到现在，我们都在不断地生长。

2. 能如实讲述自己的身体变化。

3. 通过比较、测量，知道身体在生长变化。

4. 尝试从多个角度、以多种方式认识事物。

【教学重难点】

重点：通过探究活动，知道自己的身体在不断地生长，明白自己的生长表现在哪些方面。

难点：收集证据，证明自己的生长体现在哪些方面。

【教学准备】

教师准备：收集全班同学出生时和现在的身高与体重数据，多媒体课件等。

学生准备：小时候的物品、记录单、学习单等。

【教学过程】

一、游戏激趣，导入新课

1. 教师出示童年的照片，并提问：猜一猜照片中的人是谁？

2. 教师导入新课：出生到现在，从牙牙学语、蹒跚学步到现在进入学校学习知识，我们一直在不断生长。同学们注意到自己身体的变化了吗？今天就让我们说一说生长的那些事。（揭示课题：发现生长。）

【设计意图】低年级的学生对猜谜游戏非常感兴趣，通过猜照片的游戏吸引学生的注意力。在猜照片的过程中他们需要观察细节，并结合已有的知识和经验来做出判断，并顺利进入本课的学习。

二、明确问题，认知冲突

活动：证明身体在生长

1. 材料准备：课前布置学生带来自己小时候的物品。

2. 教师引导学生思考：怎样证明身体在一年一年地生长？组内分享自己小时候的物品，没有带的学生可以将成长的证据以画画的方式记录下来。

3. 全班交流。邀请学生上台分享物品或者记录单。

4. 老师相继板书：

（预设）

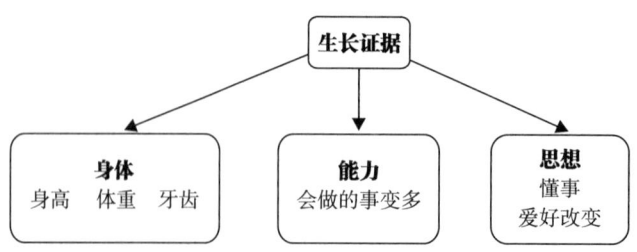

【设计意图】用分享小时候物品的方式重温过去的时光，回忆美好的瞬间和成长中的点点滴滴。这种回忆有助于学生更深入地了解自己的成长

历程，从而更好地认识自己。在交流的过程中，加深班级同伴间的情感连接。

三、合作探究，体验交流

活动：计算身高和体重增长了多少

1. 活动准备：课前布置学生在学习单中填写好自己出生时和现在的身高和体重。

2. 教师引导学生估算，身高和体重分别增长了多少，并将计算结果填写在学习单中。

3. 全班汇报：身高增长最多的是谁，增长了多少？体重增长最多的是谁，增长了多少？

4. 请身高和体重增长最多的同学发言，为什么能长这么快？有什么经验介绍？

5. 老师展示全班同学出生时和现在的身高增长图、体重增长图，并根据全班数据分析，体重增长了7~8倍，身高增长了2倍多。学生交流感受。

6. 教师小结：从身高和体重增长图中可以看出，同学们从出生到现在的几年时间里，体重和身高在一年年地增长。那我们的身体是不是每天都在生长呢？从哪里看出我们的身体每天都在生长呢？（预设：头发、指甲。）

【设计意图】活动意在强调学生的主体性和自主性。鼓励学生分享自己的成长故事，自主选择、自主探索，激发他们的学习热情和动力。强调学生之间的合作与分享精神，从别人的成长故事中获得新的启发。

四、总结反思，应用迁移

1. 教师引导学生思考：我们的生长还表现在哪些方面？

2. 课后调查活动：

（1）听家长讲一个有关你成长的故事。

（2）调查小区里的大哥哥、大姐姐12岁时的身高、体重数据。

【设计意图】引导学生从多方面、多角度观察自己的生长变化；听父母讲自己的成长故事，让学生感受家长对自己健康成长的期许；调查哥哥姐姐的身高、体重，为下节课有依据地推测自己六年级时的身高和体重做准备。

【精彩片段】——聚焦合作交流，创设情境促进师生、生生互动

活动：计算身高和体重增长了多少？

师：咱们班身高增长最多的是谁，增长了多少？体重增长最多的是谁，增长了多少？

生1：身高增长最多的是我，增长了88厘米。

生2：体重增长最多的是我，增长了30千克。

师：采访一下你们，为什么能长这么快？有没有经验介绍？

生1：我平时喜欢运动，参加了学校排球队，每天都有训练。

师：这位同学认为自己长高的经验就是加强运动。那体重增长最多的同学，有什么秘诀吗？

生2：我吃饭不挑食，每餐都能吃两碗饭。

师：对。不挑食，营养均衡能帮助我们增长体重。

师：根据全班数据分析，从出生到现在，你们的体重和身高成倍增长，体重增长了7~8倍，身高增长了2倍多，身体在这几年里一直不断生长着。

【教学评析】

低年级的课堂，学生表达的欲望强烈，从不担心冷场。尤其本课交流的是他们自己成长中的变化，身高、体重、物品……学生能说的东西很多。请身高和体重增长最多的同学分享他们的生活习惯和成长故事，学生讲得很生动。这种生生交流的效果比老师说更佳。最后，老师在数据的分析上，注重了面向低年级学生，将学生从出生到现在，身高与体重的成倍增长以图示的形式直观地表述出来。当他们发现从出生到现在，体重增长了7~8倍，身高增长了2倍多时，会感到非常震撼。

【学习单】

发现生长

日期：＿＿＿＿＿＿＿＿

项目	出生时	现在	增加了多少
体重/千克			
身高/厘米			

第6课时 身体的"时间胶囊"

核心问题：能对自己未来的生长发育进行有依据地推测吗？

【教学目标】

1. 知道在今后的一段时里，我们会不断地生长。

2. 能够关注未来身体的生长。

3. 能够通过对长辈、哥哥姐姐们身体生长情况的了解，推测自己身体的生长变化情况。

4. 愿意倾听他人的想法，乐于表达自己的想法。

【教学重难点】

重难点：学生对自己未来的生长发育进行有依据地推测。

【教学准备】

教师准备：多媒体课件、装全班学生信息的容器等。

学生准备：一样精心挑选的物品、给未来自己的一封信、学习单等。

【教学过程】

一、故事激趣，导入新课

1. 教师讲述爱因斯坦与时间胶囊的故事。

2. 教师提问：什么是时间胶囊？（预设：时间胶囊是将有代表性的物

品放入密封容器中，密封深埋于地下，设置一个未来打开的时间，到了设定时间再打开的容器。）

3.教师导入新课：同学们现在是二年级，四年以后你们将小学毕业，在这四年中，你认为自身哪些方面发生的变化会最大呢？（预设：身体。）那么，让我们做一个关于身体的"时间胶囊"，作为毕业时的特殊礼物送给自己，等到四年以后，在毕业典礼上打开，好吗？（提示课题：身体的"时间胶囊"。）

【设计意图】用科学家与时间胶囊的故事导入，直观地解释了"时间胶囊"这一抽象的概念，激发了学生对课堂内容的兴趣。

二、明确问题，认知冲突

活动：制作身体"时间胶囊"信息的收集

1.教师提问：同学们觉得在这个时间胶囊里，需要记录哪些身体信息呢？

2.教师依据在本单元的第一课时，引导学生观察身体，通过测量、收集一些身体的信息，并填入学习单中。

【设计意图】制作身体"时间胶囊"是非常有趣且有意义的活动。通过制作身体"时间胶囊"留下学生成长的印记，除了记录之前已有的信息，还可以更开放地选择学生希望留下的内容。

三、合作探究，体验交流

活动一：推测未来的生长

1.教师提问：四年后，你的身体会发生什么变化？这样认为的理由是什么？

2.小组讨论交流：思考可以从哪些方面去找依据？

（预设：父母12岁时的身高、体重数据；哥哥姐姐们12岁时的身高、体重数据；现在六年级的大哥哥、大姐姐的身高、体重数据。）

3.教师小结：我们的身体发育受先天遗传和后天环境两方面的影响。

所以同学们在推测未来身体生长信息的时候，参考父母、哥哥姐姐们的数据，是有依据的。同时，中国12岁青少年身体发育的资料也可以给我们提供参考。

4.教师引导学生查找中国12岁青少年的标准身高和体重是多少。

5.教师引导学生根据以上信息，完成学习单中四年后的身体信息填写。

6.教师引导学生写一封给未来自己的信：你对未来的你有何期许？

活动二：时间胶囊封存仪式

1.教师引导学生将学习单、给未来自己的一封信、一样精心挑选的物品放入教师准备的密封容器中。

2.教师当场密封容器，写上班级、日期。师生共同期待四年后的开箱。

【设计意图】活动意在提高学生关注身体的变化。通过记录身体的各项指标，更加直观地了解自己的身体状况，意识到身体的变化和发展，同时激发学生的自我反思和成长意识。

四、总结反思，应用迁移

教师引导学生思考：刚才我们说到身体发育受先天遗传的影响，也受后天环境的影响。那我们平时在生活中需要注意哪些方面才能够健康成长呢？

（预设：从饮食、睡眠、运动、生活习惯、心态等方面分析。）

【设计意图】本单元希望学生能发展自己的健康意识。尽管低年级的学生对健康生活方式了解得不会太多，但是教师可以从饮食、睡眠、运动、生活习惯等方面对学生进行具体指导，为他们今后的健康成长提供支持。

【精彩片段】——聚焦自我监控，帮助学生初步形成健康生活的意识

师：四年以后同学们的身体会发生哪些变化呢？你这样认为的理由是什么？

生：我会长得更高。

师：你这样认为的依据是什么呢？

生1：因为我每年都长高。

生2：还会长胖。因为以前的衣服小了，要买新的。

生3：我的脚会长长，因为每年都要买新鞋子，旧鞋子小了。

老师：同学们提到了我们身体会长高、体重会增加、手脚也会变大……说明你们都是生活中的有心人，留意到了成长过程中的点滴变化。其实，我们的身体发育受先天遗传和后天环境两方面的影响。所以同学们推测未来的时候，找父母、哥哥姐姐们的数据，是有依据的。同时，中国12岁青少年身体发育的资料也可以给我们提供参考。

【教学评析】

"时间胶囊"是一项很有仪式感和纪念意义的活动。教师希望学生能形成健康生活的意识，但这个意识是建立在关注自身健康的基础之上的。在他们对四年后的自己会变成什么样做出推测时，教师追问这样的推测有哪些依据，学生能从回忆自己过往的生长变化中感受成长。教师介绍身体发育受先天遗传和后天环境两方面的影响，丰富了学生的认知。学生通过对比，可以了解自身的实际情况，为以后的饮食、运动、睡眠等提供参考，帮助学生初步形成健康生活的意识。

【学习单】

身体的"时间胶囊"

日期：＿＿＿＿＿＿＿＿

时间	现在	毕业时
年龄		
体重		
身高		
我想对未来的自己说：		

持续反馈与应用设计

项目式作业　不玩手机、电脑游戏，我们还能玩什么？

【任务】

请采访你的父母或爷爷奶奶，在没有手机、电脑等电子产品的年代，他们的童年游戏有哪些？

【要求】

1. 采访父母或爷爷奶奶，询问并记录他们的童年游戏有哪些。

2. 学习1~3种父母或爷爷奶奶的童年游戏，明白游戏规则和玩法。可以用图文等你喜欢的分享方式记录游戏名称和规则。

3. 在班级分享会上，介绍你学会的传统游戏，并带领同学们玩一玩。

单元教学反思

本单元学生主要完成两个学习任务：一是通过感觉器官进行观察，了解自己感觉器官的基本功能。在观察中，利用感觉器官所接收的信息并结合已有的经验，对周围的事物在识别的基础上进行比较、分析和判断。二是要发展自己的健康意识，通过回顾之前身体的生长变化，学生将对自己健康生长的意识与对未来几年身体生长变化的期盼相结合，形成初步的健康意识。

二年级学生在学习本单元之前，有以下认知基础和特点：

1. 学生对"身体结构"这个概念是模糊的，往往会把感觉器官与身体结构混淆，同时对身体内部结构的认识也不具体、不全面。

2. 从一年级起，观察活动都强调借助各种感觉器官来完成，因此学生对感觉器官的功能很熟悉，这有利于本单元的教学。

3. 在眼、耳、鼻、舌、皮肤这些感觉器官中，学生对眼睛的功能最为熟悉。他们在进行比较的时候很少会意识到观察是多种感官参与的结果，往往把功劳归于眼睛观察的结果。

4.学生的感性思维占主导，数据分析的能力待提升。

因此本单元的教学设计从动机激发入手：拼一拼人体结构、猜一猜袋子里有什么、按图片搭建场景等，通过设置适当的问题情境，激发学生的内在学习动机，调动学生学习的积极性。在学习过程中有意制造认知冲突，如图片观察与实物观察的比较、事实与想象的区分等，引发学生积极思考，主动学习。学生基于已有知识经验和认知水平，通过思维活动，整合各种信息和观念，解释现象和解决问题，如抓反应尺比赛的数据分析、推测未来的身体生长情况等，对学习活动进行积极自主的自我管理和调节，实现对所学知识的意义建构。在总结反思环节，教师引导学生对学习过程、思维方式、所学知识和方法等进行总结和反思，提高了自我监控的能力。

案例提供者：夏　骥，长沙市雨花区红星实验小学

指导教师：张　敏，湖南省教育科学研究院

生物体的稳态与调节

案例6 观察小动物

单元教学内容规划

（一）本单元学习指向的核心概念及学习进阶路线

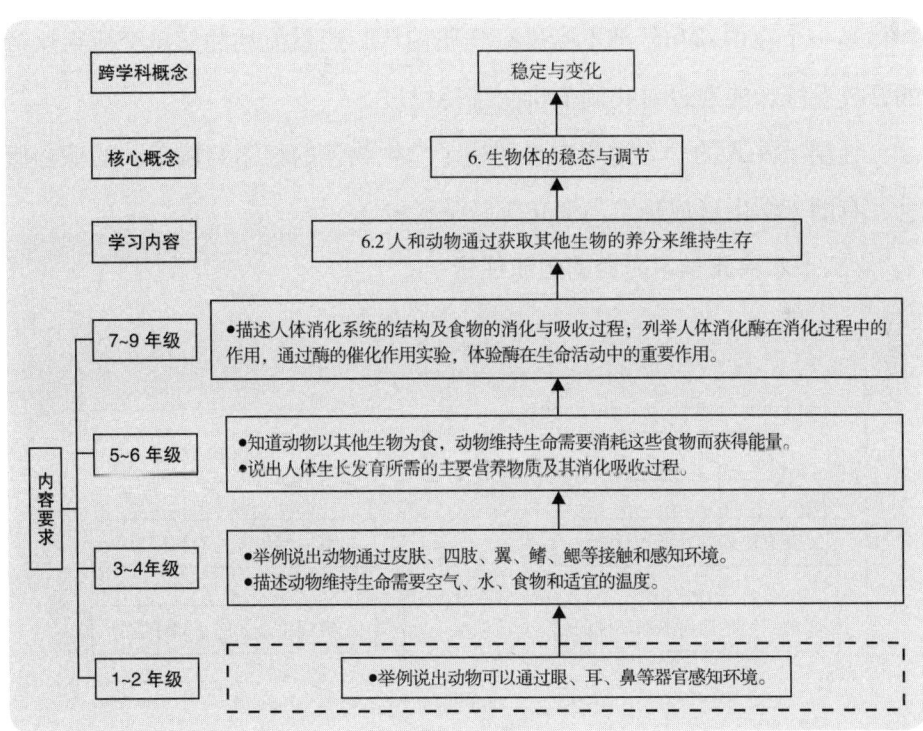

本单元聚焦"生物体的稳态与调节"核心概念，落实课标中"人和动物通过获取其他生物的养分来维持生存"的学习内容要求。

1~2年级初步感知眼、耳、鼻等是动物体的器官，可以用来感知环境，指向生物体的结构与功能。

3~4年级创设生产生活情境，通过养殖、观察动物，在实践中了解动物的基本生存条件,指向生物体通过对外界环境的变化做出适当反应,以保持内部稳定。

5~6年级使用归纳的方法,概括出动物通过获取其他生物的养分来维持生存,指向生物体对外界的调节以保持内部稳定;知道人体生长发育所需的主要营养物质及其消化吸收过程,指向生物体通过一定的调节机制,保持内环境的稳态,完成一系列复杂的生命活动。

7~9年级使用模型建构的方法,描述人体消化系统的结构及食物的消化与吸收过程;在实验探究中,体验酶在生命活动中的重要作用。指向生物体是一个在内部和外部不断进行物质循环、能量流动和信息交流与反馈的开放系统,能通过自我调节机制维持稳态。

在层层深入的学习过程中,建构了"生物体的稳态与调节"的核心概念,有助于学生形成稳定与变化等跨学科概念。

（二）本单元学习内容的组织线索

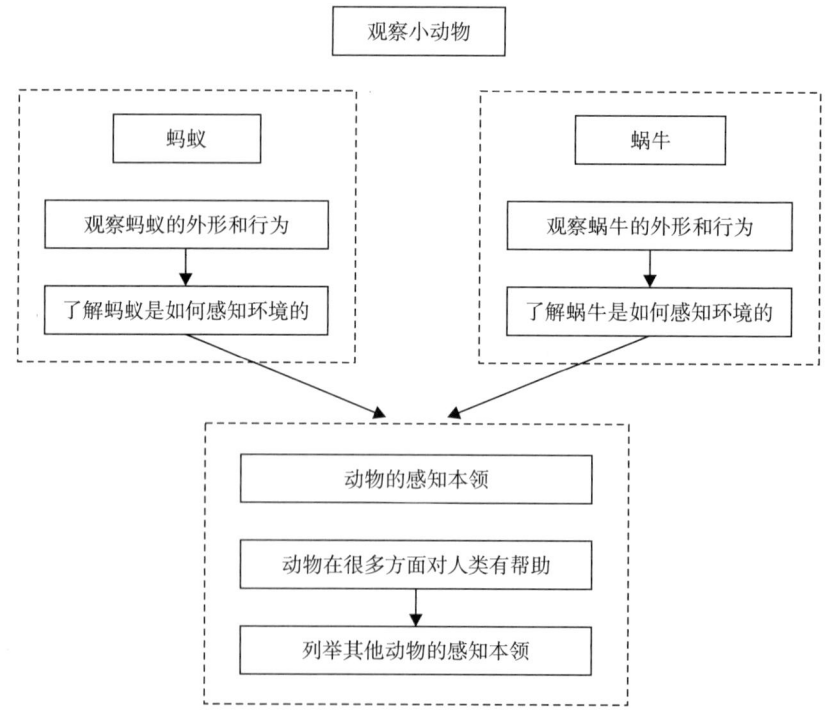

单元学习目标设计

核心素养	学习目标
科学观念	1. 简单描述蚂蚁、蜗牛的身体特点和它们之间的一些不同特征。 2. 举例说出动物可以通过眼、耳、鼻等感觉器官感知环境
科学思维	1. 在教师的引导下,用绘画和语言等方式描述观察到的小动物的现象,表达自己的想法。 2. 在教师的指导下,归纳、概括出动物可以通过眼、耳、鼻等感觉器官感知环境,并能比较、分类不同动物特殊的感知本领
探究实践	1. 利用多种感觉器官或者简单的工具观察动物的外形和行为,做好记录。 2. 通过查阅资料或访谈等方法,与同学开展讨论和交流,了解更多动物的感知本领。 3. 在观察蚂蚁、蜗牛的过程中,能够提出感兴趣的问题,并积极想办法解决问题
态度责任	1. 能对观察动物的活动感到好奇。 2. 在交流中愿意倾听和分享信息。 3. 了解动物对人类的重要性。 4. 能够珍爱生命,保护身边的动物

单元学习评价设计

"观察小动物"评价量表

核心素养	评价指标	评价等级 ★	评价等级 ★★	评价等级 ★★★	评价结果
科学观念	简单描述蚂蚁、蜗牛的身体特点和它们之间的一些不同特征	知道蚂蚁、蜗牛在身体结构、生活习性等方面有不同,但是描述不清晰	能够描述蚂蚁、蜗牛身体结构的基本特点,并知道1~2个它们在身体结构、生活习性等方面的不同特征	能够描述蚂蚁、蜗牛身体结构的基本特点,并知道多个它们在身体结构、生活习性等方面的不同特征	☆☆☆
科学观念	举例说出动物可以通过眼、耳、鼻等感觉器官感知环境	知道动物可以通过眼、耳、鼻等感觉器官感知环境,但举例表述不清晰	知道动物可以通过眼、耳、鼻等感觉器官感知环境,能举出1~2个具体的例子	知道动物可以通过眼、耳、鼻等感觉器官感知环境,并能举出多个具体的例子	☆☆☆

续表

核心素养	评价指标	评价等级 ★	评价等级 ★★	评价等级 ★★★	评价结果
科学思维	在教师的引导下，用绘画和语言等方式描述观察到的小动物的现象，表达自己的想法	只能通过绘画的方式描述观察到的动物的外形和行为	能通过绘画和语言等方式，描述观察到的动物的外形和行为，但描述得不够全面	能通过绘画和语言等方式，全面地描述观察到的动物的外形和行为	☆☆☆
科学思维	在教师的指导下，归纳、概括出动物可以通过眼、耳、鼻等感觉器官感知环境，并能比较、分类不同动物特殊的感知本领	在教师的指导下，知道动物可以通过眼、耳、鼻等感觉器官感知环境，知道动物具有特殊的感知本领	在教师的指导下，知道动物可以通过眼、耳、鼻等感觉器官感知环境，并能通过比较的方法给熟悉的具有特殊感知本领的动物分类	在教师的指导下，能够归纳、概括出动物可以通过眼、耳、鼻等感觉器官感知环境，并能通过比较的方法给具有特殊感知本领的动物分类	☆☆☆
探究实践	能利用多种感觉器官或者简单的工具观察动物的外形和行为，并做好记录	只能利用单一感觉器官观察动物的外形和行为，并做简单记录	能利用多种感觉器官观察动物的外形和行为，并做简单记录	能利用多种感觉器官观察动物的外形和行为，在需要的时候能利用简单的工具进行观察，并做好记录	☆☆☆
探究实践	通过查阅资料或访谈等方法，与同学开展讨论和交流，了解更多动物的感知本领	只能通过单一的方法了解一种动物的感知本领；不能主动与其他同学进行交流和讨论	只能通过单一的方法了解多种动物的感知本领；主动与同学交流，但不能清晰地表达自己的观点	能通过观察、查阅资料或咨询他人等多种方法，了解多种动物的感知本领；与同学积极展开交流和讨论，清晰地表达自己的观点	☆☆☆
探究实践	从观察小动物的活动中提出感兴趣的问题	能提出有关动物的问题，但不能结合已有的观察和发现提出问题	能结合已有的观察和发现，在讨论过程中提出1~2个有关动物的问题	能结合已有的观察和发现，在讨论过程中提出多个有关动物的问题	☆☆☆

续表

核心素养	评价指标	评价等级 ★	评价等级 ★★	评价等级 ★★★	评价结果
态度责任	对观察小动物的活动感到好奇；在交流中愿意倾听和分享信息	对观察小动物感兴趣，但对观察活动没有兴趣且不愿坚持；态度尚可，能在教师的督促下倾听，但不愿意表达和分享自己的观点	对观察小动物感兴趣，并能在教师的监督下进行观察；态度认真，能主动倾听，但不乐于表达和分享自己的观点	对观察小动物很感兴趣，并能积极主动地进行观察和实验活动；态度积极，能主动倾听，乐于表达和分享自己的观点	☆☆☆
	初步养成用事实说话的意识	知道要依据观察到的实际情况进行描述，但在实际行动上较难做到	知道要依据观察到的实际情况进行描述，在教师的督促下能做到	知道要依据观察到的实际情况进行描述和交流，并能主动做到	☆☆☆
	了解动物对人类的重要性；能够珍爱生命，保护身边的动物	知道动物是自然界的成员，但不懂得保护动物的重要性	知道动物是自然界的成员，需要得到保护，但在日常行为中做不到	知道动物是自然界的成员，需要得到保护，并在日常行为中能做到珍爱生命，保护身边的动物	☆☆☆

学生情况分析

经过一年级的科学学习，学生能在教师的指导下利用感觉器官对周围事物进行观察，并能用语言初步描述，还会使用放大镜等观察工具。经过一年级的学习，学生认识和观察了许多家养小动物，对观察小动物具有强烈的兴趣和好奇心。

蚂蚁、蜗牛是学生非常熟悉的户外小动物，学生乐于在老师的指导下开展观察探究。虽然经常接触蚂蚁和蜗牛，但是科学地观察和描述它们的身体特征，对于二年级学生来说有一定困难，这个阶段是培养学生思维能力的关键期，教师在教学中要通过思维导航或问题引领，培养学生形成良好的科学思维。

单元学习进程设计

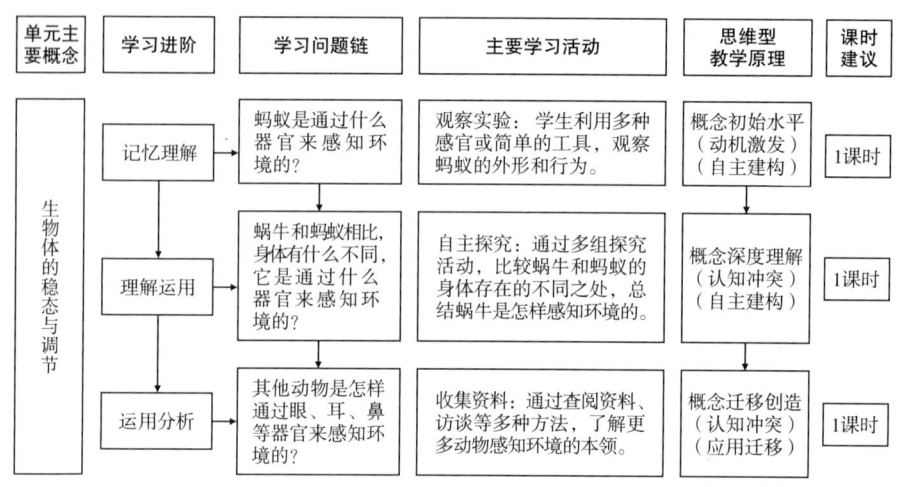

第1课时 蚂蚁

核心问题：蚂蚁是通过什么器官来感知环境的？

【教学目标】

1. 简单描述蚂蚁的身体结构，了解蚂蚁可以通过触角来感知环境。

2. 能用绘画和语言等方式描述观察到的现象，表达自己的想法。

3. 利用多种感觉器官或简单的工具观察蚂蚁的外形和行为，认真做好记录；在观察蚂蚁的过程中，能够提出感兴趣的问题，并积极想办法解决问题。

4. 能在好奇心的驱使下，对观察小动物的活动感兴趣，在活动中愿意倾听他人的表达，愿意与他人分享信息。

【教学重难点】

重点：能够运用自己喜欢的方式简单描述蚂蚁的身体结构和行为。

难点：能够同小组同学合作，利用多种感官和工具开展探究活动，观察蚂蚁的外形和行为，并做好记录。

【教学准备】

教师准备：事先考察校园，寻找蚂蚁出没较多的场地，为学生的户外观察活动做好准备。放大镜或昆虫盒，每组1份。3~4种食物，如饼干、糖果、蔬菜、肉类等，每组1份。3~4种物体，如石头、肥皂、樟脑丸、海绵等，每组1份。

学生准备：学习单、铅笔等。

【教学过程】

一、创设情境，提出问题

1.创设生活情境，激发学生兴趣，引出观察蚂蚁的活动。问题导入：根据大家平时的生活经验，你们在哪些地方见过蚂蚁呢？你们想去户外观察蚂蚁吗？关于蚂蚁你们都知道什么呢？还想知道些什么呢？

2.聚焦问题。今天这节课我们一起到户外去观察蚂蚁。看一看蚂蚁的身体是什么样的？它们喜欢吃什么食物？遇到物体时它们有什么反应？蚂蚁是通过什么器官来感知周围环境的？

【设计意图】从学生熟悉的生活情境入手，引出本节课所要探究的对象，了解学生对蚂蚁已有的认知，激发学生对新课内容的学习兴趣。

二、自主探究，合作交流

（一）小组合作开展探究活动

活动一：观察蚂蚁的外形

（1）明确户外观察活动的安全注意事项。

（2）活动中引导学生学习进行观察的方法。如果想看清楚蚂蚁，需要使用什么观察工具？如果蚂蚁运动得太快，怎样可以暂时限制它们的运动？（提示：如果看不清楚蚂蚁，可以用放大镜观察，也可以将蚂蚁装进昆虫盒里观察。）

（3）活动中引导学生仔细观察蚂蚁的身体是什么样的。

（4）引导学生将观察到的蚂蚁的外形画下来。

（5）教师小结：在观察小动物的时候，需要一定的技巧和方法。通常情况下，运用感觉器官去观察小动物的外形，是常用的观察方法。但对于小动物的细节观察，应该使用观察工具进行观察，同时在活动中应正确使用放大镜。

活动二：观察蚂蚁的觅食行为

（1）给各小组发放用于测试的食物，提示学生进行观察和记录。

（2）引导学生在蚂蚁窝周围放几种食物，观察蚂蚁喜欢吃哪些食物。

（3）引导学生观察并思考：遇到大块的食物，它们会怎样做？

（4）引导学生将观察到的现象记录下来。

活动三：观察蚂蚁对不同物体的反应

（1）给各小组发放用于测试的物体，引导学生将物体放在蚂蚁活动区域附近进行观察。

（2）引导学生在蚂蚁行进的路上放几种物体，观察蚂蚁有什么反应。

（3）引导学生观察并思考：蚂蚁能闻到这些物体的气味吗？你觉得它们是用什么器官闻到这些气味的？

（二）整理信息，交流汇报

1.带领学生回到教室，整理活动信息，围绕以下问题，进行交流、讨论、汇报。

（1）你们观察的蚂蚁是什么样的？

（2）蚂蚁喜欢吃什么食物？

（3）蚂蚁遇到不同物体时，会有什么反应？

（4）你们还观察到了哪些有趣的现象？

（5）通过刚才的观察，你们认为蚂蚁是通过什么感知周围环境的？

【设计意图】在教师的引导下，学生通过多组探究活动观察蚂蚁的行为，认真记录，并根据观察到的现象描述蚂蚁的生活习性，表达自己的想法。在活动中，学生掌握了观察的基本科学方法，初步培养了探究实践能力。

三、总结反思，应用迁移

（一）总结反思

引导学生思考从这节课中学到了哪些科学知识？是否能够通过实践活动来解决问题？反思在观察活动中能够与小组成员进行合作交流吗？还存在哪些不足？

（二）拓展应用

1. 鼓励学生课后继续观察蚂蚁的更多行为。

教师提问：今天，你们观察蚂蚁开心吗？你们知道蚂蚁还有哪些有趣的行为？课后你们可以继续观察蚂蚁，或者查找一些参考资料，了解蚂蚁的更多行为。

2. 引导学生制作蚂蚁模型。

（1）出示蚂蚁模型，引导学生观察一下它是用什么材料制作的。

（2）引导学生试一试，看是否能制作一个蚂蚁模型？

【设计意图】引导学生对本节课所学的科学知识进行回顾整理，梳理科学的学习方法。在本环节，学生将课堂知识延伸到课外，对课本知识进行有效迁移，延续科学知识的再学习。

【精彩片段】——引导学生利用工具观察蚂蚁，激发学生观察动机，提出并解决问题

师：现在我们就以小组为单位观察蚂蚁，看看它到底长什么样子，然后把它画下来。

生1：蚂蚁太小了，看不清楚。

生2：蚂蚁爬得太快了，还没看清楚就爬走了。

师：当活动中遇到问题时，我们应该怎么办呢？

生：我们应该想办法解决问题。

师：对。下面请各小组讨论一下"蚂蚁太小了怎么观察""观察中，如果蚂蚁乱爬怎么办"这两个问题的解决方法，然后小组代表分享一下你们的方法。

生1：蚂蚁太小了，可以借助放大镜观察。

生2：把蚂蚁放在透明的小盒子里观察。

生3：给蚂蚁拍照片进行观察。

生4：给蚂蚁一些吃的，不让它乱爬。

师：还有哪位同学补充？

生1：在蚂蚁的周围放一些水，把蚂蚁放在一个瓶盖上。

生2：用显微镜观察蚂蚁。

生3：用胶水粘住蚂蚁来进行观察。

师：我们观察小动物，不能以伤害小动物为前提。

师：大家的解决方法很多，那么你们觉得哪个方法最好呢？如果想看清楚蚂蚁，我们可能需要什么观察工具呢？如果蚂蚁运动得太快，怎样可以暂时限制它们的运动呢？

生1：用昆虫盒观察最好。

生2：放在透明小盒子里再用放大镜观察最好。

师：对，如果看不清楚蚂蚁，可以用放大镜观察，也可以将蚂蚁装进

昆虫盒里观察。

师：怎样把蚂蚁放到我们的观察盒里呢？请大家要注意爱护小动物，不要用手直接捉蚂蚁，可以用小棍把蚂蚁运到观察盒里。观察时一定要仔细认真。

师：现在就请各组组长和材料员到老师这里领取材料进行观察吧。

【教学评析】

教学中，教师布置观察任务"蚂蚁到底长什么样子？"，问题的提出激发了学生无限的探究热情，立刻投入室外的观察中。可是当他们刚接触到蚂蚁时，就发现蚂蚁太小看不清楚，蚂蚁乱爬不便于观察。这时教师适时引导学生，当活动中遇到问题时，要积极想办法解决问题。学生在教师的引导下，发散思维，寻找观察蚂蚁的多种方法，最后通过分析、比较，归纳出合适的观察蚂蚁的方法。

【学习单】

1. 画一画蚂蚁身体的样子。

2. 将多种食物放在蚂蚁活动区域的周围，记录蚂蚁的行为。

食物	蚂蚁的行为

3. 通过观察，我发现蚂蚁用（　　　　）感知环境。

第 2 课时　蜗牛

核心问题：蜗牛和蚂蚁相比，身体有什么不同，它是通过什么器官来感知环境的？

【教学目标】

1. 简单描述蜗牛的身体结构，了解蜗牛可以通过触角来感知外部环境。

2. 用绘画和语言等方式描述观察到的现象，表达自己的想法。在观察中分析、比较蜗牛与蚂蚁身体外形的不同。

3. 利用多种感觉器官或者简单的工具观察蜗牛的外形和行为，认真做好记录。

4. 能在好奇心的驱使下，对观察小动物的活动感兴趣，在活动中愿意倾听他人的表达，愿意与他人分享信息。

【教学重难点】

重点：用自己喜欢的方式简单描述蜗牛的身体结构和行为。

难点：小组合作，开展观察蜗牛的探究实践活动，比较蜗牛和蚂蚁的不同之处。

【教学准备】

教师准备：蜗牛、托盘、放大镜、棉签，每组1份。3~4种食物，如水果、糖果、蔬菜、肉类等，每组1份。

学生准备：学习单、铅笔等。

【教学过程】

一、创设情境，提出问题

1. 出示谜语，创设情境。谜语（打一动物）：没有手，没有脚，背着房子到处走，有谁把它碰一碰，赶紧躲到房子里。

2. 出示蜗牛，并提出问题。你们知道在哪里容易发现蜗牛吗？你们在户外发现过蜗牛吗？关于蜗牛你们已经知道了什么？还想知道什么呢？

3. 聚焦问题。今天这节课，让我们一起来了解蜗牛的身体是什么样的？它们喜欢吃什么？触碰蜗牛的身体时，它会有什么反应？蜗牛是怎样感知周围环境的？

【设计意图】谜语情境的创设，巧妙地激发学生学习科学的兴趣，有效地引起学生的注意力，唤醒学生的求知欲，从而提升课堂教学效率。

二、自主探究，合作交流

（一）小组合作开展探究活动

活动一：观察蜗牛的外形

（1）回顾前面"蚂蚁"这节课的学习，引导学生思考怎样观察蜗牛呢？

（2）给学生发放蜗牛和放大镜，引导学生观察蜗牛的外形并进行交流、汇报。

（3）引导学生观察蜗牛的身体是什么样子的，并将观察到的现象记录下来。

（4）引导学生思考：蜗牛的身体与蚂蚁的身体有什么不同？引导学生将发现分享给人家。

活动二：观察蜗牛吃什么

（1）给各组发放待测试的食物，将食物放在蜗牛活动区域的周围，观察蜗牛会爬向哪些食物，然后进行交流。

（2）引导学生将观察到的现象记录下来。

（3）引导学生思考：你认为蜗牛是用什么器官分辨食物的？将发现分享给大家。

活动三：观察蜗牛对刺激的反应

（1）给各组发放一包棉签，引导学生轻轻触碰蜗牛的身体，观察它会有什么反应，然后进行交流。

（2）引导学生尝试触碰蜗牛身体的不同部位，并观察蜗牛的反应有什么不同之处？

（3）引导学生思考：蜗牛身体不同部位的敏感程度一样吗？将发现分享给大家。

（二）总结交流，认识蜗牛是怎样感知环境的

引导学生归纳总结：通过刚才的观察，你认为蜗牛是通过什么感知周围环境的？

【设计意图】设计探究式学习活动，让学生通过自主探究和实践，完成探究任务，主动建构"蜗牛和蚂蚁身体存在不同之处"的科学概念，发展学生比较、分析、概括的科学思维，鼓励学生相互交流、合作解决问题，培养学生的团队合作和沟通能力。

三、总结反思，应用迁移

1. 教师提问：今天观察蜗牛开心吗？对自己的表现满意吗？请对今天的学习进行一下总结吧。

2. 引导学生思考：蜗牛还有哪些有趣的行为？

3. 安排学生课后继续饲养蜗牛，观察蜗牛的更多行为。

【设计意图】通过总结和拓展，持久激发学生对观察小动物的兴趣，并能积极主动地投入课后观察和实验活动中去。

【精彩片段】——引导学生利用多种感官观察蜗牛外形，再通过与蚂蚁的比较，小组合作形成新概念的自主建构

师：老师想采访一下，通过前面对"蚂蚁"这节课的学习，你打算用什么方法观察蜗牛？

生：用眼睛看，用鼻子闻，用耳朵听，用手摸。

师：这是用我们的感官进行观察，那么能用嘴巴尝这种观察方法吗？

生：不能，蜗牛是活的。

师：在科学观察中，"尝"这种方法不能随便使用。

生：蜗牛太小了，还可以用放大镜观察。

师：借助工具可以观察到物体的更多细节。

师：下面老师给每个小组发放蜗牛，让我们以热烈的掌声欢迎它们。在观察中，请你们耐心一点，动作轻一点，不要伤害到蜗牛。

师：下面就请同学们以小组为单位，利用这几种观察方法观察蜗牛，并把蜗牛的样子画在学习单中。试着说一说蜗牛身体的各个部分。

教师发放放大镜，学生进行观察。

师：哪个小组来汇报？

生：这是蜗牛的壳。这是它的身体。这是它的头。

师：你对蜗牛的身体进行了整体观察，把蜗牛的身体分成了三部分，是可以的。

生1：蜗牛壳上有花纹，壳的颜色呈棕色，壳上有水、有泥土，壳很硬。

生2：蜗牛的头上有触角。2只长的触角，2只短的触角。

生3：蜗牛长的触角上有眼睛。

师：你有一双善于发现的眼睛，很有当科学家的潜质。你的观察更进一步发现了眼睛的位置。

师：你们闻蜗牛了吗？

生：我用鼻子闻，感觉蜗牛臭臭的。

师：是啊，这种气味是生活在土壤中的小动物特有的一种腥味。

生1：蜗牛很软，爬得很慢。

生2：用耳朵听，蜗牛没有发出声音。

师：没有声音也是一种重要的发现。

生：我用手摸蜗牛，壳硬硬的，身体软软的，身体表面很湿、很滑。

师：蜗牛的身体很软，可以分泌黏液的部分叫腹足。

生：短的触角下面就是它的口。

师：这真是一个重要的发现，为你的发现而高兴。同学们，观察完蜗牛后，把你们观察到的蜗牛画出来吧。

师：看到同学们都画出了属于自己的蜗牛，老师也想在黑板上完成一幅属于自己的作品，哪位同学来告诉老师蜗牛长什么样？

生：蜗牛有壳；有触角，触角2长2短，长的触角上有眼睛；有腹足。

教师出示一张蜗牛的图片，再出示一张蚂蚁的图片，引导学生进行比较，蜗牛的身体与蚂蚁的身体有什么不同？

生1：蚂蚁的身体很小，蜗牛的身体很大。蚂蚁的身体明显分头、胸、腹三部分，而蜗牛不是。

生2：蚂蚁有三对足，爬得很快；蜗牛用腹足爬行，爬得很慢。

生3：蚂蚁有一对触角；蜗牛有两对触角，而且眼睛长在触角上。

生4：蜗牛身体有壳，身上有黏液，而蚂蚁没有。

师：对。以上就是蜗牛和蚂蚁在外形上的不同，你们观察得非常仔细，归纳得非常到位。科学就是需要你们有一双善于观察的眼睛。

【教学评析】

教师引导学生利用观察蚂蚁的方法，自由观察蜗牛。在观察中，教师巧妙引导学生展开交流，然后通过小组合作，比较蚂蚁和蜗牛外形的不同，归纳出二者的不同点，形成新概念的自主建构。在整个教学过程中，学生对观察小动物充满兴趣，认真观察，积极思考，使学生的思维得到进一步的开拓和发展。

【学习单】

1.画一画蜗牛身体的样子。

2. 将多种食物放在蜗牛活动区域的周围,记录蜗牛的行为。

食物	蜗牛的行为

3. 通过观察,我发现蜗牛用(　　　)感知环境。

第3课时　动物的感知本领

核心问题：其他动物是怎样通过眼、耳、鼻等器官来感知环境的?

【教学目标】

1. 举例说出动物可以通过眼、耳、鼻等器官感知环境,认识动物的特殊感知本领。

2. 归纳、概括出动物可以通过眼、耳、鼻等器官感知环境,并能比较、分类不同动物特殊的感知本领。

3. 通过查阅资料或访谈等方法,与同学开展讨论和交流,了解更多动物的感知本领。

4. 在交流活动中愿意倾听和分享信息,初步了解动物对人类的重要性,具有保护身边动物的意识并能付诸行动。

【教学重难点】

重点：知道动物是通过眼、耳、鼻等器官感知环境的,并能够举例说明。

难点：能通过查阅资料或访谈等多种方法,了解更多动物感知环境的本领。

【教学准备】

教师准备：安排学生查阅图书馆的书籍或使用网络查找相关资料；一些介绍动物特殊感知本领的图片或视频资料等。

学生准备：课前通过查阅书籍，上网查找或访谈等方法，了解一种自己不熟悉的动物的感知本领；学习单，铅笔等。

【教学过程】

一、创设情境，提出问题

1. 回顾熟悉动物的感知本领。通过一年级和前两节课的学习，说一说熟悉的动物是怎样感知环境的？

2. 引导学生观看视频，提出问题。视频中是什么动物？你熟悉吗？它在做什么？空中的翠鸟是怎样发现水中的鱼虾的？

3. 聚焦问题。这些熟悉的小动物和我们一样是运用眼、耳、鼻等各种器官来感知环境的。今天这节课我们来一起了解其他动物是怎样感知环境的？它们有哪些特殊的感知本领呢？

【设计意图】通过视频中生动的画面，让学生在情境中提出感兴趣的问题，并能够聚焦问题，为新课的顺利进行奠定基础。

二、自主探究，合作交流

（一）调查不熟悉的动物的感知本领

1. 依据课前学生已经做的调查，让学生在小组内交流：调查了哪些动物的感知本领？有哪些发现？这些资料都有哪些来源？

2. 以小组为单位，全班交流，举例说一说各个小组分别调查了哪些动物的感知本领？

3. 教师小结：这些不熟悉的动物也是运用眼、耳、鼻等器官来感知环境的。

（二）了解一些动物的特殊的感知本领

1. 请学生在他们所了解的动物中，选择并表演一种具有特殊感知本领的动物，再让其他学生猜一猜这是什么动物？生活在哪里？具有哪种特殊的感知本领？

2.引导学生观看其他动物的图片和视频，并举例说一说这些动物生活在哪里，有哪些特殊的感知本领，教师在这些资料上注明来源。

3.通过交流，让学生知道有些动物在视觉、听觉、嗅觉等方面有着特殊本领，并将教师提供的资料中的动物进行分类，填写在学习单中。

【设计意图】通过设计开放性探究任务，培养学生发散思维，激发学生的思考。同时指导学生通过观察、查阅资料或咨询他人等多种方法，了解多种动物的感知本领；帮助学生建构新知识和旧知识的联系，形成有机的知识框架。

三、总结反思，应用迁移

1.引导学生观察教师在课堂上展示的4幅图片，讨论交流：

（1）说一说图中的动物在帮助人们做什么？

（2）人类的生活能离开动物吗？

（3）你认为我们应该如何对待动物？

2.教师小结：动物和我们一样，都是自然界的成员，我们应该与它们和谐相处。

【设计意图】在讨论交流活动中，引导学生认识到动物是自然界的成员，需要得到保护，同时教育学生在日常行为中做到珍爱生命，保护身边的动物。

【精彩片段】——了解一些动物的特殊本领，激发学生思维，提升认知建构

师：在刚才的交流中，同学们知道了动物是运用眼、耳、鼻、触角等器官感知环境的，那么有很多动物还具有一些特殊的感知本领。下面请同学们以小组为单位，在你所了解的动物中，表演一种具有特殊感知本领的动物，让大家猜一猜这是什么动物？生活在哪里？具有哪种特殊的感知本领？

（学生表演，我做你猜。）

生1：夏天，狗趴在地上吐舌头。

生2：狗通过灵敏嗅觉判断东西。

生3：啄木鸟用嘴敲击树木，捉虫子。

生4：小鸡刨土捉虫子。

……

师：同组的同学可以补充，其他小组同学也可以提出建议。

学生补充交流。

师：大家能够形象地把动物特殊的感知本领表现出来，真的很棒！因为环境的影响，动物有的感知本领相应增强了，有的却退化了或者丧失了。

师：你们想不想了解更多动物的特殊本领呢？请大家认真观看老师准备的其他动物的图片和视频，并举例说一说这些动物生活在哪里，有哪些特殊的感知本领，资料上注明的来源是哪里。

生1：鲨鱼生活在水里，它的嗅觉十分灵敏，它能通过气味寻找猎物。资料来源是上网搜索。

生2：苍鹰喜欢在天空飞翔，它的视觉十分敏锐。资料来源是户外观察。

生3：蝙蝠喜欢生活在岩洞里，它们夜间飞行不靠眼睛，而是靠耳朵和发声器官。资料来源是查找书籍。

……

师：通过交流，我们知道有些动物在视觉、听觉、嗅觉等方面有着特殊本领。请同学们将资料中的动物进行分类，填写在学习单中。

（学生分类，汇报。）

生1：嗅觉本领强的动物有大象、鲨鱼、狗、蛇等。

生2：视觉本领强的动物有鹰、变色龙、蜻蜓、苍蝇等。

生3：听觉本领强的动物有蝙蝠、海豚、鸽子、猫等。

师：这些动物有的嗅觉很灵敏，有的视觉非常敏锐，有的听力很强，就连我们人类都甘拜下风。

【教学评析】

教学中，学生已经归纳概括出"动物可以通过眼、耳、鼻等器官感知环境"这一核心概念。在此基础上，教师通过让学生表演的形式，使科学知识由抽象变得形象，培养学生理解力、想象力、表现力，学生初步了解动物的某些感知能力很强。然后学生又通过交流、比较、分类、归纳，深入了解动物具有特殊的感知本领，提升了学生的认知建构。

【学习单】

1. 了解动物是怎样感知环境的，并做好记录。

动物的名称	生活的环境	感知本领	资料来源

2. 通过交流，我们知道哪些动物在视觉、嗅觉、听觉等方面有特殊的感知本领？

感知本领	动物名称
视觉本领强	
嗅觉本领强	
听觉本领强	
……	

持续反馈与应用设计

项目式作业　蜗牛成长记

【任务】

蜗牛是夏天常见的小动物，一只小蜗牛成功捕获了我们每个人的好奇心。和家长一起走进大自然，寻找几只小蜗牛，把它们带回家，给它们搭建一个生态屋，用自己了解的方式喂养蜗牛，并做一份观察记录吧。希望你从"未知—观察—发现—了解"的探究过程中，获得丰富的知识体验，激发热爱科学的热情。

【要求】

1. 寻找蜗牛。和家长一起去大自然中寻找几只蜗牛，了解它的自然生活环境。

2. 安置蜗牛。模拟蜗牛的自然生活环境，给蜗牛搭建一个温馨的生态屋。

3. 喂养蜗牛。坚持每天给蜗牛喂食，清理生态屋，观察蜗牛的变化，遇到不懂的问题及时请教家长或查阅资料。

4. 记录蜗牛。记录每天喂养蜗牛过程中的新发现以及有趣的事情，讲给周围的人听。

单元教学反思

一、创设情境，激发兴趣，训练学生发散思维

创设情境，是激发学生参与学习全过程，培养学生创造思维的基础。教学中应注意学生的年龄特点，营造既适合学生年龄特点，又直观、简洁的探究学习的情境，充分调动学生的学习兴趣和探究欲望。引导学生创造性思考，从而增强其发展创造思维的信心，尽可能地发挥学生的创造潜能。本单元这三节课分别采用了创设生活情境，创设谜语情境，创设视频教学情境，激发学生对小动物的好奇心和观察兴趣以及探究的热情，还有头脑风暴的迅速转动，学生在活动中提出了很多感兴趣的问题，学生的发散思维在此就会得到很好的训练。

二、观察实践，探究发现，培养学生创造思维

观察是一种有目的、有计划、持久的感知活动，是认识世界，获得知

识的开始，是增强创造意识和创造能力的必要条件。培养学生创造思维的一个最有效的方法是让学生主动地去观察，养成良好的观察习惯。蚂蚁是生活中常见的小动物，如果在教学中只让学生明白蚂蚁的身体是什么样的，学生对这些内容不会感兴趣，这样的教学只是教师对学生已有感性认识的归纳而已。在"蚂蚁"这一课时的教学中，当观察任务一布置下去时，学生立刻质疑"蚂蚁太小而且好动，怎么去观察呢？"教师顺势引导学生思考：当我们遇到问题时，不要只提出问题，我们还要解决问题。学生各抒己见，讨论交流，通过分析、比较，最后得出结论：我们应该把蚂蚁放在观察盒里用放大镜观察。这样在教学中指导学生从如何科学地观察入手，让被观察的事物在学生大脑中留下深刻的印象，在观察探究中，引导学生自己主动地获取知识，培养能力，从而使学生的创造思维得到发展。

三、拓展应用，知识迁移，启发迁移新情境思维

科学课堂是学习知识的一个主要途径，但是单一情境中学到的知识是片面的、狭隘的，所以教师在教学中应该指导学生进行知识的拓展应用，让学生能够触类旁通，举一反三，把学到的某些原理知识，应用到学习新的知识或解决问题中去。如"蚂蚁"这一课时的教学中，拓展活动一"鼓励学生课后继续观察蚂蚁的更多行为"，拓展活动二"引导学生制作蚂蚁模型"。这些拓展活动设置在多种情境下，能够有效促进学生科学概念的学习，从而提升学生的观察能力、概括能力和迁移能力，培养学生的形象思维、空间思维，提高学生的科学素养。

案例提供者：郭　阳，抚顺市教师进修学院

聂东红，抚顺市东洲区碾盘乡中心小学校

孙　莉，抚顺市顺城区中心小学校

指导教师：刘天成，辽宁教育学院

生物与环境的相互关系

案例7 植物

单元教学内容规划

（一）本单元学习指向的核心概念及学习进阶路线

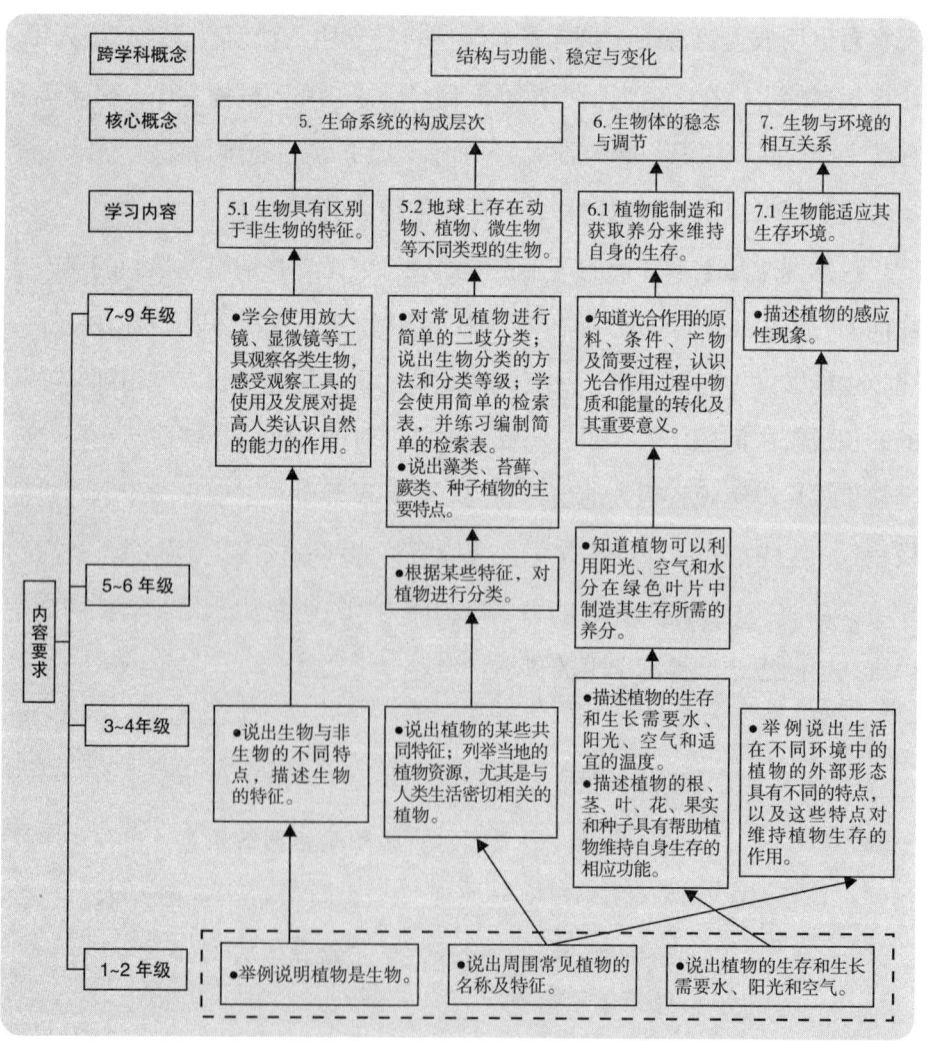

本单元聚焦"生命系统的构成层次""生物与环境的相互关系"等核心概念，落实课标中的"生物具有区别于非生物的特征""地球上存在动物、植物、微生物等不同类型的生物""生物能适应其生存环境"等学习内容要求。

生命系统的构成层次包括细胞、组织、器官、系统、个体、种群、群落、生态系统、生物圈，生物与环境之间的相互作用以及相互协调构成了生态系统的动态平衡。本单元聚焦的核心概念在不同的年级有不同的内容要求：

1~2年级认识周围常见的植物，知道植物的生存和生长需要水、阳光和空气，并能举例说明植物是生物，能描述植物的基本特征，能用植物的共同特征区分和辨别植物。

3~4年级能举出不同环境中的植物适应其生活环境的例子，会描述植物的根、茎、叶、花、果实和种子具有帮助植物维持自身生存的相应功能。

5~6年级能根据植物的某些特征对植物进行分类，知道植物利用光合作用制造其生存所需的养分。

7~9年级能对常见植物进行比较专业的分类，能够描述植物具有感应性现象，知道光合作用的原料、条件、产物以及简要过程，认识光合作用过程中物质和能量的转化过程及其重要意义。

经过本单元的学习，帮助学生建构植物生命结构层次的基本概念，了解植物与环境之间的关系，有助于学生形成结构与功能、稳定与变化等跨学科概念。

（二）本单元学习内容的组织线索

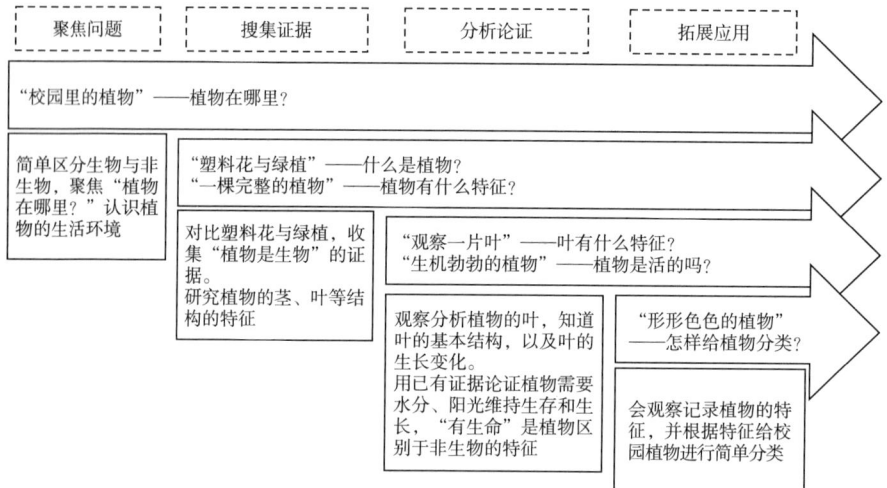

单元学习目标设计

核心素养	学习目标
科学观念	1. 能简单描述植物的特征。 2. 知道植物具有茎、叶等结构，能用叶的特征辨别植物。 3. 知道植物有生命，能举例说明植物是生物。 4. 能说出植物的生存和生长需要水、阳光和空气
科学思维	1. 比较植物和塑料花，理解植物有生命。 2. 分析植物的生物特征及结构，解释植物的生长变化过程。 3. 收集支撑性的证据，论证植物是生物
探究实践	1. 能尝试种植一棵植物，观察、记录植物的生长过程。 2. 能利用多种感官观察一棵植物的外部形态特征，能画一棵植物的简图。 3. 能观察记录叶的特征。 4. 能给植物分类
态度责任	1. 对常见植物的外部特征表现出探究兴趣。 2. 认真观察，意识到植物具有生命体的特征。 3. 认真记录，养成良好的科学态度

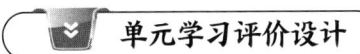
单元学习评价设计

单元学习评价设计一

"植物"评价量表

核心素养	评价指标	评价等级			评价结果
		★	★★	★★★	
科学观念	认识植物是活的	知道植物是活的	知道植物是活的，能说出植物的特征	知道植物是活的，能说出植物的特征，并能用证据论证植物有生命	☆☆☆
科学思维	用比较的方法给植物分类	会用比较的方法认识植物	能给植物制订分类标准；对植物的特征进行比较，知道一些植物的特征	能制订植物分类标准，并能通过多种标准给植物分类，从而辨认植物，认识植物；能通过比较植物的特征合理解释植物的生命活动	☆☆☆
探究实践	观察记录植物的特征，种植一棵植物	会观察植物，会画一棵植物以及部分器官	能记录植物的特征，准确、完整地画出一棵植物以及部分器官	能完整记录一种植物的成长过程，准确、完整地画出一棵植物以及部分器官，并描述植物各器官的功能	☆☆☆
态度责任	对植物感兴趣，乐于与同学分享身边的植物	对植物感兴趣，并主动提问	对身边的植物有一定的了解，并会聚焦一个问题对一种植物进行研究	对身边的植物产生浓厚的兴趣，并会聚焦一个问题对一种植物进行研究；能围绕一个主题制订一个计划，持续地开展研究	☆☆☆

单元学习评价设计二

下图哪些特征可以证明植物是"活"的呢？用笔将对应的特征与植物连接起来吧！

会长大

会长叶

需要浇水

需要阳光

长得好看

会枯萎

有香味

会长果实

学生情况分析

一年级的学生刚刚接触科学课程，对植物的认识主要来自图书、家庭、幼儿园或对周围环境的下意识观察。在幼儿园里接触和认识植物的时候，也会接触到植物的根、茎、叶等词汇，他们对身边的植物有一定的了解，但对植物的认识比较粗浅和零碎，很可能无法准确地认识"植物是有生命的""植物是生长变化的"等本质特征。

一年级的学生可能难以完成系统的科学观察，动手操作能力、团队合作意识、自我控制力可能比较弱，学习习惯、表达能力、倾听习惯等都需要培养。他们的观察方式主要停留在"看"上，教学过程中可以将观察、比较、描述作为主要的学习方式，引导学生充分运用眼、手、鼻等多种感官从整体到局部进行观察。他们的识字量不足，在记录时更适合用画图的形式进行记录。在学生初次接触科学绘画时，需要告诉他们科学绘画与艺术绘画的不同之处。他们对观察方法、记录方法、科学语言等可能都非常生疏，在尝试长期的科学观察活动中，教师要多关注他们，激发他们的学习兴趣，鼓励他们持久地投身于观察、研究植物的活动中。

单元学习进程设计

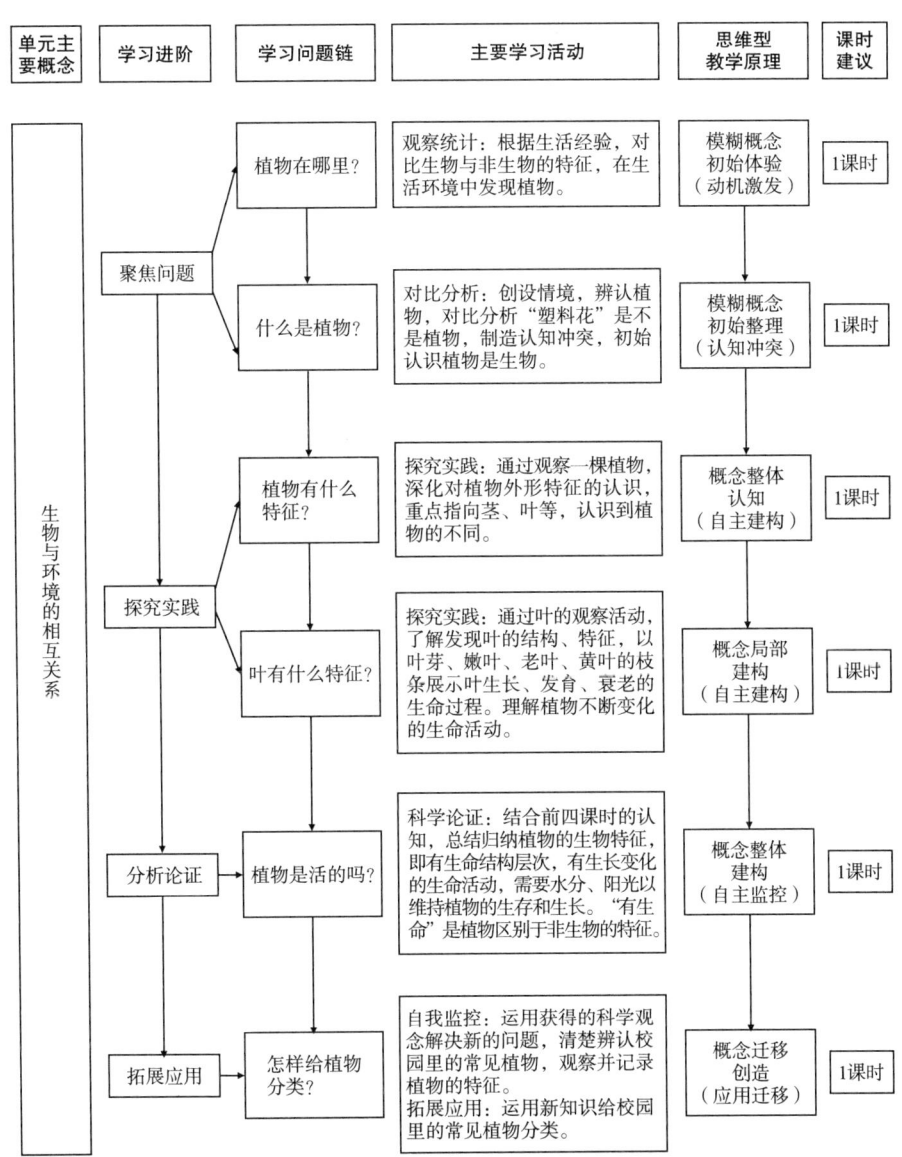

第1课时　校园里的植物

核心问题：植物在哪里？

【教学目标】

1. 在周围事物中区分生物与非生物，知道植物的生长环境。

2. 能通过观察、比较植物，分类统计植物的数量。

3. 找到校园里的植物，并能记录植物的数量和描述植物的生活环境。

4. 认识有生命的物体，热爱生命。

【教学重难点】

重点：实地观察植物，记录、汇报观察到的现象。

难点：描述植物的生活环境。

【教学准备】

教师准备：校园场景图片、校园环境视频、提前在校园中布置"紫色的花藤（假的塑料花藤）"和"黄色丝线（菟丝子）"。

学生准备：铅笔、橡皮、学习单等。

【教学过程】

一、聚焦以及提出问题

1. 教师播放预先录制好的校园环境视频，请学生跟随视频中的路线一起观察我们熟悉的校园。校园里有各种各样的场景：教学楼、操场、绿化区域……

2. 教师展示几张视频中播放过的校园场景图片，请学生指出图片里的具体事物，再说一说它们的特点。

3. 教师引导学生指出在这些熟悉的场景中，哪些东西是活的，有生命的？哪些东西是没有生命的？

【设计意图】动机激发，引导学生思考生命的分类，体验有生命是植物的基本特征。通过引导学生描述"哪些东西有生命，哪些东西没有生命"，启发学生在之后寻找植物的活动中应该怎样观察、描述事物的特征。

二、制订计划

1. 我们每天都生活在这熟悉的校园中，但到校园中进行科学观察与探索前，需要进行周全的准备。

2. 引导学生思考：在进行探索活动前，需要准备哪些物品？注意哪些观察问题？

3. 引导学生制订计划，对校园里的植物进行观察，并记录下来。

【设计意图】在本环节，教师根据学生的回答进行补充，围绕探索活动引导学生准备好观察的工具与材料。提醒学生遵守活动安全规则，用科学友好的方式探索校园，保证探索活动的顺利开展。

三、搜集证据

1. 校园里有各种各样的物体，引导学生思考哪些物体是活的，有生命的？哪些物体是没有生命的？小组讨论，对发现的物体进行分类，并记录在学习单中。

2. 标一标校园里的植物

（1）教师提问：有生命的物体中，哪些是植物？你能把它们都找出来吗？

（2）学生分小组在校园中探索寻找植物，并把植物的生活地点和数量标注在学习单的校园平面图中。

【设计意图】学生通过讨论自主建构初始概念，并在探索活动中对植物进行观察、比较、分类并详细记录。

四、处理信息，归纳总结

1. 在校园平面图中，统计全班发现植物的地点，在每个地点上依次标记学生统计到的植物数量。

2. 教师提问：植物都生活在哪里？生活环境有什么特征？

3. 根据班级汇总的结果，归纳发现植物地点的共同特征。研讨得出结论：校园里有很多植物，植物的生活地点各不相同。

【设计意图】通过研讨记录，自主建构植物的生活环境，了解校园植物的种类、分布。

五、表达交流，反思评价

1. 引导学生重点关注汇总的统计数据中，与"紫色的花藤（假的塑料花藤）"和"黄色丝线（菟丝子）"有关的数据统计差异。

2. 研讨各组发现植物数量不同的原因。可以请记录数据最多及最少的小组分别说一说，他们是怎样进行观察记录的。引导学生思考并对比两个小组的记录标准，找出不同之处，再进一步引导学生思考如何判断植物。

【设计意图】对植物的理解不同，数据也会不同，通过有分歧的数据，让学生产生认知冲突：什么是植物？自我监控判定植物的关键标准，为下一课时的学习做铺垫。

【精彩片段】——从数据差异中自我监控，探讨判定植物的标准

师：同学们，学校操场边的植物有多少棵？

生1：我们组统计的是四棵，一棵大树，还有三棵开红花的小树。

生2：不对，我们组统计的是五棵，还有一棵长长的紫色花藤绕在大树上。

生3：那个不算，那个是假的。

师：哦，为什么是假的？

生：它有点奇怪，像是用塑料做的。

师：其他小组呢？你们有什么意见吗？

生：我们组有不同意见，我们认为是六棵，还有一种黄色的，没有叶，也没有杆的东西，绕在小树的树叶上的那个线一样的东西也是植物。

师：这么神奇啊，同学们，你们刚才都看到了"紫色的花藤（假的塑料花藤）"和"黄色丝线（菟丝子）"吗？

生：看到了，我认为有一个不是活的。

师：哪个？

生：紫色的花藤。

师：为什么？

生：它不会死。

师：你认为植物有生命，对吗？

生：应该是有的。

师：紫色花藤是植物吗？

生：可能是。

师：有一些物体，大家不确定它是不是植物，所以各组在同一地点对植物统计的数量也不一样，那到底什么是植物呢？

生：绿色的、活的物体。

师：还有吗？

生：就是很清新的，生活在土里的。

……

【教学评析】

校园环境中实地统计的任务，能够充分调动学生的探究热情，让学生积极投身于观察自然、研究植物的科学活动中，为后续的学习进行铺垫。利用教师提前在校园中安置的观察材料"紫色的花藤（假的塑料花藤）"和"黄色丝线（菟丝子）"，制造学生数据统计的差异。学生聚焦数据讨论，关注对植物的不同理解，在讨论的过程中，自我监控，进一步明晰判定植物的关键标准——有生命。

【学习单】

1.我们每天生活在校园里,校园里有各种各样的物体,哪些是有生命的?哪些是没有生命的?小组讨论分一分类,并记录下来(可以写,也可以画)。

有生命的	无生命的

2.标一标校园里的植物

(1)到校园里找一找,哪里有植物,在所在位置贴上小图标,并标出数量。

(2)说一说:你所找到的植物,它们的生活环境是怎样的?

第 2 课时　塑料花与绿植

核心问题:什么是植物?

【教学目标】

1.认识周围环境中常见的植物,理解植物是一种常见的生命形式。

2. 能依据对比观察，界定植物的概念。

3. 利用多种感官观察植物的特征。

4. 对常见植物的生长现象感到好奇。

【教学重难点】

重点：从不同角度提出对植物概念的认识。

难点：观察、描述植物的特征。

【教学准备】

教师准备：塑料"紫色花藤"、绿植小盆栽、磁铁卡片、多媒体课件等。

学生准备：铅笔、橡皮等。

【教学过程】

一、创设情境

在上一节课中，学生到校园里寻找植物时，对"紫色的花藤（假的塑料花藤）"和"黄色丝线（菟丝子）"是否是植物，存在分歧。教师在课堂伊始，展示这两种物体的图片，请学生回忆自己的观点。

【设计意图】动机激发，通过熟悉的情境唤醒学生已有的经验知识。

二、提出问题

教师展示塑料"紫色花藤"和绿植小盆栽，引导学生发表观点：塑料"紫色花藤"到底是不是植物？

【设计意图】用实际物体激发学生辨别"植物"的兴趣。制造认知冲突，塑料"紫色花藤"拥有与植物相似的外观，但它真的是植物吗？为后续寻找证据论证观点做铺垫。

三、做出假设

学生做出假设：塑料"紫色花藤"不是植物。

【设计意图】在已有假设的基础上制订观察计划并搜集证据，有针对性地解决问题。

四、制订计划

教师布置任务：对比塑料"紫色花藤"和绿植小盆栽的相同与不同之处。请学生讨论制订观察计划。

【设计意图】通过看、闻、摸等多种方式，观察塑料"紫色花藤"和绿植小盆栽，教师根据学生的观察计划进行补充，准备好观察的工具与材料。

五、搜集证据

1. 学生分小组，按照观察计划，对塑料"紫色花藤"和绿植小盆栽的特征进行记录。

2. 教师提醒学生注意运用多种感官共同观察：用眼睛看植物的形状和颜色，用手摸植物的质感，用鼻子闻植物的气味。

3. 教师引导学生将观察到的特征用文字或者图画的方式呈现在磁铁卡片上。

【设计意图】学生在观察的过程中自主建构，形成对植物特征的深入认识。

六、处理信息

1. 教师在黑板上汇总全班学生观察到的塑料"紫色花藤"和绿植小盆栽的特征。

2. 教师介绍维恩图（学习单）的填写规则：相同点写在中间，不同点写在两侧。

3. 教师引导学生将磁铁卡片分别移至维恩图（学习单）的相应区域，以清晰展示塑料"紫色花藤"与绿植小盆栽的相同与不同之处。

【设计意图】通过观察对比活动，论证塑料"紫色花藤"不是植物，绿植小盆栽是植物。

七、结论及交流

学生研讨得出结论：塑料"紫色花藤"虽然与植物的外观相似，但它不是真正的植物。像绿植小盆栽这样，需要养料、阳光、空气，会生长变化的生命体才是植物。

【设计意图】自我监控，深度理解植物的概念，形成观念："植物是一种生命形式"。

八、反思评价

学生分小组研讨"需要养料、阳光、空气，会生长变化的生命体都是植物吗？"

【设计意图】应用迁移，思考其他生命形式的特点。

【精彩片段】——对比塑料"紫色花藤"和绿植小盆栽，引起认知冲突，激发探究兴趣

师：塑料"紫色花藤"是不是植物？

生：我们觉得不是植物。

师：为什么不是植物？

生：因为它是假的植物。

师：真的植物是什么样的呢？

生：像绿植小盆栽这样的。

师：绿植小盆栽和塑料"紫色花藤"有什么相同与不同的地方？

生1：绿植会长大。

生2：塑料花不会长大，不会死。

生3：绿植需要太阳。

师：同学们说得真好，大家认真观察和对比塑料"紫色花藤"和绿植小盆栽，在维恩图里写出更多相同点和不同点。

……

【教学评析】

一年级的学生对植物的认识主要来自图书、家庭种植或对周围环境下意识的观察，比较粗浅和零碎，是从生活经验及常识中获得的笼统认识。

学生即使产生了认知冲突，也还不能用清晰明确的证据支持自己的观点。本片段通过塑料"紫色花藤"与绿植小盆栽的对比观察活动，激发学生的探究兴趣，引导学生从观察中获取证据以支持自己的观点，帮助学生突破日常思维定式，从强烈的生物与非生物特征对比中，体验植物的生命特征，思考什么是植物，从而界定植物的概念。

【学习单】

比较塑料"紫色花藤"与绿植小盆栽的相同与不同之处

请将塑料"紫色花藤"与绿植小盆栽各自独有的特点，分别记录在两侧不重合的部分；将塑料"紫色花藤"与绿植小盆栽相同的特点，记录在中间重合的部分。

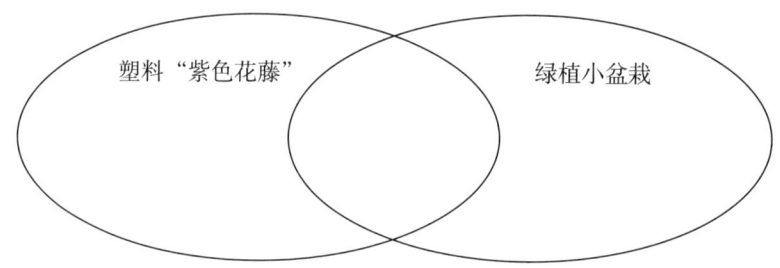

第3课时 一棵完整的植物

核心问题：植物有什么特征？

【教学目标】

1. 认识到植物有根、茎、叶等外部特征。
2. 能用简单的语言描述植物的外部特征，画出一棵植物的简图。
3. 能用多种感官观察植物的外部形态特征。
4. 能如实记录观察到的信息，乐于分享和表达自己的想法。

【教学重难点】

重点：通过观察植物的茎、叶，画出一棵植物的简图。

难点：用科学词汇描述观察到的信息。

【教学准备】

教师准备：菊花盆栽、多媒体课件等。

学生准备：尺子、铅笔、橡皮、学习单等。

【教学过程】

一、创设情境，提出问题

教师出示多媒体课件，并进行谈话：一群小学生到户外去旅游，发现了一棵大树，他们对这棵大树很好奇。同学们，你们知道这是什么植物吗？

生：我知道，是香樟树！

师：你是怎么发现的呢？

生：我在老家见过这种树，它长得很高大，开白色的花。

师：你太棒了！通过观察植物的特点可以帮助我们辨认植物的品种。那我们应该怎样观察一棵植物呢？

教师通过情境引导学生运用多种感官观察植物的不同特点，比如用眼睛看，用手摸，用鼻子闻，用耳朵听，但不能用嘴巴尝。

【设计意图】激发学生的求知欲，希望获得更多信息并表达，使学生产生对植物的感性认识，比如漂亮、绿色、高大等。

二、提出观察植物的方法

学生提出各种观察植物的方法：

方法一：可以用手来摸，还可以用鼻子来闻一闻它的味道……

方法二：观察植物按照从上到下、从外到里的顺序进行，才不会看漏。

方法三：分别观察植物的根、茎、叶等不同结构。

【设计意图】学生通过回忆已有经验展开讨论，产生认知冲突，提高学生的探究欲望。

三、制订计划

（一）师生共同总结观察植物的方法

教师小结：同学们说得非常好。结合同学们的回答，我们可以总结出3种观察植物的方法：

1. 运用多种感官共同观察。用眼睛看植物的形状和颜色，用手摸植物的质感，用鼻子闻植物的气味……

2. 从整体到局部进行观察。首先进行整体观察，站在距植物一定距离的位置，观察其整体形态、高度、宽度以及生长环境。然后进行局部观察，从植物的根、茎、叶、花、果实、种子等部分逐一仔细观察。

3. 观察植物的不同部位时，按照从上到下，由外到里的顺序逐一观察植物不同器官的组成特点。

（二）制订观察一棵植物的计划

1. 学生活动：讨论小组分工。

2. 准备观察工具。

3. 教师提出观察要求和注意事项，比如注意安全，要在规定区域内活动，不能伤害植物等。

4. 学生分组开展观察活动。

5. 各小组展示汇报活动成果。

【设计意图】引导学生把经验梳理成系统化的观察方法，通过自主探究和合作交流，形成自主建构。

四、搜集证据

教师布置任务："观察一株菊花"。

1. 由远及近：观察菊花的颜色、形状、构造。

2. 从整体到局部：观察菊花的茎和叶，在泥土中寻找根。

3. 用多种感官共同观察：观察菊花茎的软硬。

【设计意图】运用已经确定的观察方法、材料和工具，搜集解决问题的证据。

五、处理信息

1.学生开展观察菊花活动,并画一株菊花。在绘制菊花的过程中,按照一定顺序画出植物的结构:茎、叶、根。

2.学生分享作品,并指出植物各部分的名称。

【设计意图】通过画图表达"植物的特征"进行自主建构,培养学生系统、细致、准确观察事物的能力。

六、得出结论,表达交流

1.教师提出问题:通过观察,你发现菊花有什么特征呢?

2.学生研讨,得出结论:菊花由根、茎、叶等不同器官组成。

【设计意图】引导学生通过口述表达"植物的特征是有根、茎、叶",加深对植物特征的认识。

七、总结归纳

学生结合学习单,进一步细致描述植物的特征。

【设计意图】进一步自我监控结论的严谨性。

八、反思评价

教师引导学生思考"菊花的叶都一样吗"的问题,让学生关注叶的特征,感受叶的生长变化。

师:这株菊花的叶都一样吗?

生1:不完全一样。有的叶比较绿,有的比较黄。

生2:有的叶大,有的叶小。

生3:他们虽然大小不一样,但形状很接近。

师:同学们观察得很细致。下节课让我们一起来探讨叶的奥秘。

【设计意图】通过引导学生思考"叶都一样吗",将注意力迁移到植物的生长变化,为下一课的学习做铺垫。

【精彩片段】——系统展示植物，引导学生观察，启发学生思维

师：老师今天带来了一株菊花，同学们想不想看一看？

生：想。

师：从你们的位置上看过来，这株菊花是什么样的？

生：有叶子。

师：除了叶子，你还看到了什么，再说说看。

生：我发现它是绿色的。

师：非常好，还有新发现吗？

生：还有花盆。

师：你觉得花盆是这个植物的一部分吗？

生：不是。

师：那我们再找找看看，这株菊花还有什么？

生：还有茎。

师：哪个是茎？上讲台来辨认一下。

学生指出植物的茎。

师：非常好，这株菊花有茎、有叶，你们还有什么新发现吗？

生：还有根。

师：你看到根了吗？

生：没有，根在土里。

师：根在土里？那怎样才能观察到根呢？

生：把植物拔出来。

师：那我要拔了哦？

生：不可以。

师：为什么不可以？

生：因为拔了它就不能再生长了。

师：你说得有道理，植物是有生命的，不能随便拔。老师在种它的时候,拍到了根在土里的样子,我们一起来看看。

教师出示种植视频。

生:哇,好多根!

师:看来这株菊花上面有叶、有茎,土下有根,想一想还有什么呢?你们想不想近距离观察一下这棵植物?

生:想。

师:那我准备发菊花啦。观察时要注意哦,从远到近观察,先看整株菊花,再看菊花的各个部分,可以看、摸、闻,但是不可以尝哦,观察后,每个小组的同学合作画出这株菊花,画得越仔细越好。

……

【教学评析】

本片段通过观察并绘制菊花盆栽的任务驱动,将科学词汇"根、茎、叶"以及科学观察方法"看、摸、闻"引入;使学生能充分运用感官进行细致的观察,启发学生思维,在观察和记录中初步养成良好的科学思维和习惯。通过该教学过程,学生能够对植物的基本结构有清晰的认识,掌握了基本的观察方法,进而能够独立进行简单的观察,在观察和展示活动中,对大自然和生命产生更深的理解和热爱。

【学习单】

在下面的方框中绘制观察到的菊花示意图。

第4课时 观察一片叶

核心问题：叶有什么特征?

【教学目标】

1. 认识到叶有相同的外部特征，植物的叶是有生命的，会生长变化的。

2. 能比较不同植物的叶，归纳出叶有叶片、叶柄、叶脉等特征。

3. 观察记录叶的外部特征，能用图画记录，并能用简单的语言描述。

4. 对常见植物的外部特征表现出探究兴趣，认同植物的叶是有生命的。

【教学重难点】

重点：观察叶的外部特征，发现叶的生长变化。

难点：通过观察、比较叶，找叶的相同特征。

【教学准备】

教师准备：校园中各种形状的叶（小叶榄仁、羊蹄甲、鸭脚木、杧果等植物的叶），一根长有叶芽、嫩叶、老叶的羊蹄甲枝条，多媒体课件等。

学生准备：铅笔、橡皮等。

【教学过程】

一、创设情境，提出问题

1. 教师出示多媒体课件中的图片，展示不同植物的叶，并提出问题：植物有各种各样的叶，这些植物的叶长得一样吗？

学生思考并回答：不一样。它们的形状和颜色都不同。

教师追问：那不同植物的叶有相同的地方吗？

2. 教师引导学生思考：如何找出叶的共同特征？

【设计意图】通过提出问题产生有效的动机激发，提高学生的学习兴趣。

二、制订计划

1. 学生活动：讨论小组分工。

2. 学生分组领取实验材料和观察工具。

3. 小组活动：观察并记录小叶榄仁、羊蹄甲、鸭脚木、杧果等植物叶的共同特征。

4. 小组汇报展示观察结果。

【设计意图】学生通过观察寻找不同植物叶的共同特征，在活动中形成对新概念、新现象的理解，完成自主建构叶的共同特征的过程。

三、搜集证据

（一）观察不同植物的叶

1. 教师给各小组分发观察材料（小叶榄仁、羊蹄甲、鸭脚木、杧果等植物的叶），找出各种叶的相同点并记录在学习单上。

2. 学生通过观察对比不同植物的叶，发现叶都具有叶柄、叶片和叶脉等部分。

（二）观察羊蹄甲的枝条

教师展示一根长有叶芽、嫩叶、老叶的羊蹄甲枝条，并提出问题：同学们，请仔细观察这根羊蹄甲枝条上的叶，请你们讨论后告诉我这根枝条上的叶有什么不同的地方。

学生进行讨论活动，回答教师提问。

生1：我们小组发现这根枝条上有三种大小不同的叶，小的叶比较绿，看起来比较健康。还有的叶看起来皱巴巴的。

生2：我们小组发现这根枝条上的叶虽然处于不同的生长阶段，但它们都是羊蹄甲的叶。

【设计意图】通过对羊蹄甲枝条上叶芽、嫩叶、老叶这三种叶的观察，搜集证据论证"叶的特征"。

四、处理信息

教师引导学生用画图的方式记录观察到的叶——画出叶柄、叶片和叶脉等。

【设计意图】通过画图表达叶的共同特征和具体形态，让学生深入了解叶的外部形态特征。

五、得出结论

学生研讨"叶有什么特征"的问题，并得出结论：叶有叶片、叶柄和叶脉；叶会生长，会从小长到大，也会经历生老病枯。

【设计意图】自我监控，比较不同的叶，抽取不同的叶中具有的共同特征，建构叶的抽象概念。

六、表达交流

1.教师结合活动，引导学生进行交流讨论。

师：叶在不同生命阶段会呈现不同的特征。那你们知道植物叶的不同结构有什么作用吗？

生1：植物的叶片比较薄，这样可以比较好地吸收光照，制造植物生长需要的养料。

生2：我觉得植物的叶脉应该是用来帮助植物输送水分的。

……

2.教师结合学生回答，总结叶的主要作用：叶能够制造营养。

【设计意图】通过交流讨论，让学生进一步了解叶。

七、反思评价

教师引导学生思考：叶的其他作用，如遮阴、区分植物、制作器具、作为燃料等。

【设计意图】通过思考将知识迁移到叶的生活应用中去。

【精彩片段】——观察叶的特征，捕捉生长证据，丰富学生认知

师：羊蹄甲枝条上的叶相同吗？

生：不相同。

师：哪里不同？

生：有的大，有的小。

师：为什么有的大，有的小？

生：小的叶是刚长出来的，大的叶长了很久。

师：老师理解你的意思是指树叶能长大，对吗？

生：是的。

师：这位同学说，树叶会长大，可以从小长到大，大家同意他的观点吗？

生（一致回答）：同意。

师：这根枝条上的叶还有什么不同吗？

生：颜色不一样。小的叶是红色的，看起来很嫩。

师：红色的、嫩嫩的叶，是刚长出来的，还是长了很久的？

生：刚长出来的。

师：最小的叶有多小？你来给大家指一指。

生：很小，是个小点（学生指向叶芽）。

师：的确很小，这个小点又叫叶芽，是最年轻的叶，那最老的叶又是怎样的呢？

生：是黄色的。这是将要死去的叶，它会落下。

师：你说得真好，叶也会死亡。

……

【教学评析】

本片段通过对比同一枝条上不同生长情况的叶的特征，学生捕捉生长证据，发现叶会生长，会从小变到大，也会经历生老病枯，丰富了学生对叶的基本结构（叶柄、叶脉和叶片）的认知。教学内容选择恰当，既符合学生的认知水平，又能激发学生的学习兴趣。同时将教学内容与学生的生活实际紧密联系,有助于学生将科学知识应用于生活实践中。

【学习单】

1. 观察各种各样的叶

(1)请将与其他叶不同的特征分别记录在五个花瓣圈中。

(2)请将所有叶相同的特征记录在中间的花芯圆中。

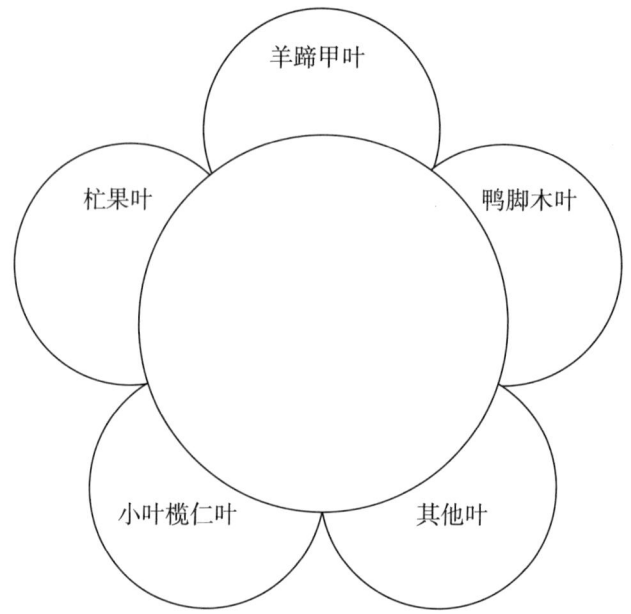

2. 画一片完整的羊蹄甲叶。

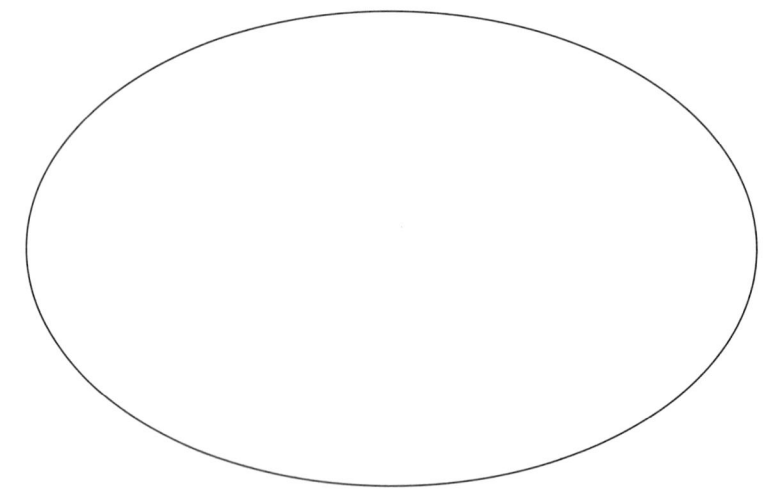

第5课时 生机勃勃的植物

核心问题：植物是活的吗？

【教学目标】

1. 能说出植物需要水分、阳光以维持生存和生长；知道植物是有生命的，具有区别于非生物的特征。

2. 会分析植物的生物特征及结构，理解植物的生长变化过程；会收集支撑性的证据，论证植物是生物。

3. 能利用多种感官观察植物的特征，比较出真假植物的差异；通过搜集证据证明植物是"活"的。

4. 愿意认真听取他人关于植物的观点，勇于表达自己的观点；具有认识和研究植物的兴趣；珍爱生命，爱护身边的植物，意识到保护环境的重要性。

【教学重难点】

重点：植物是有生命的，需要水分、阳光以维持自身的生存和生长。

难点：找到科学的证据证明植物是有生命的。

【教学准备】

教师准备：大蒜、含羞草、牙签、桃树生长视频、多媒体课件等。

学生准备：铅笔、橡皮等。

【教学过程】

一、创设情境，提出问题

教师出示动物图片——兔子进食、孔雀开屏、灰熊招手、熊猫长大等，并提出问题。

师：动物是"活"的，你们可以举几个例子吗？

生：动物会动，会吃东西，会生小宝宝……

师：动物会动，是"活"的，但是植物不会动，那植物是不是"活"的呢？

生：植物是活的。

【设计意图】动机激发，引导学生在好奇心的驱使下，对生活中常见的现象产生兴趣。

二、做出假设

1. 教师提出问题：你们觉得植物是"活"的，怎样证明呢？

2. 学生做出假设：植物是活的，因为植物会长大、会死亡、会开花……

【设计意图】自主建构，初步分清观点与假设，根据问题做出假设，根据假设来寻找证据进行证明。

三、开展活动

1. 学生活动：

（1）分享种植大蒜的经验。教师讲解种植大蒜的方法步骤，种植时的注意事项。学生提出疑问，教师进行解答。

（2）了解桃树一年四季的变化。

①教师提出问题：你们知道桃树在一年四季会发生什么变化吗？

②学生思考回答。

③教师讲解，并通过播放视频的方式介绍桃树一年四季发生的变化。

（3）观察含羞草，论证植物是活的。

学生分小组观察含羞草，并记录自己的发现。

2. 教师引导学生分享自己的发现，并思考：为什么会有这个现象？

【设计意图】通过实践活动，引导学生发现问题，并进行深入思考，进一步理解"植物是有生命的"。

四、搜集证据

（一）分享种植植物的生长记录，对比大蒜和塑料花在数周内的变化

1.教师提问：大蒜有什么变化，你准备从哪些方面来描述它的变化的？

（预设：长出了绿叶，叶越来越大……）

2.教师引导学生回忆活动中是怎样照顾大蒜的？

（预设：浇水、晒太阳等。）

（二）桃花一年四季的变化

教师引导学生展示桃树在春、夏、秋、冬四个季节的变化——春季桃树开花；夏季桃树结果；秋季桃树果实成熟；冬季桃树叶片枯萎、落光，树干变得光秃秃的。

（三）感受含羞草的"动"

教师引导学生用牙签碰触含羞草的叶片，感受植物也会和动物一样"动"。

【设计意图】应用迁移，根据周围环境中可观察到的大蒜和桃树的生长现象，描述植物生存和生长的条件；体验含羞草的"应激"反应，思考植物的"动"。

五、处理信息

教师提问：哪些方面可以让我们知道植物是"活"的？引导学生在学习单中记录。

【设计意图】概念的整体认知，引导学生梳理植物"活"的证据，帮助学生形成系统化观念。

六、得出结论

教师引导学生从种植大蒜和桃花在四季的变化的角度研讨，得出结

论：植物是活的，会长大，会长叶子，会长果实，会枯萎，需要浇水，需要阳光。

【设计意图】概念的整体建构，让学生形成"植物会发芽，会生长，会枯萎，还需要水和阳光"的科学观念。

七、表达交流

教师引导学生从含羞草的角度研讨：植物具有哪些生物的特征？

（预设：植物需要营养、会呼吸、能对外界刺激做出反应等。）

【设计意图】应用迁移，引导学生进一步突破思维定式。

八、反思评价

教师引导学生思考：植物还有哪些生命活动？

【设计意图】引导学生提出不同想法，进一步建构植物有生命的概念，发展学生的发散思维。

【精彩片段】——通过研讨含羞草的"动"，制造认知冲突，初始认识植物是生物

师：人可以吃东西，可以运动，动物可以吃东西，可以运动，那么植物会"吃东西"，会"运动"吗？

生：会。

师：你可以举个例子吗？

生：比如含羞草会动。我们刚才用牙签拨了一下含羞草的叶，它的叶就闭合了。

师：这么神奇！为什么它的叶闭合了？

生1：它害怕了。

生2：不是，它感觉到疼了。

生3：不是，它要抓住牙签。

师：那含羞草喜不喜欢被我们碰触呢？

生：我猜它不喜欢。

师：为什么？

生：因为我平时不喜欢别人碰我的时候，我就会躲开，就像刚刚含羞草的叶要闭合一样。

师：你是说你会对来自外部的干扰做出反应，对吗？

生：是这样的。

师：你认为含羞草也会对外部的干扰做出反应，对吗？

生：我认为是这样的。

师：含羞草会"动"起来，对外部的干扰做出反应，那么所有的植物都会这样吗？

生1：是。

生2：不是，有的植物就不会，比如大树。

………

【教学评析】

本片段通过研讨含羞草的"动"，快速将一年级学生的注意力转移到课堂上来，允分激发学生表达含羞草"应激"反应的体验感受，学生在有趣的对话交流中，从最初的表面模糊概念，逐渐进入自主建构概念，最后教师引导学生对比其他的植物，以此突破思维定式，重组体验，建构对植物生命活动的新认识。在新的争论中，引导学生关注更多隐秘的、长时的、低频的植物生命活动。

【学习单】

我认为植物是_____，我收集到的证据：

1. 植物会长大。

2. _____。

3. _____。

4. _____。

5. _____。

6. _____。

第6课时 形形色色的植物

核心问题：怎样给植物分类？

【教学目标】

1. 认识周边常见的植物，能说出植物的名称和基本特征。

2. 通过分类的方法认识更多的植物。

3. 能够给校园里的植物分类，讨论植物的多样性。

4. 产生认识植物的兴趣，形成珍爱生命、爱护植物的意识。

【教学重难点】

重点：实地观察植物，记录观察结果，并进行汇报交流。

难点：给植物进行分类。

【教学准备】

教师准备：植物的图片、资料，多媒体课件等。

学生准备：铅笔、橡皮等。

【教学过程】

一、提出问题

1. 教师出示校园中植物的图片（至少20种，并描述特征），多角度展示树冠、茎、叶等植物结构。

2. 教师提问：用什么方法可以更快地认识这些植物？

3. 学生通过多种方式寻找问题答案：仔细观察图片、上网查资料、画图询问老师、和同学讨论等。

4. 教师提出问题：看来你们都特别喜欢植物，想不想到校园里认识更多的植物？并引导学生思考：怎么给植物分类呢？需要带什么工具来帮助我们观察和记录呢？

5. 学生讨论外出观察所需要的工具。

6. 教师引导学生整理外出观察时需要的用具，在所需物品后面标明个数，并提示学生保管好观察工具。

【设计意图】引导学生聚焦校园植物，获得大量信息，为后续的观察做好准备工作。

二、制订标准

1. 教师引导学生回忆校园里的植物，初步认识校园里的植物。

2. 教师引导学生思考：怎样给植物分类，怎样使分类更准确？

（预设：按大小、高矮分，等等。需要制订植物分类标准使分类更准确。）

3. 教师引导学生讨论并制订1~2个给植物分类的标准。

【设计意图】引导学生制订植物分类标准，寻找最佳的植物分类方案，为后续活动做好准备。

三、搜集证据

1. 观察校园植物：学生对校园中的植物（20种以上）进行观察，并在学习单中记录。

2. 制订给校园植物分类的标准：分析观察到的植物特征，小组讨论怎样能准确给植物分类，并制订出几个给植物分类的标准。

【设计意图】引导学生在探究实践活动中仔细观察，记录植物的特征，小组讨论，自主建构小组的植物分类标准。

四、处理信息

教师引导学生统计观察到的植物，依据制订的植物分类标准，在学习单中给植物分类。

【设计意图】自我监控，小组能运用自己制订的分类标准，结合观察记录到的植物特征，对校园中的植物进行简单分类。

五、得出结论

1. 小组研讨交流，展示汇报。

2. 学生根据班级统计的数据，讨论得出结论：校园中的植物各有特点，比较它们的相同与不同之处，可以进行分类，分类结果可以帮助我们了解校园植物的分布情况。

【设计意图】通过研讨对比校园植物的分类结果，可以将获得的信息应用迁移到推断校园植物的种类和分布情况。

六、表达交流

教师引导学生交流植物分类结果，从而进一步了解形形色色的植物。

【设计意图】引导学生感受校园植物的多样性，有利于自我监控态度价值观的形成。

七、拓展迁移

1. 教师引导学生思考：科学家是怎么给植物分类的？

2. 学生运用课内外所学知识对身边的植物进行分类。

【设计意图】通过引导学生延伸思考，加深学生对植物分类的认识。通过学生对身边植物的分类，促进新知识的迁移应用、巩固提升。

【精彩片段】——通过观察记录，用多种分类方法"自主建构"植物的种类，认识植物

师：你们观察了多少种植物？

生：21种。

师：你们是怎么给这些植物分类的？

生：我们组将植物分为有叶和没有叶。

师：哪些植物是有叶的？

生：月季、香樟树、羊蹄甲、小草等植物有叶。

师：哪些植物是没有叶的？

生：黄色丝线。

师：那种植物叫菟丝子，非常好，还有别的组分享吗？

生：我们将植物按有根和无根分，我们发现菟丝子是没根的。

师：很棒的发现，还有别的组分享吗？

生：我们组将植物按会动的和不会动的分。

师：哪种植物会动呢？

生：含羞草。

师：你观察得真仔细，还有其他的分类方法吗？

生1：我发现有的植物开花了，可以按有花和无花进行分类。

生2：我看见还有的植物结果了，可以按有果实和无果实进行分类。

……

【教学评析】

教师引导学生聚焦"怎样对校园植物观察和对植物分类"，让学生知道观察植物的方法，并把观察收集到的信息，用多种方法比较，对观察到的样本植物进行简单分类，从而认识植物的特征，自主建构起植物种类的概念，获得更多的植物知识，并能在课堂上交流分享。

【学习单】

1. 校园植物的观察记录表

植物名称	茎	叶						根	……
		叶柄	叶片	叶脉	颜色	形状	边缘		
1.羊蹄甲									
2.									
3.									
4.									
……									

2.给校园植物分分类

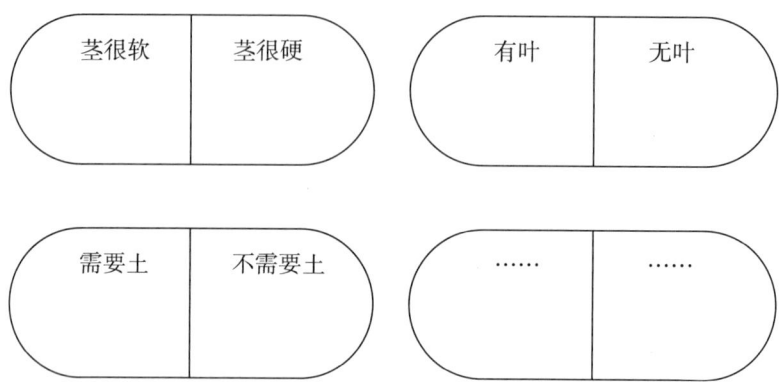

持续反馈与应用设计

项目式作业　种植一株向日葵

【种植任务】

向日葵是一种受人喜爱的植物，它有美丽的花朵，还有用途广泛的果实。你想知道平时吃的葵花籽是怎样长出来的吗？你想知道向日葵的一生有多长吗？让我们一起开启向日葵种植探索之旅吧。春天是适合种植向日葵的季节，请你做一名春耕小园丁，和爸爸妈妈一起播种几颗向日葵种子，认真观察向日葵的每个成长阶段，并用文字和图画记录下来。

【种植方法】

1. 播种时间：在温暖湿润的春季播种向日葵种子。

2. 土壤选择：选择肥沃的土壤，土要松软、平整。

3. 种子选择：家庭种植选择矮秆品种，种子要健康有活力、大而完整。

4. 日常护理：在早晨或晚上浇水，经常除草、松土、施肥，将花盆放在通风、光照充足的地方。

5. 防病虫害：发现病虫害时，可以手捉，也可以用环保型的除虫剂，还可以将受影响的枝叶修剪掉，等等。

【种植记录】

生长阶段	生长时间	向日葵的生长情况	提一个相关的问题
萌发期	大约5天		
幼苗期	30~50天		
花蕾期	大约20天		
开花期	6~9天		
成熟期	25~55天		
我的发现			

单元教学反思

"比较"这种论证方法在本单元教学中出现的频次非常高，可以分为归纳对比和类比两种，下面对本单元教学中出现"比较"论证的教学环节做一个梳理和反思。

一、"证伪的对比"建构植物概念

在第2课时"塑料花与绿植"中，通过比较塑料花与绿植的相同与不同的活动，学生很容易搜集到"塑料花不是植物"的证据。例如，"塑料花不会长大""塑料花不需要营养""塑料花不需要水""塑料花不需要阳光"等。在求证"塑料花不是植物"的同时，也产生了很多"绿植是植物"的直观体验，学生在证伪的过程中，认识了植物的真实特征：植物需要水、阳光、空气、会长大等。从而完成了一个降阶的思维建构活动，做出"植物"的认识界定，形成了植物的初始观念。

二、"求同的对比"归纳植物特征

在第4课时"观察一片叶"中，核心问题是"叶有什么特征？"如果直接让学生观察一种叶，学生跳不出思维定式，会一直停留在描述"绿色、很多、很软"的普遍经验中。在本课时的教学中，设置了认知冲突："寻找四种叶的共同特征"。求同的对比观察活动活跃了学生的思维，他们通过对比各种不同的叶，能很快说出常见植物叶的共性，进而激发学生探寻更隐秘共性的兴趣。通过多轮反复的求同对比，很快便会发现植物的叶具有叶片、叶柄、叶脉等结构特征。

三、"证实的对比"认识常见植物

在第5课时"生机勃勃的植物"中，通过大蒜的种植经验和桃树在一年四季中生长变化的事实证据比较，得出植物有生物的特征，从而论证植物是活的。

四、"求异的对比"感受植物生长

在第4课时"观察一片叶"中，观察一根羊蹄甲的枝条，如果仅仅是随意的观察，学生很难发现枝条上叶的变化规律。但本课时通过对比同一枝条上不同的叶，从叶的颜色、叶片大小的不同，给叶进行分类、排序，从而意识到叶的发育有先后，同一种植物的叶也存在形态上的不同。通过求异的对比，强力聚焦，促使学生获得大量的信息，从而归纳出叶的生长变化规律，获得叶生长变化的观点。在第6课时"形形色色的植物"中，围绕核心问题"怎样给植物分类"，比较茎、叶等特征的不同，给植物简单分类，从而更准确地认识植物。

五、"近似的类比"理解植物活动

一年级学生的表达能力还相对比较弱，对"植物是一个生命体"的认识也比较零散、粗浅，该年级段的学生通常会结合自身经验对外界事物进行对比理解，所以越低龄越趋向于关注与自身相似的事物。依据一年级学生的认知水平，他们很容易接受"动"的动物是"活"的，但是对于"静态"的植物也是"活"的，他们要经历一个从怀疑到求证的过程，在反复求证中自我监控。在第5课时"生机勃勃的植物"中，通过自己和动物的活动类比植物的生长活动，增加植物"动"的知识，同时通过植物的应激反应，采用动静结合的观察方式，加深学生对植物有生命的认识。

在低年级段思维型教学中，学生通过比较提出问题，初步分清观点与事实，通过对比寻找有用的证据，从不同角度提出论证，突破思维定式，重组思维，从而表达自己的想法。通过本单元的教学，我们发现"比较"是一年级学生常用的思维方式，也是学生能够熟练使用的科学论证方法，适合在低年级的科学教学中应用。

案例提供者：罗其洁，深圳市南山区前海小学
　　　　　　吴意婷，深圳市南山区前海小学
　　　　　　陈焕娜，深圳市南山区前海小学
　　　　　　赖增飚，深圳市南山区前海小学
　　　　　　张绪娇，深圳市南山区前海小学
　指导教师：童海云，深圳市教育科学研究院

宇宙中的地球

案例8 我们的地球家园

单元教学内容规划

（一）本单元学习指向的核心概念及学习进阶路线

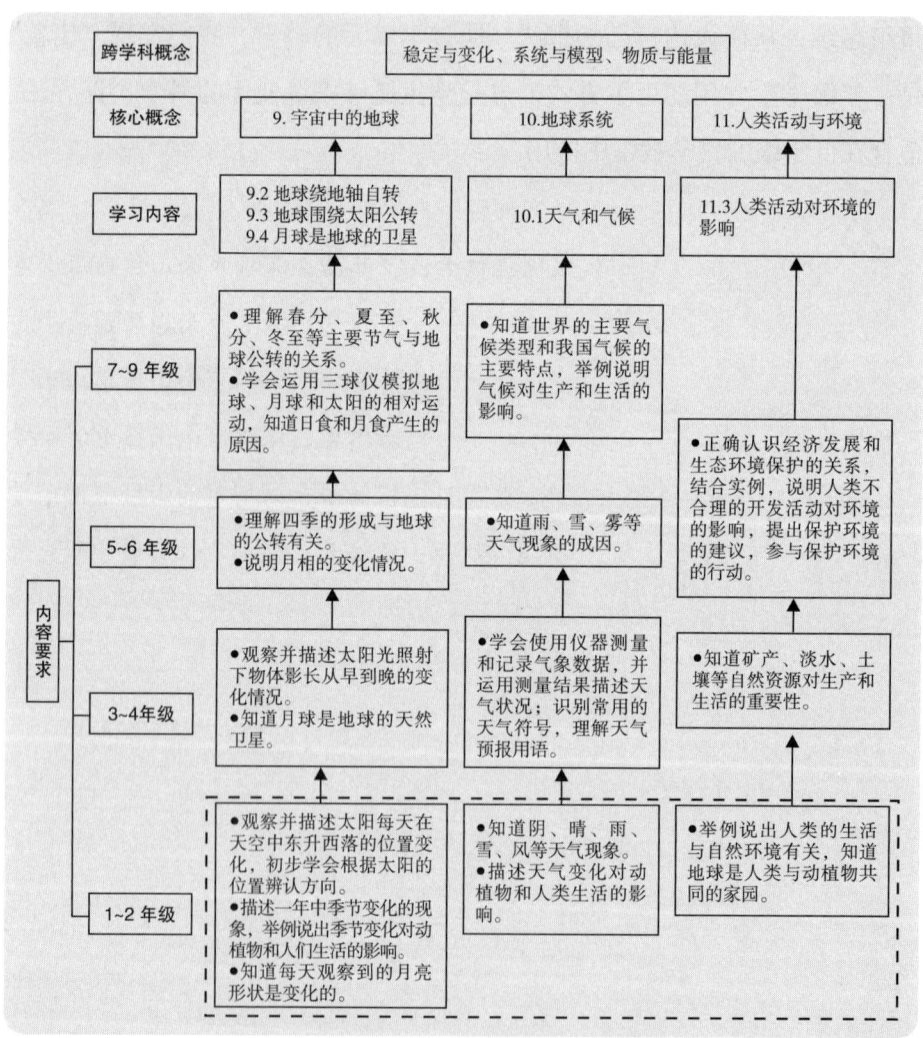

本单元聚焦"宇宙中的地球"核心概念，落实课标中"地球绕地轴自转""月球是地球的卫星""天气和气候"的学习内容要求。

1~2年级通过肉眼直接观察，能用口述或画图的方式，描述观察到的地球构成要素和自然现象及其对动植物和人类生活的影响。

3~4年级学会使用工具、仪器测量和记录影长、气象等数据，得出初步规律；知道自然资源对人类的重要性。

5~6年级能借助地球仪、视频或软件等，认识地球的自转和公转、月相变化和天气现象成因；正确认识经济发展和生态环境保护的关系。

7~9年级能综合运用多种观察手段，用文字、图片、视频等展示日食、月食产生的原因；知道多种环境问题产生的原因及其防治措施。

在层层深入的学习过程中，建构宇宙中的地球核心概念，正确认识地球与宇宙、社会与环境的宏观联系，也有助于学生形成稳定与变化、系统与模型、物质与能量的跨学科概念。

（二）本单元学习内容的组织线索

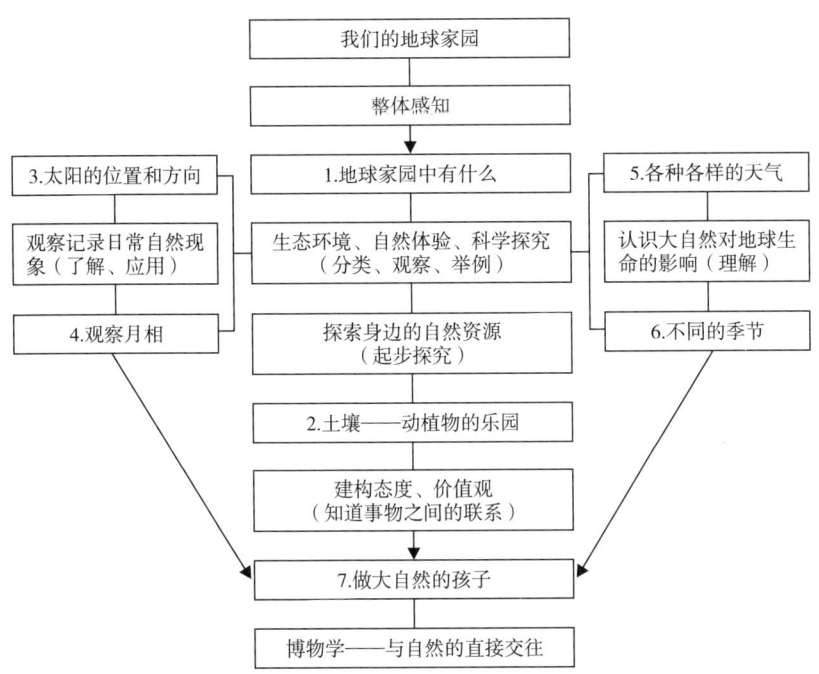

单元学习目标设计

核心素养	学习目标
科学观念	1.知道地球是人类和动植物的共同家园。 2.能描述太阳东升西落、季节变化和月相变化等自然现象，以及它们对动植物和人类生活的重要影响。 3.知道阴、晴、雨、雪、风等天气现象，并能描述天气变化对动植物和人类生活的影响
科学思维	1.能在教师指导下，观察具体事物的构成要素，通过口述、画图等方式，记录和描述太阳东升西落、季节变化和月相变化等自然现象。 2.能在教师指导下，利用太阳的位置分析、辨别二维空间中的东西南北、上下左右，初步建立这些自然现象的规律模型。 3.具有初步证据意识，能举例说明太阳、季节变化等对动植物和人类生活的影响
探究实践	1.能利用多种感官或简单的工具，观察地球家园中的基本要素及各种自然现象，并能对这些要素和现象进行简单的分类和记录，具有初步的收集信息和得出结论的意识。 2.能简要讲述探究过程与结论，并与同学讨论交流。 3.能在教师指导下完成学习任务，进行总结反思，初步养成良好的学习习惯
态度责任	1.能在好奇心的驱使下，对常见的动植物、物质的外在特征，以及生活中的科学现象、自然现象表现出探究兴趣。 2.能如实讲述事实，当发现事实与自己原有的想法不同时，能尊重事实，形成用事实说话的意识。 3.愿意倾听、分享他人的信息，乐于表达、讲述自己的观点，能按要求进行合作探究学习。 4.在观察并记录实验现象的过程中，能尊重事实，积极交流，养成自觉保护环境的意识

单元学习评价设计

"我们的地球家园"评价量表

核心素养	评价指标	评价等级			评价结果
		★	★★	★★★	
科学观念	认识地球家园	认识地球家园中的基本要素	认识土壤上的动植物、太阳位置和月相的变化、地球家园上的天气以及四季变化	认识到地球是人类和动植物的共同家园,太阳位置和月相的变化、地球家园上的天气以及四季变化都对动植物和人类生活有着重要的影响	☆☆☆
科学思维	观察月相变化	能通过观察和记录,用自己的语言描述月相每天是有变化的	能通过观察和分析月相记录,用自己的语言描述月相是逐渐变化的	能通过描述月相变化的过程,初步用文字和图画建立月相变化模型	☆☆☆
探究实践	利用太阳的位置辨认方向	能通过观察,用语言表达或文字图画记录太阳每天在天空中的位置变化	能通过讨论交流,会利用太阳在天空中的位置分析并辨别方向	能借助一定的工具或方法设计并开展实地观察、利用太阳位置辨别方向的活动	☆☆☆
态度责任	认识人类与大自然的关系	乐于观察生活,了解人类的衣、食、住、行离不开动植物提供的资源	认真观察多个地点的动植物,分析动植物和人类的联系,进一步认识动植物和人类的关系	积极参与讨论交流,树立爱护自然资源的意识,并能在课后继续探索动植物和人类的联系	☆☆☆

学生情况分析

从学生的知识体系和学习能力体系上来看,二年级学生的观察与描述能力有了明显的发展,但他们依然处于形象思维阶段,他们的抽象概括能力和语言表达能力还是比较弱,因此教师的指导和帮助就非常重要。除了教科书为学生提供的"科学词汇"外,教师还要注重观察、记录方法的示范和引导,注重提供语言表达的范例。

从学生的年龄结构和心理特征上来看，二年级学生已能初步控制自己的情感和行为，但自制力还不强，意志力较薄弱，活动的自觉性和持久性也比较差，且常与兴趣密切相关。他们对很多事物都充满好奇心，有较强的求知欲，精力旺盛、活泼好动，具有好奇、好动、好模仿等特点。所以，教学时，教师要时常关注学生参与学习活动的热情，多鼓励学生积极参与，允许学生用自己的语言表达想法。在活动过程中，教师需要通过不断巡视来关注学生的观察、体验进展，用学生喜欢的形式（如游戏、积分、奖励等）来促进他们更好地开展观察、体验等活动。

单元学习进程设计

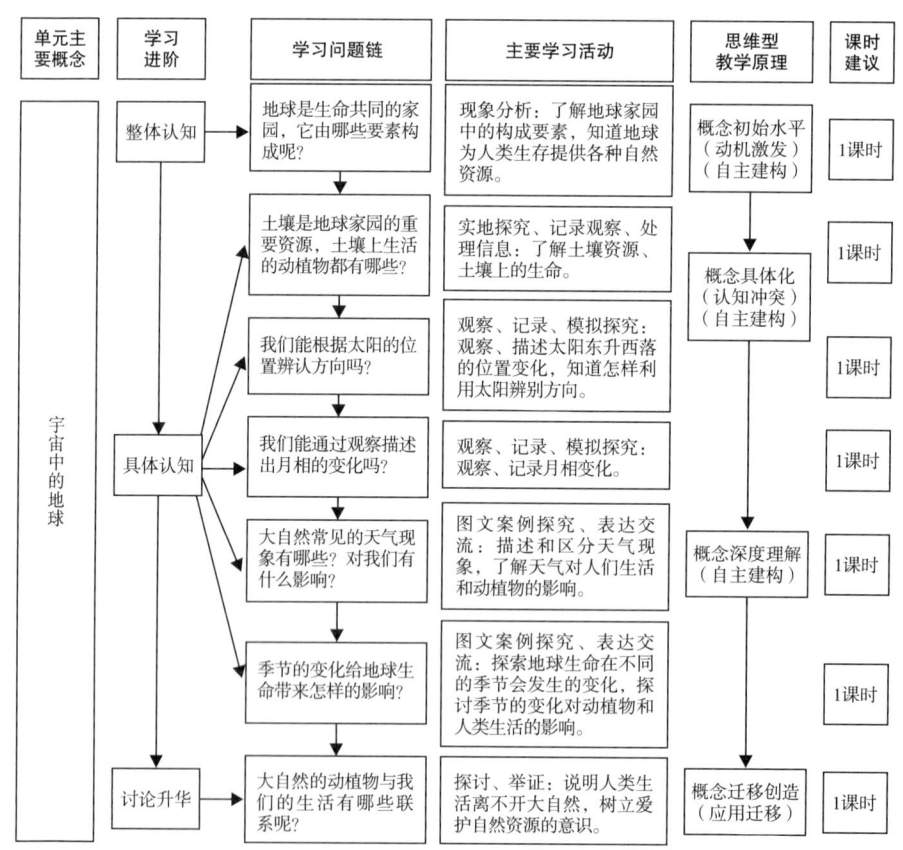

第1课时 地球家园中有什么

核心问题：地球是生命共同的家园，它由哪些要素构成呢？

【教学目标】

1. 知道地球家园中有空气、土壤、岩石、水、动物、植物、人等，知道阳光、空气、水、植物、动物等非生物和生物资源对地球家园缺一不可。

2. 在教师的引导下，通过观察和图文填写地球家园图的方式，描述地球家园中的基本要素；回答简单的问题，如空气的作用、土壤中植物的生长等。培养学生的观察和描述能力。

3. 懂得地球是生命共同的家园，人类的生活离不开地球提供的各种资源，培养学生尊重和保护地球家园的意识。

【教学重难点】

重点：了解地球家园的基本要素，知道阳光、空气、水等对地球家园和人们生活的重要性。

难点：通过观察和简单的图文描述，表达对地球家园的认识。

【教学准备】

教师准备：多媒体课件等。

学生准备：学习单等。

【教学过程】

一、激趣导入

1. 播放纪录片《鸟瞰地球》片段，激发兴趣。

浩渺宇宙中，这颗迷人的蔚蓝星球，就是我们美丽的家园，让我们一起呼唤她的名字——地球！

2. 提问：同学们，你们了解我们的地球家园吗？

教师通过部分图片提示，引导学生说一说对地球家园的认识。

3. 过渡：这节课就让我们一起来认识我们的地球家园。

【设计意图】通过展示视频片段激发学生兴趣,并通过提问引导学生对地球家园进行思考,从而顺利导入"我们的地球家园"这一主题。

二、聚焦:地球家园中有什么?

1. 说一说观看纪录片后,你的感想。

2. 提问:我们的地球家园中有什么?

3. 学生自由发言,回忆和交流自己对地球家园的认识。

4. 教师逐一展示课件上的图片,学生看图回答问题,进一步丰富对地球家园的认识。

5. 小结:我们的地球家园中有草地、森林、山脉、岩石、沙漠、海洋、动物、植物等。

【设计意图】通过观看纪录片、聚焦提问、看图回答问题等活动,引导学生全面认识地球家园的多样性和脆弱性,激发他们保护环境的责任感和使命感。

三、探索:画笔下的地球家园

1. 画一画:翻开学习单,在地球家园图上画出各种事物,用直观的形式表达和记录。

提示:图画简明即可,无须装饰上色。

2. 学生独立地在学习单上用简笔画添加地球家园"成员"。

3. 小组交流:地球家园中有什么?4人小组交流,比一比哪位同学的地球家园内容最丰富,并以这位同学的学习单为基础,共同补充其他同学描绘的地球"成员",完成一幅小组作品。

4. 班级交流:地球家园中有什么?

(1)小组实物投影。

(2)按照学生的汇报完成班级记录表,提示学生给地球"成员"进行分类。如将花草树木归为"植物",将虫鱼鸟兽归为"动物"等;也可以从地球"成员"有无生命、是否天然等标准分类。教师挑选典型的一种标准随机完成板书。

小结：地球家园中有空气、土壤、岩石、水、动物、植物、人等。

5. 提问：站在地球家园往外看，我们能发现什么？

让学生补充与地球家园密切相关、生活中经常见到的现象，比如白云、太阳、月亮等。

6. 补充并完善小组作品。

【设计意图】通过绘画活动，引导学生观察并理解地球家园的多样性，培养学生的科学思维和环保意识，激发他们对自然世界的好奇心和探索欲。

四、研讨：缺一不可的地球"成员"

1. 过渡：同学们画笔下的地球家园是这样广阔美丽、充满生机。目前，我们的地球家园中生活着超过80亿的人，还有多种多样的动物和植物，以及阳光、空气、煤炭、石油等丰富的自然资源。

提问：这么多的地球"成员"，缺少一种可以吗？

2. 用"如果缺少了_____，会_____"的方式说一说自己的想法。

3. 小结：在我们的地球家园中各个事物之间是相互联系的，阳光、空气、水、植物、动物等缺一不可，人类离不开地球家园上的各种自然资源。

4. 时事拓展：播放某化工厂泄漏事件视频。

小结：视频中的化工厂发生泄漏，导致附近河流和地下水受到污染。该事件引起居民担忧，专家预测该事件可能对生态系统造成长期影响。这再次提醒我们工业安全很重要，我们每个人都有保护地球家园的责任。

【设计意图】通过直观、互动的学习方式，让学生深入了解并感受到地球的多样性与丰富性，强化学生的环保意识和保护家园的责任感。

五、拓展：亲近自然，探索家园

1. 提问：如果到田野、山坡、森林里，我们还能看到地球家园中有什么？

学生自由回答。

2. 教师组织学生进行校内观察，完善学习单。（视具体教学时间是否充足而决定此环节是否开展。）

3. **课外拓展**：在家长的带领下，到户外观察地球家园中还有什么，进一步完善学习单。

【设计意图】通过观察与探索，让学生直观感受地球的多样性和丰富性，从而激发好奇心和探索欲望，提升学习兴趣，培养学生对自然的敬畏和爱护之心。

【精彩片段】——利用"系统与模型"的跨学科概念，描绘地球家园的基本要素

师：同学们，地球家园中有什么？相信你的简笔画里已经有了自己的答案。现在，让我们以4人小组形式进行交流，先比一比哪位同学的地球家园内容最丰富，然后以这位同学的学习单为基础，共同补充其他同学描绘的地球"成员"，完成一幅小组作品。

（学生小组活动，教师巡视指导。5~8分钟后，组织小组展示。）

师：好，时间到。现在，请大家以4人小组的形式展示你们的作品。

生：我们画了一座山，山上有树木和动物，山下有一条河，河里有鱼。我们还画了空气和土壤。这个山就是汨罗的神鼎山。

师：很棒！这一组描述了一个家乡本地的生态系统，结合了我们的生活经验。

生：我们画了一片大森林，森林外面是大草原，都是绿色的，还有一片蓝色，这个是大海，森林、大海包围着草原。我们还画了岩石和空气。

师：哇！这一组的作品非常宏大，描述了陆地和海洋的关系，非常棒，海洋包围着陆地，描述准确，我们的地球表面约70%是海洋。

生：我们画了一块岩石，岩石上长了一些小草和小花，有蝴蝶在这里飞舞，它在采花蜜。这里是一个蚂蚁窝，里面有很多蚂蚁，它们会吃这些植物，还有虫子。

师：这一组用一个小的生态视角描述了岩石与植物、动物的关系。以小见大，视角很特别哦！

生：我们画了一片农田，田地里有庄稼，空中有飞的小鸟，地下有土壤，土里还有蚯蚓。田里有人，他们在种田。春天的时候播种，秋天就可以收获了。

师：非常好，描述了人与土地的关系，还讲到了季节和植物的生长。

……

师：通过同学们的作品，我们更加了解了地球家园中的各种要素，包括陆地、水域、岩石、空气、土壤、动物、植物和人等。希望大家都能够珍惜和保护我们的家园。

【教学评析】

这个教学过程利用"系统与模型"的跨学科概念，让学生描绘了地球的陆地、水域、岩石，并在适当的位置标注了空气、土壤、动物、植物和人等，再用简单的语言解释填画的内容。通过图文填画的实践活动，学生在直观的图示中认识和描述了地球家园中的基本要素。这种方式激发了学生的创造力和表达能力，展示了学生参与实践探究的积极态度和学习兴趣。

【学习单】

我们的地球家园中有什么？请你在下面的图中画一画。

第 2 课时 土壤——动植物的乐园

核心问题：土壤是地球家园的重要资源，土壤上生活的动植物都有哪些？

【教学目标】

1. 知道土壤上生长着许多植物，土壤表面和土壤中生活着许多动物。

2. 通过观察校园花坛中的土壤，在教师的指导下，对土壤表面和土壤中的动植物进行细致、全面、有顺序地观察和记录，并用自己的语言描述和交流观察结果，培养学生的观察和记录能力。

3. 培养学生对土壤及其中生活的动植物的尊重和保护意识。

4. 通过小组合作进行观察和讨论，培养学生的合作意识。

【教学重难点】

重点：学会观察和记录土壤表面及土壤中的动植物，能用自己的语言描述观察结果，并与同学交流。

难点：能用文字或图画记录观察到的动植物，理解并培养对土壤及其中的动植物的尊重和保护意识。

【教学准备】

教师准备：多媒体课件等。

学生准备：放大镜、橡胶棒、小铲、塑料饲养盒、学习单等。

【教学过程】

一、激发兴趣，聚焦问题

1. 谜语激趣导入。

教师出示谜语：

小草靠它来发芽，小树靠它把根扎。

盛在盆里花开艳，农民伯伯都靠它。

地球家园里无数的生命，都依靠它繁衍生长，它就是土壤。

2. 提问：作为地球家园的重要资源，你们知道土壤有什么作用吗？

学生自由回答，比如可以用来盖房子，制作砖瓦、陶瓷，还可以给植物提供营养，给动物提供栖息地等。

3. 提问：你们知道土壤中有什么吗？

学生自由发言，可以从土壤的成分和居住在土壤中的生物两个方面回答。

小结：土壤中含有水、空气等物质。土壤是地球家园的重要资源，是动植物的乐园。

4. 过渡：今天我们将到校园里进行观察，看一看生活在那里的动物和植物都有哪些。

【设计意图】通过谜语导入，激发学生对土壤的好奇心和探索欲望，再用提问和讨论，引导学生理解土壤的重要性及其组成，为后续的实地观察活动做铺垫。

二、探索：校园观察行

（一）探究准备

1. 讨论活动要求和注意事项。

学生自由推测和发言。

2. 教师进行活动提示：细致，全面，有顺序，不伤害。

（1）细致是指能够耐心、仔细地观察土壤中动植物的特点。

（2）全面是指能够全方位地观察土壤上和土壤中的动植物。

（3）有顺序是指能够按照一定的顺序观察，比如先观察土壤上直接可见的，再观察落叶下的，最后观察土壤里面的，观察动植物可以先观察整体再观察局部。

（4）不伤害是指不要伤害小动物和植物。

3. 校园观察活动指导提示。

（1）携带材料及工具：学生学习单每人一份，放大镜、橡胶棒和小铲每小组一套，观察时小组同学之间合作使用。

（2）活动场地：教师提前踩点安排，选择有多种植物和小动物的土壤，并事先对该场地的植物进行识别，以便学生提问时可以回答。

（3）分组要求：以组长为首，小组成员集中在某个地点进行观察，禁止单独行动和胡乱奔跑。

（4）观察顺序：先观察土壤上直接可见的，再观察落叶下的，最后观察土壤里面的，观察动植物可以先观察整体再观察局部。

（5）记录要求：在学生学习单上记录动植物的名称、数量和发现地点，遇见不认识的动物或植物，可以记录特征或画简图记录。

（6）注意事项：遵守纪律，注意自身安全，不要伤害小动物和植物。

（二）探究活动：观察土壤表面的动植物

1. 目的：通过观察土壤表面的动植物，了解它们的特征及活动。

2. 步骤：

（1）带领学生来到花坛前，分组观察土壤表面的动植物。

（2）引导学生使用放大镜仔细观察，记录所见动植物的特征和活动，并填写学习单。

（3）指导记录。

（三）探究活动：观察土壤中的动植物

1. 目的：通过观察土壤中的动植物，了解它们的特征及活动。

2. 步骤：

（1）每个小组在花坛中找到一块土壤样本。

（2）引导学生使用小铲等工具小心地挖取土壤样本。

（3）让学生细致地观察土壤样本，记录所见动植物的特征和活动，并填写学习单。

【设计意图】通过实地观察和记录活动,让学生能亲身体验并深入了解土壤表面和土壤中动植物的特征及活动,培养学生的科学观察能力和生态环境意识。

三、研讨:观察分享会

1. 你发现了多少种依靠土壤生长和生活的植物和动物?

2. 学生上台描述,投影学习单。

(呈现形式:教师事先做好土壤的底图,学生介绍动植物"居民"时,将老师准备好的动植物图片贴到相应位置。)

3. 评价小组的观察过程。

4. 校园里的土壤上生长着很多植物,也生活着很多动物。如果小蚂蚁没有了土壤会怎样呢?桂花树没有了土壤会怎样呢?

小结:土壤是我们地球家园很重要的资源,地球家园中很多动植物都要依靠土壤生存。

5. 课件展示被污染的土壤照片。土壤是我们地球家园的重要资源,可并不是所有土壤都是动植物的乐园。这里的土壤怎么没有植物生存?

提问:看完这些照片你们有什么想法?

小结:我们要爱护大自然,减少污染,保护土壤。

【设计意图】通过研讨活动,让学生认识到土壤对动植物生存的重要性,同时培养学生的观察力和环保意识,鼓励他们参与保护土壤的行动。

四、拓展:观察蚯蚓盒子

1. 提问:土壤中的动植物"居民"是怎样生活的呢?

2. 观察蚯蚓:示范制作蚯蚓观察盒子。

3. 布置回家制作蚯蚓或者蚂蚁的观察盒,并进行长期的观察和记录,加深学生对土壤与生物之间关系的认识。

【设计意图】通过提问引发学生思考，并鼓励学生亲自动手制作观察盒来长期记录土壤中的生物，从而深刻理解土壤与生物之间的相互关系。

【精彩片段】——聚焦动机激发、自主建构，观察并记录土壤中的动植物特征及活动

师：同学们，我们来进行一个有趣的探究活动，就是观察土壤中的动植物，了解它们的特征及活动。首先，我们需要准备一些工具，比如小铲、放大镜等。请大家准备好这些工具，我们就要开始挖取土壤样本了。

师：大家在挖取土壤样本的时候，要注意轻轻地挖，不要伤害到土壤中的动植物，并用放大镜仔细观察土壤样本。

生：老师，我发现土壤样本中有蚂蚁。

师：很好，大家注意观察蚂蚁的特征和活动，并记录下来。

生：老师，我还发现了一条蚯蚓。

师：对的，蚯蚓也是土壤中的"居民"，它们能帮助疏松土壤。

生：老师，我还看到了一些草的根。

师：是的，土壤中的"居民"除了动物还有植物，植物就是通过根来吸收土壤中的水和养分的。大家注意在填写学习单的时候，要把所看到的动植物的特征和活动详细地记录下来。填写完后，我们可以一起分享大家的观察结果。

师：大家观察得都非常仔细。现在我们来进行分享，请大家把自己观察到的动植物的特征和活动说出来。

生1：我观察到蚂蚁的触角很长，它们在土壤中忙碌地走来走去，还在土壤中挖洞呢！

生2：我观察到蚯蚓的身体是圆柱形的，它们在土壤中蠕动，还能分泌黏液，使土壤变得松软。

生3：我观察到草的根深深地扎在土壤中，它们是白色的，看起来很脆弱。

生4：老师，我还发现了一个问题。

师：哦，发现了什么问题？

生4：我发现土壤中还有一些垃圾，比如塑料袋、纸片等。

师：垃圾也开始侵占动植物的乐园了，它们对土壤和动植物有很大的危害。

生4：我知道了，老师。我们每个人都应该爱护环境，保护土壤，不让垃圾进入土壤中。我们要保护土壤，保护动植物，让它们在干净的环境中生活。

师：对的，让我们共同努力，保护我们美丽的地球吧！通过这次探究活动，我们了解了土壤中动植物的特征和活动。希望大家都能爱护环境，保护土壤中的动植物。

【教学评析】

通过实践观察的方式，让学生更加直观地了解土壤对动植物生存的重要性，从而增强他们对生态环境保护的意识。通过实际操作和观察，学生不仅提升了动手能力，还锻炼了科学思维和观察能力；同时，也激发了学生对科学的兴趣和好奇心，促使他们更加主动地去探索未知，为未来的学习和生活打下了坚实的基础。

【学习单】

1.观察土壤表面的动植物，填写下表。

动植物名称	特征及活动

2. 观察土壤中的动植物，填写下表。

动植物名称	特征及活动

第3课时 太阳的位置和方向

核心问题：我们能根据太阳的位置辨认方向吗？

【教学目标】

1. 知道太阳能够发光、发热，太阳的光和热对植物的生长、动物和人类的生存有着重要影响。

2. 会通过观察，用语言表达或文字图画记录太阳每天在天空中的位置变化，会利用太阳在天空中的位置分析并辨别方向，会举例说明太阳对动植物和人类的影响。

3. 能借助一定的工具或方法设计并开展实地观察活动，能按照要求进行合作探究，乐于表达和分享观察结果。

【教学重难点】

重点：会利用太阳的位置辨别方向。

难点：探索怎样利用太阳辨别方向。

【教学准备】

教师准备：多媒体课件等。

学生准备：卡纸，东、南、西、北、清早、中午、傍晚卡片，学习单等。

【教学过程】

一、激发兴趣，聚焦问题

1. 出示谜语：有位老公公，一副红面孔，天亮就出工，从东忙到西，傍晚才收工。引出本课探究对象——太阳。

2. 提问：你们观察过太阳运动吗？是怎样观察的？（师生交流后提醒学生不要用眼睛直接观察太阳，以免灼伤眼睛。）

3. 观看"太阳位置变化"视频：我们观察到的太阳有什么特点？

学生自由发言，回忆和交流自己对太阳的认识。

4. 小结：太阳为我们的地球家园带来光和热，它在天空中的位置会不断变化（东升西落），我们能根据太阳的位置辨认方向吗？这节课我们一起来探究太阳的位置和方向。

【设计意图】通过谜语激发兴趣，引出太阳作为探究对象，并通过提问和观看视频，引导学生聚焦太阳位置变化的问题，为后续探究太阳的位置和方向做铺垫。

二、探索利用太阳位置辨认方向

（一）初步探究，寻找方法

1. 提问：我们能根据太阳的位置辨认方向吗？怎样辨认？

（预设：学生会联系到太阳的东升西落，能够说明早上太阳升起的方向是东边，傍晚太阳落下的方向是西边。）

2. 追问：找到了"东"和"西"两个方向，那怎样找到"南"和"北"呢？（学生在此处会有困难，教师引导。）

3. 教师出示幻灯片引导：指出"清早""中午"和"傍晚"时太阳所在的位置，并在此基础上补充"北"的位置。

4. 提问：清早，面向太阳，我们的前后左右各是什么方向？（学生尝

试解答）

5. 引导：有些同学对方位记不清，我们可以利用"上北下南，左西右东"制作一个十字方位盘来帮助我们判断。（学生利用卡纸动手制作）

6. 提问：方位盘做好了，怎么利用它帮助我们辨认方向呢？（学生讨论）

小结：清早，面向太阳，前面是东，我们把方位盘的东方与太阳出来的方向重合，很快就能知道后面是西，左面是北，右面是南。

7. 提问：中午和傍晚怎样利用太阳来辨别方向呢？请同学们也借助手中的方位盘试着辨认一下。

小结：中午，我们面向太阳，前面是南，后面是北，左面是东，右面是西。傍晚，我们面向太阳，前面是西，后面是东，左面是南，右面是北。

（二）游戏实践，内化方法

1. 说明"太阳帮我辨方向"游戏步骤。

（1）以小组为单位（8人一组），到操场找一个太阳能够照到的区域展开活动。

（2）小组讨论，根据当时的时间和太阳在天空中的位置判断"东""南""西""北"四个方向。

（3）"东""南""西""北""清早""中午""傍晚"7张卡片分别由7名同学拿着，剩下的一名同学指挥7名同学站成一个圆圈，这名同学站在圆圈的中间，7名同学根据太阳的位置站在正确的方向上。

（4）8名同学轮流站在圆圈的中间，面对不同时间的太阳，辨别自己前、后、左、右的方向。

2. 学生分组活动，同时完成学习单。

【设计意图】引导学生通过实际操作和体验，深入理解并学会利用太阳的位置来辨别方向。

三、课堂研讨，整理方法

1. 思考：一天中，太阳在天空中的位置是怎样变化的？我们是怎样利用太阳辨别方向的？早、中、晚什么时候最热？我们是怎样知道的？

2. 学生自由表达观点，可以选择其中一个问题进行回答，不一定要按顺序选问题。

3. 教师根据学生的回答进行概括：太阳每天有规律地东升西落，人们根据它清早在东边、中午在南边、傍晚在西边来辨别方向。

【设计意图】通过引导学生观察和思考，帮助他们理解自然现象，建构空间概念，培养科学素养和实践能力，同时增强他们的时间观念。

四、拓展交流，深化认知

1. 提问：太阳能发光、发热，对动植物和我们的生活有影响吗？

2. 师生交流：引导学生从正反两方面举例阐述。

（可利用课件中太阳对动植物和人类的影响举例说明。）

3. 小结：太阳的光和热对植物的生长、动物和人类的生存有着重要影响。

【设计意图】通过提问和讨论，引导学生深入思考太阳对动植物和人类生活的影响，从而深化对太阳重要性的认知。

【精彩片段】——聚焦自身认知，通过"太阳帮我辨方向"游戏，内化利用太阳位置辨别方向的方法

师：同学们，我们来玩一个"太阳帮我辨方向"的游戏。请以8人为一组，到操场上阳光充足的地方集合。

师：现在请你们根据当前的时间以及太阳在天空中的位置来判断出东、南、西、北这四个方向。大家讨论一下吧。

生1：现在快到中午了，太阳应该在南方。

生2：对，我们可以先确定南方，然后顺时针依次是西方、北方和东方。

师：我看到很多同学通过自己的推理已经找到了基本的方向。接下来，请7名同学分别拿起"东""南""西""北""清早""中午""傍晚"的卡片，剩下的那名同学负责指挥，让大家根据太阳的实际位置站成一个圆圈。

生：我们应该怎么站呢？

师：现在是中午，太阳在南方，那么拿"南"卡片和"中午"卡片的同学站在圆圈中太阳在的那一边，其他同学根据手中的卡片依次找好自己的位置，剩下的那名同学负责指挥。

生：现在我们都站好了！

师：最后一步，请小组内的每一个同学轮流站在圆圈中间，面对不同时间的太阳，辨别自己前、后、左、右的方向。这样，你们就可以亲身体验如何利用太阳来确定方向了。

生：听起来真的很有挑战性！我迫不及待想开始了！

师：很好，保持这种积极的探索精神！在进行活动的时候，记得注意安全，合理分工，相互合作。如果在活动中遇到任何问题，随时可以来找我。

【教学评析】

通过游戏的方式激发学生的兴趣，并且让学生亲历探究活动，借用真实和模拟的场景，确保学生能在自己熟悉的环境下，真正弄清太阳的具体位置和准确的方向，让学生能够通过学科学、用科学，去解决生活中的实际问题，达到学以致用的目的。同时，学生的科学观察、科学推理、科学验证等思维能力也得到了提高。

【学习单】

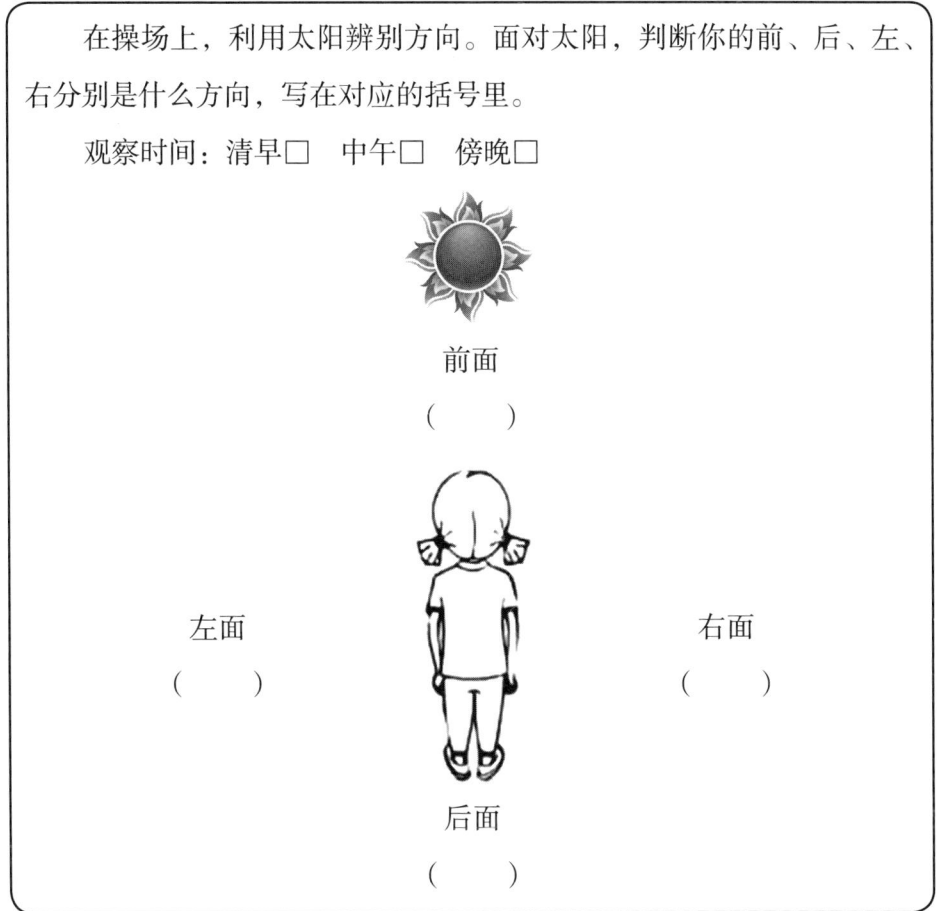

　　在操场上,利用太阳辨别方向。面对太阳,判断你的前、后、左、右分别是什么方向,写在对应的括号里。

　　观察时间:清早□　中午□　傍晚□

前面
(　　)

左面
(　　)

右面
(　　)

后面
(　　)

第4课时　观察月相

　　核心问题:我们能通过观察描述出月相的变化吗?

【教学目标】

　　1.知道不同的夜晚月相可能不同,月相是逐渐发生变化的。

　　2.能通过观察月相,记录和描述月相变化的过程,初步用文字和图画建立月相变化模型。

3. 能坚持观察月相，并根据不同的记录方法开展月相记录。愿意倾听、分享他人的信息，乐于表达、讲述自己的观点。

【教学重难点】

重点：观察和识别不同的月相，能记录月相的变化并用简单的方式描述。

难点：能准确理解月相变化的周期性及规律性，有持续观察并记录月相变化的耐心和实践能力。

【教学准备】

教师准备：多媒体课件、月相板贴等。

学生准备：学习单、黏土等。

【教学过程】

一、激发兴趣，聚焦问题

1. 观看视频：月亮姑娘做衣裳。

2. 提问：月亮姑娘为什么总是穿不上衣服？（师生交流）

3. 提问：月亮是怎样变化的呢？

学生自由发言，回忆和交流自己对月亮变化的认识。

4. 小结：我们看不到月球暗的部分，看到的是月球明亮的部分，它有时候像小船，有时候像圆盘……我们看到的月球明亮部分的形状叫月相（板贴演示）。

月相变化示意图

5. 今天我们的课题就是观察月相。

【设计意图】通过播放视频和提问，激发学生的好奇心，引导他们探索月相变化的现象和原因，进而导入课题，为后续学习打下基础。

二、探索月相变化

（一）初步探究，寻找方法

1. 提问：你平时看到的月亮是什么样的？（学生描述月相。）

2. 教师出示学习单：画出你记忆中的月亮。

3. 选择几张学习单投影展示，请学生描述一下自己画的月亮。（板贴）

（二）游戏实践，内化方法

活动：捏月相，体会月相变化。

1. 疑问引入：不同夜晚的月相变化。

A. 各种各样的月相，是在同一个晚上出现的吗？（预设：不是。）

不同夜晚的月相相同吗？（预设：不同。）

B. 你观察过连续 2 天晚上的月亮吗？有变化吗？能确定吗？如果不能确定怎么办？（实践观察）

2. 观察照片记录。

先看一看老师的实践记录，一张一张地看，再把照片按时间顺序排列在表格中。

老师的记录有好几天是空白，记录不完整。可能是什么原因？（预设：阴雨天。）

3. 提问：中间空白的一天，你觉得这一天的月相会是怎样的？

活动：推测并用黏土捏出空格中的月相，把月相记录补充完整。

（1）4 人一组，讨论推测空格中的月相是什么样的。

（2）每人捏 1 个月相。

（3）观察整张月相记录，讨论：你有什么发现？

4. 出示月相的概念，揭示课题。

【设计意图】通过学生的亲身实践和观察，激发他们对月相变化的好奇心；通过画月亮、捏月相等活动使他们直观感受月相的变化规律，从而更深入地理解和认识月相的变化。

三、研讨：描述月相变化，发现月相是逐渐变化的

1. 展示月相图成品，请同学们观察。

提问：能看出连续的几天中，月相是怎样变化的吗？你还有什么发现？

2. 如果一直继续观察，月相会怎样变化？能确定吗？如果不能确定怎么办？（实践观察）

（通过连续观察月相且比较完整地展示，让学生体会到月相可能是逐渐变化的，并提出到实践观察中去确认。）

【设计意图】通过展示月相图，引导学生观察月相的变化，从而理解月相可能是逐渐变化的。

四、记录：布置观察任务，学习记录方法

1. 布置观察任务。

让学生去实践观察。

任务单——亲子活动：观察月相。

完成学习单。

2. 如果看不到月亮怎么办？该怎么记录？

（1）学习记录方法1：画月相。

学习记录月相方法。（微课）

（2）介绍记录方法2：剪月相。

【设计意图】增加亲子互动，促进家庭教育；培养观察力和耐心，学习持续观察自然现象。

【精彩片段】——聚焦自身认知，通过"用黏土捏月相游戏"，体会月相的变化

师：同学们，我们来看一下老师的这张月相记录表。我们会发现有些天数的记录是空白的,没有照片。你们能猜一猜这是为什么吗?

生:可能是因为那些天是阴雨天,外面太暗了,所以拍不到照片。

生:我想可能是新月,因为新月在每个农历的月初都看不到。

师:你们说得都有道理!现在,请你们分成4人一组,讨论一下你们认为空白的这几天的月相会是什么样子,并且用黏土捏出你们心中的月相。

师:大家都捏得很漂亮,我们一起来看一看你们捏出来的月相是属于哪一个空白的呢?我们先来看一看初八这一天。大家觉得这一天的月相会是怎样的呢?

生:我捏的是半圆。

师:为什么你捏的是半圆?

生:因为我发现从初一到十五,月亮先出现一弯细细的月牙,然后逐渐变粗,直到变圆。初八在初一和十五的中间,所以这一天应该是半圆。

……

师:现在请你们观察整张月相记录,并讨论一下,你们发现了什么规律?

生:我们发现,从新月到满月,月相的变化是有规律的,新月看不到,然后是峨眉月、上弦月,渐渐地月亮越来越圆,最后是满月,满月之后亮面又越来越小。

师:非常好!你们通过自己的观察和动手操作,发现了月相变化的规律。这正是科学探究的魅力所在。

【教学评析】

借用黏土捏月相让学生更好地体会月相的变化,确保学生在观察图片及亲手操作时所体验的乐趣,真正弄清楚月相的变化。通过捏月相,帮助学生建构月相系统与模型的概念,同时初步了解月相的成因。在活动过程中,培养学生的证据意识以及推理能力。

【学习单】

根据观察到的月相，涂黑下面的圆圈，并在横线上写出观察的日期。

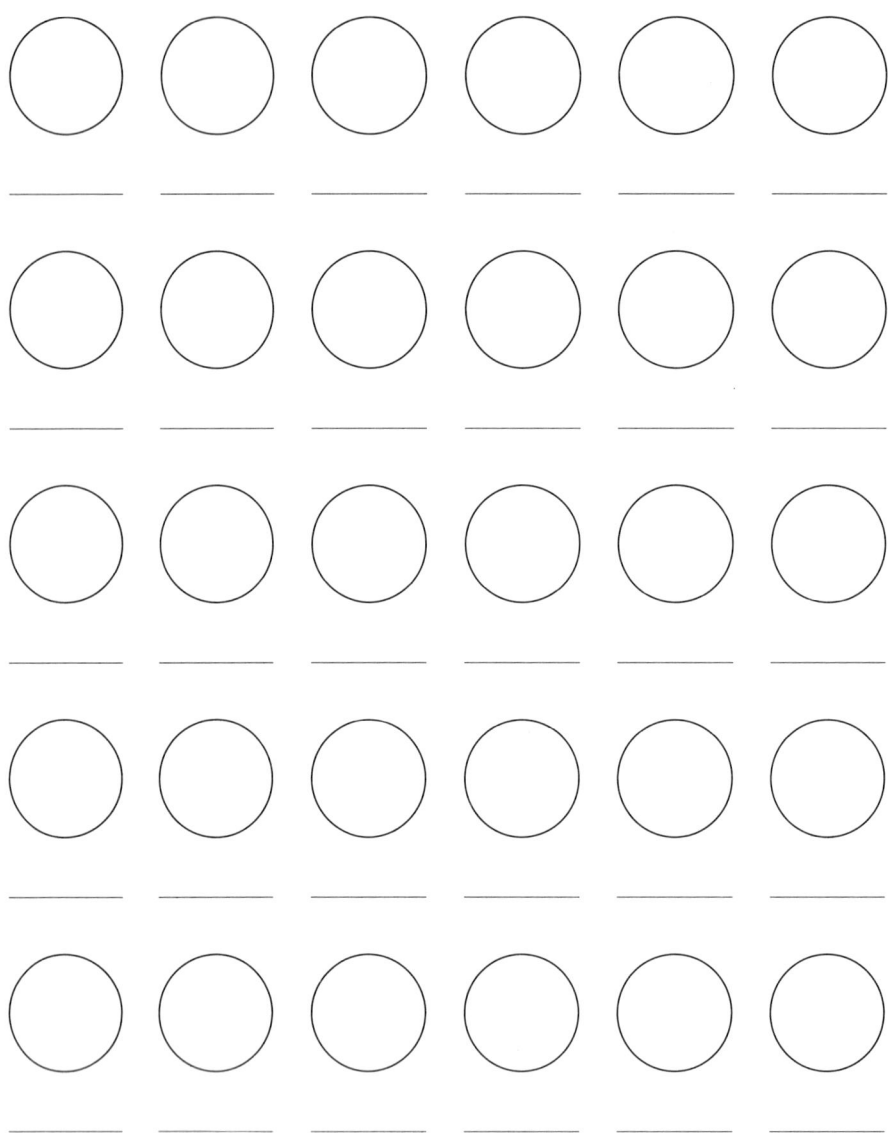

第5课时 各种各样的天气

核心问题：大自然常见的天气现象有哪些？对我们有什么影响？

【教学目标】

1. 通过观察与比较各种天气，知道阴、晴、雨、雪、风等天气现象，认识到天气变化会影响动植物和人类的生活。

2. 在教师引导下，能用自己的语言描述阴、晴、雨、雪、风等天气现象的主要特征并进行区别。

3. 对探究天气现象充满兴趣，愿意倾听、乐于表达。

【教学重难点】

重点：理解与辨识不同的天气现象（阴、晴、雨、雪、风等）及其特征。

难点：理解并举例说明天气变化对动植物和人类生活的影响。

【教学准备】

教师准备：多媒体课件（包含各种不同天气图片、天气变化相关视频）、板贴等。

学生准备：学习单等。

【教学过程】

一、激发兴趣，揭示课题

1. 播放一段大自然现象的视频（雷阵雨、闪电、大风等）。

2. 提问：你知道视频中出现的是什么天气吗？

（预设：雷阵雨、闪电、大风等。）

3. 追问：你还知道生活中有哪些不同的天气现象？

（预设：晴、雨、多云、雪……）

4. 揭示课题：我们地球家园的天气现象各种各样，今天我们就来学习各种各样的天气。

【设计意图】通过播放自然现象视频激发学生学习的兴趣，再利用提问引导学生回忆不同天气现象，从而引出课题。

二、描述和区分天气现象

1. 初识天气

（1）播放一段全国的天气预报。

（2）提问：从视频中你知道了哪些天气？还有什么其他发现？

2. 区分不同的天气

（1）引导：老师这里有一些关于天气现象的照片，想请你们来看一看这是什么天气，你们是怎样看出来的？

（2）出示"雨、晴、雪"的天气照片，学生进行描述，说出对应天气的典型特点。

（3）游戏：你最喜欢什么天气，为什么？

（4）通过一连串的问题引导学生根据生活中常见的天气现象，说一说天气对我们生活的影响，侧重于从有利和不利两方面进行交流。

（5）小结：常见天气有阴、晴、雨、雪、风等。

【设计意图】通过天气预报引入，激发学生探究天气的兴趣，再展示天气照片，让学生直观感受并描述其特点，有利于学生主动思考，打开思维。

三、了解天气对人们生活和动植物的影响

1. 引导：在地球家园中天气经常会发生变化，那么对于生活在地球家园中的我们和其他动植物，会有影响吗？

2. 学生自由发言。

3. 出示一组图片（雨天穿雨衣、土地干旱、房屋被淹没等）。

提问：我们在什么情况下要穿雨衣？土地和庄稼怎么变成这样了？什么样的天气会导致房屋被淹没？

4. 播放一些天气对动植物的影响视频。

5. 提问：看了视频，请你们说一说天气对动植物会有哪些影响？

6. 提问：你们还能举例说一说天气对我们人类的生活产生影响的其他例子吗？

（预设：晴天适宜外出活动，雨天不适宜外出活动……）

7. 小结：不同的天气对人们的生活和动植物都有影响，有时候能给我们带来方便，有时候又会给我们带来不便。

【设计意图】通过身边各种生活场景，引导学生理解天气变化对人们生活和动植物的影响，培养观察力和批判性思维。

四、总结反思，拓展交流

1. 提问：通过今天的学习，你们对天气有了哪些新的认识？

2. 提问：你们遇到过或者知道哪些灾害性的天气吗？它们会带来什么后果？

【设计意图】通过总结回顾，巩固学生对天气的认知，并引导学生思考灾害性天气及其产生的后果，旨在培养学生的防范意识和应对能力。

【精彩片段】——聚焦情境学习，利用"生活场景再现与研讨"，认识各种天气现象给人类生活和动植物带来的影响

师：同学们，你们有没有注意到，我们每天的天气都有所不同？那你们觉得这样的天气变化对我们的生活和地球上的其他生物有什么影响呢？

生：我觉得天气会影响我们的心情。如果是晴天，我就会感觉特别开心，想出去玩；但如果下雨，我感觉会有点儿烦闷，可能就想待在家里。

师：非常好！天气确实可以影响我们的心情和活动。同学们还有其他的观点吗？

生：在雨天因为会淋湿，我需要穿雨衣。所以，雨天对我而言就是要准备雨具的天气。

师：没错，雨衣是雨天的必备品。那么你们知道为什么有时候土地会干旱吗？

生：是不是因为长时间不下雨导致的？

师：是的！长时间不下雨会导致土地干旱，庄稼也会受到影响。为了进一步了解天气对动植物的影响，我们来看一段视频。

师：视频中展示了天气对动植物的影响，你们能总结一下吗？

生：天气会影响动植物的生存。比如，暴雨可能会让动物寻找避难所，而长时间的干旱可能会让植物枯萎。

师：非常好！除此之外，天气是如何影响我们的生活的呢？你们能举一些例子吗？

生：在晴天，我们通常会选择外出活动，比如去公园玩；但如果是雨天，我们可能就会选择待在家里。

师：没错，晴天和雨天确实给我们的活动选择带来了不同的影响。有时候，不同的天气还会影响我们的工作和学习计划。比如，大风可能会使室外工作变得困难，炎热可能会导致我们注意力不集中、精神疲劳等。所以，不同的天气不仅给我们的日常生活带来便利或不便，还会对我们的心情和生理产生各种影响。

【教学评析】

以每天的天气为切入口，和学生探讨不同的天气对我们的心情及活动产生的影响，动植物在不同的天气中所表现出的不同形态，让学生进一步明白各种天气现象给人类生活和动植物带来的影响。同时在活动中，也培养了学生初步建立"物质与能量""稳定与变化"的跨学科概念。

【学习单】

1. 写出下列图片对应的天气，并说出相应的特点。

天气：_____。特点：_____。

天气：_____。特点：_____。

天气：_____。特点：_____。

天气：_____。特点：_____。

天气：_____。特点：_____。

2. 在地球家园中天气经常会发生变化，那么对于生活在地球家园中的我们和其他动植物，会有哪些影响？尝试写一写。

天气	阴	晴	雨	雪	风
对动物的影响					
对植物的影响					
对人类的影响					

第6课时 不同的季节

核心问题：季节的变化给地球生命带来怎样的影响？

【教学目标】

1. 通过交流四季的典型现象，采用比较的方法，能简单描述一年四季的主要特点。

2. 初步了解季节变化对植物、动物和人类产生的影响，并能举例说明。

3. 通过观察、交流、制作等活动，产生进一步探究季节变化对地球生命影响的兴趣，懂得只有掌握四季变化的规律，才能更好地适应环境变化。

【教学重难点】

重点：理解四季的特点及其变化规律，掌握季节变化对自然界和人类生活的影响。

难点：能用简练的语言描述四季的特点，举例说明季节变化对地球生命的影响。

【教学准备】

教师准备：多媒体课件、四季典型的图片、描述四季变化的词语卡片等。

学生准备：收集有关四季的资料、学习单、安全剪刀等。

【教学过程】

一、激发兴趣，聚焦问题

1. 我们的地球家园不仅有各种各样的天气，一年中还有不同的季节，你们知道有哪些不同的季节吗？

2. 揭示课题：今天我们就来学习不同的季节。

3. 展示四季图片。提问：请同学们说一说这几张图片分别是什么季节？你们又是怎么知道的呢？

（预设：第一张图片是春季、第二张图片是夏季、第三张图片是秋季、第四张图片是冬季。春季嫩绿的幼苗、夏季盛开的荷花、秋季金黄的树叶、冬季皑皑的白雪。）

4.小结：一年有春、夏、秋、冬四个季节，在不同的季节，我们的家园又会发生哪些变化呢？今天，让我们一起去进行科学探究吧！

【设计意图】通过展示四季图片和引导学生观察、讨论，激发学生的兴趣，让他们聚焦到"不同的季节"这个主题上。

二、探索地球生命在不同的季节会发生的变化现象

探索一：展示学生收集到的有关四季的资料

1.分组展示课前收集到的有关四季的资料。

2.结合各组展示的资料，教师进行及时点评和补充。

探索二：我们的地球家园在不同的季节会发生哪些变化

今天，我们就从动植物和人们的衣着变化这几个方面一起来进行探究。

（一）植物在四季的变化

1.课件展示大树的四季图片。提问：这是不同季节里的一棵大树，请认真观察这些图片，想一想分别是什么季节？

2.提问：你们猜测的理由是什么？这棵大树在不同季节发生了怎样的变化？

（预设：春天大树发芽，夏天大树长出茂密的枝叶，秋天树叶开始变黄，冬天树叶掉光了。）

3.提问：我们周边其他植物在不同季节又有什么变化？你们能举出一些例子吗？

（教师可以适当拓展校园植物的四季变化。例如：常绿植物有桂花、樟树、铁树、小叶女贞等；落叶植物有梧桐、水杉、玉兰、银杏等；一年生的草本植物有狗尾草、牵牛花、凤仙花等。）

（二）动物在四季的变化

1. 课件展示动物的四季变化图片。提问：请同学们仔细观察这些关于动物行为的图片，想一想分别是什么季节？

2. 提问：你们猜测的理由是什么？

3. 再请同学们联系生活实际，举例说说其他动物在不同季节里的变化。

4. 小结：在不同的季节里，动植物都会随着季节的变化而有所改变。那人们会随着季节变化而变化吗？

（三）人们衣着的四季变化

1. 课件展示人们衣着的四季变化图片。提问：仔细观察不同季节同学们的穿着变化，想一想这分别是什么季节。

2. 提问：在不同的季节里，人们除了衣着发生变化，人们的生活还有哪些变化？（从人们的饮食、洗澡的次数、空调的模式、运动的方式等方面分析。）

3. 提问：这些都是什么原因造成的？（引导学生了解动植物以及人们生活的四季变化主要是由四季气温不同导致的。）

4. 小结：季节的变化给地球生命带来了重要的影响，正是因为季节的变化，让我们的地球家园变得更加丰富多彩。

探索三：拼贴四季变化图

1. 出示四季变化的词语卡片。提问：这些词语分别描述的是什么季节呢？

2. 活动要求：将学习单中的词语剪下来，贴到对应的季节中。注意安全使用剪刀！（如果学生能自己适当补充词语来形容四季则更好。）

3. 学生独立完成学习单。

4. 抽样展示，并将季节词语卡片放入对应的季节中（板贴）。

5. 其他学生进行补充。

【设计意图】通过学生分享和展示关于四季的资料，深化学生对四季的认知，激发他们的学习兴趣和好奇心。

三、深入探讨季节的变化对动植物和人类生活的影响

研讨一：我们的地球家园在不同的季节有哪些不同？季节的变化对动植物和人们有哪些影响？

1. 对照四季变化图，总结我们家园以及地球生命的变化。

（预设：学生可从气温、植物、动物、人们衣着变化等方面进行阐述。）

项目	气温	植物	动物	衣着
春				
夏				
秋				
冬				

2. 小结：我们的地球家园在不同的季节会发生各种各样的变化，因此它深深地影响着地球上的生命。

研讨二：举办一个小"辩论会"

1. 提问：你喜欢哪个季节？不喜欢哪个季节？为什么？

2. 小结：各个季节都有不同的人喜欢。的确，不同的季节有时给我们带来有益的影响，有时也会带来一些不利的方面，每个季节都有自己的特色，我们要感恩大自然的馈赠。

【设计意图】通过引导学生观察四季变化并讨论其对地球生命的影响，培养学生对自然的感知力和尊重。同时，通过辩论会形式，让学生表达对季节的喜好与理解，深化其对每个季节独特价值的认识，激发对大自然的感恩之心。

四、联系生活实践，拓展创新

1. 提问：今天我们学习了不同的季节，你们想不想把它装进"礼盒"里呢？

2. 课件展示做一个"季节礼盒"的提示：可以去校园或者户外观察，收集叶子制作叶画或书签；可以收集果子做美食；可以寻找有关季节的古诗；可以画一画你最喜欢的季节以及这个季节中的植物、动物或人等。

3. 指导完成设计的作业题。

【设计意图】通过制作"季节礼盒"实践活动，让学生将课堂学习的季节知识与生活实践相结合，培养观察力和创新能力。

【精彩片段】——聚焦动手实践，归纳、整理与分类，引导学生观察"四季变化拼图"，判断并分析四季变化现象

师：同学们，现在我手里有一些词语卡片，你们能猜出它们分别代表哪个季节吗？

生：春季、夏季、秋季、冬季。

师：好棒！看来你们对四季的感知很敏锐。现在，我们有一个任务，那就是来制作一个四季变化图。

生：好有趣！怎么做呢？

师：首先，请你们拿出学习单，将学习单中的词语剪下来。记住，使用剪刀时要注意安全。

师：接下来，你们需要将这些词语贴到对应的季节中。如果你们觉得只用给出的词语无法完全形容某个季节，还可以自己补充一些词语哦！

生：这里可以加一个"蝴蝶飞舞"，代表春天的生机；这里加一个"冰激凌"，形容夏天的甜美……

师：太棒了！你们已经很好地理解了四季的特点。现在，请你们独立完成学习单。

生：我要让四季都变得活灵活现！

师：完成的同学请举手，我要抽样展示一些作品。

生：看，这是我做的四季变化图！

师：哇，真漂亮！你不仅正确地将词语贴到了对应的季节中，还加入了很多自己的创意。现在，请将老师手中的这些季节词语卡片放入对应的季节中（板贴）。其他同学还有补充吗？

生：这里还可以加一个"雪人"，代表冬天的乐趣……

【教学评析】

通过引导学生根据出示的不同词语，说出它们符合哪个季节的特征，建立"稳定与变化"的跨学科概念，培养学生的分析判断和语言表达能力，再让学生把词语贴在学习单中，培养学生的动手操作和归类能力。此活动的开展，既加深了学生对四季知识的掌握，也进一步激发了他们对四季的探索欲望，为后面思考季节变化对动植物和人类的影响做铺垫。

【学习单】

写出下列图片对应的季节，并说出相应的特点，将四季变化的词语贴在相应的图片后面。

季节：_____。特点：_____。

词语粘贴处

季节：_____。特点：_____。

词语粘贴处

季节：_____。特点：_____。

词语粘贴处

季节：_____。特点：_____。

词语粘贴处

四季变化的词语					
春暖花开	秋高气爽	冰天雪地	绿树成荫	骄阳似火	硕果累累
秋风习习	春回大地	北雁南飞	秋色宜人	春色满园	春意盎然
烈日炎炎	天寒地冻	大雪纷飞	白雪皑皑		

第7课时 做大自然的孩子

核心问题：大自然的动植物与我们的生活有哪些联系呢？

【教学目标】

1. 通过观察生活，了解人类的衣、食、住、行离不开动植物提供的资源。

2. 通过观察多个地点的动植物，分析并归纳动植物和人类的联系。进一步了解动植物和人类的关系，发现动植物和人类生活的联系，体会到应该保护身边的动植物。

3. 培养乐于参与活动、对探索"动植物和人类的联系"的兴趣。

【教学重难点】

重点：理解动植物资源在人类日常生活中的重要性。

难点：能参与制作一个爱护小动物的装置。

【教学准备】

教师准备：多媒体课件、动植物与人类生活相联系的资料、班级研究记录表等。

学生准备：制作小鸟的家或小鸟餐厅的材料及工具等。

【教学过程】

一、揭示课题

欣赏大自然的视频，说一说你们的感受。

同学们，我们的大自然千姿百态、变幻莫测，有很多秘密等着我们去探索，去发现。大自然就像一位母亲，动物、植物和我们就像是大自然的孩子。今天我们就来学习做大自然的孩子。

【设计意图】通过欣赏大自然的视频，激发学生对自然之美的感受，为后续学习做情感铺垫，引导学生初步建立与自然和谐相处的意识。

二、活动探究：找联系

（一）寻找动植物和我们的联系

动物、植物和我们都生活在地球家园中。亲近大自然，做大自然的孩子，会让我们了解更多大自然的奥秘。下面让我们一起走进大自然，寻找动植物和我们之间的联系。

1. 寻找植物与我们的联系，完成学习单任务1。

教师出示一些大自然中植物的图片。

提问：观察图片，你们看到了什么？这些植物能为我们提供什么？类似的植物你们还能举一些例子吗？

（预设：有些植物为我们提供了食材，如蔬菜、水果等；有些植物为我们提供了用材，如树木等；有些植物是用来美化环境的，如绿植等。）

2. 寻找动物与我们的联系，完成学习单任务2。

教师出示一些大自然中动物的图片。

提问：观察图片，你们看到了什么？这些动物能为我们提供什么？类似的动物你们还能举一些例子吗？

（预设：动物为我们提供了食材，还可以帮助我们工作，同时动物还是我们的好伙伴。）

3. 小结：我们与动植物有着紧密的联系。动植物为我们的衣、食、住、行提供必需的、丰富的资源，人类的生存与生活不能离开自然界中的动植物，我们要保护动植物。

（二）保护小动物

1. 我们通过探究，知道人类的生存与生活不能离开自然界中的动植物，我们要保护动植物。

提问：那你们能说一说应该如何保护小动物吗？

（预设：自然界的动物是我们人类的好伙伴，我们要爱护身边的小动物，不随意破坏它们的家园、打扰它们的生活。）

2. 提问：我们为保护小动物能做些什么？

（预设：对小动物进行投喂、帮小动物建一个巢穴。）

3. 现在我们一起来开展一个爱护小鸟的活动，给小鸟制作一个"餐厅"。（参照学习单任务3）

（预设：首先通过小组交流设想方案，然后观看微课视频来了解如何制作"小鸟餐厅"，再小组合作实施设计方案，教师对各个小组进行指导，最后展示完善、制作测试、成品欣赏。）

4. 思考：做了"小鸟餐厅"，我们是不是每天都要把食物放得满满的，让小鸟来吃呢？

（预设：只有在必要的情况下才能投放食物，不能让小鸟产生依赖。）

【设计意图】通过"找联系"活动，让学生认识到动植物与人类生活的紧密关系；通过观察和实践活动，让学生体会到保护动物的重要性。

三、拓展提升：了解更多植物、动物与人类的联系

同学们，动植物为我们人类的生存提供了十分宝贵的资源，与人类的关系非常密切。其实在大自然中，动物、植物与人类还有很多的联系，我们一起来了解一下。（展示各种图片，同时让学生分析这些动植物和人类的联系。）

（预设：①植物为动物和人类提供食物，如野果、竹笋等。②植物为动物提供家园，如树洞、鸟巢、大树等。③植物可以改良水土环境。④动物为植物授粉、传播种子，如松鼠埋在土里的种子会长成新的树木，蜜

蜂、蝴蝶为花朵授粉。⑤动物可以救治植物病虫害，如啄木鸟、七星瓢虫、青蛙等。)

【设计意图】通过图片展示和讨论，让学生了解动植物与人类之间的紧密联系，认识到动植物在生态系统中对人类生活的重要性。

四、课堂小结

在地球家园里，人类、动物、植物等生物间相依相存，都是大自然的一部分。动植物和人类生活的方方面面都有着密不可分的联系，因此我们要爱护动植物。

【设计意图】通过小结，提醒学生意识到动植物对我们生活的重要性，并激发他们爱护和保护地球生态环境的意识。

【精彩片段】——创设"小鸟餐厅"任务情境，开展小组合作设计成品，进行展示交流

师：同学们，今天我们来开展一个特别的活动，那就是为小鸟制作一个"餐厅"！大家觉得怎么样？

生：太棒了！小鸟是人类的好朋友，我们应该好好照顾它们。

师：很好，那我们就来设想一下这个"小鸟餐厅"应该如何设计吧。大家可以先小组交流，发挥想象力，看一看大家有什么好的想法。

生：我们可以用废旧材料来制作，比如纸箱、塑料袋等，这样可以既环保又实用。

生：我觉得可以在"餐厅"里放些小鸟的食物，比如种子、虫子等，让它们可以随时吃到食物。

师：非常好，大家的想法都很棒。现在我们来通过微课视频了解一下如何制作"小鸟餐厅"。请大家认真观看，学习制作方法。

师：现在我们知道了制作方法，接下来就是小组合作实施设计方案了。大家要分工合作，一起完成这个任务。

师：时间到了，现在我们来展示一下大家的作品，并互相提一提意见，完善一下设计方案。

生：我们小组做的是一个纸箱小鸟餐厅，里面放了种子和水，希望小鸟能够喜欢。

师：这个设计非常实用，纸箱可以很好地保护小鸟，种子和水也能满足它们的需求。

生：我们小组做了一个塑料袋小鸟餐厅，挂在了树枝上，里面放了小球，可以供小鸟玩耍。

师：这个设计很有创意，塑料袋轻便又结实，小球也能吸引小鸟。

师：今天的活动大家都做得非常好，我们不仅学会了如何制作"小鸟餐厅"，还发挥了想象力，做出了非常有创意的作品。希望大家以后能够更加关注小鸟的生活，为它们创造一个美好的家园。

【教学评析】

通过创设"小鸟餐厅"任务情境，让学生经历个体设计、小组交流、展示完善、制作测试、成品欣赏等环节，充分发挥小组合作精神，挖掘学生潜在的思考与解决问题能力，帮助学生建立"结构与功能"的跨学科概念，同时培养学生的创新精神与实践能力。

【学习单】

任务1：寻找植物与我们的联系

植物为我们提供了食材，比如_____；

植物为我们提供了用材，比如_____；

植物为我们美化了环境，比如_____。

任务2：寻找动物与我们的联系

动物为我们提供了食材，比如_____；

动物帮助我们工作，比如_____；

动物是我们的好伙伴，比如_____。

任务 3：制作"小鸟餐厅"

准备材料：一个空的饮料盒或牛奶盒，一把尺子，一把安全剪刀，一支记号笔，一段至少 40 厘米长的塑料绳或布条，几种食物，如米粒、玉米糁、花生等。

提示：只有在寒冷和缺乏食物的冬天，我们才可以提供"小鸟餐厅"，其他时间不要这样做，不能让小鸟产生依赖。

持续反馈与应用设计

项目式作业　我是地球家园的主人翁

【任务】

通过学习，同学们知道了地球上的很多"居民"，比如土壤、水、动物、植物、微生物等。假如你也是它们中的一员，你能够进行自我介绍吗？你可以向大家介绍你的名称、特点、生活环境，还可以说一说你与地球上其他"居民"之间的关系等。我们可以通过画画、做模型、表演等形式，向别人隆重介绍自己，在"我是地球家园的主人翁"主题展览活动上进行表演。

【要求】

收集、整理资料，以一位地球"居民"的身份进行自我介绍，鼓励多样化形式表现，如角色扮演、绘画、模型、演讲等，可多种形式结合。

基础版：能够用语言准确表达，描述自己是地球上的哪位主人，自己有什么典型特征。

进阶版：能够向同学们介绍自己是地球上的哪位主人翁，并且能够描述自己所生活的环境，以及与周围其他"居民"之间的关系。

高阶版：能够利用画画、模型、表演的方式呈现自己作为地球家园的主人翁的身份特征，能描述自己与其他"居民"之间的关系，描述自己受到地球天气、季节等自然因素的影响，传达爱护自然、爱护地球家园的主人翁意识。

评价标准：

等级	优	良	合格
任务达成	能够通过模型的构建，表达出作为地球"居民"的特点，并且能描述所生活的环境、与其他"居民"之间的关系、受到自然因素的影响等，传达爱护地球家园的意识	通过呈现自己作为地球"居民"的特点，介绍自己所生活的环境、与其他地球"居民"之间的关系等	能够描述自己是地球上的哪位主人，具备什么样的典型特点

单元教学反思

本单元围绕"宇宙中的地球"核心概念及"稳定与变化、系统与模型、物质与能量"等跨学科概念，带领学生开展对人类赖以生存的地球的认识，并为后续的学习打下基础。本单元7节课的编排逻辑是"整体认识—具体认识—讨论升华"。具体来说，第1课时从整体上引导学生认识地球家园中和地球家园周围有什么，为起始课；第2课时聚焦局部，引导学生具体探索地球家园中的一种重要资源——土壤；第3、4课时引导学生具体探究天空中的太阳和月球的变化现象，使学生能够根据太阳在天空中的位置判断东、西、南、北方向和描述月相的变化现象；第5、6课时引导学生具体探索地球家园的天气和四季变化，认识这些变化对动植物和人类生活的影响；第7课时为总结课，引导学生在学习了前面6节课的基础上，进一步认识人类与大自然的关系，要做大自然的孩子，保护动植物，爱护大自然。

本单元教学需要引导学生走出教室，亲历一系列的观察、比较、体验、记录、描述、讨论、交流、分享等活动，发展他们的观察、记录和描述能力，同时要提高他们的实地观察和建构简单模型的能力。很多观察体验活动都是直接在大自然中进行的，这些与大自然直接接触的教学活动与在教室里面学习科学课有着很大的不同,教师可能需要根据实际教学增加课时安排;在开展户外观察体验活动时,更需要注意组织教学,用学生喜欢的形式(如游戏、积分、奖励等)来促进学生更好地开展观察体验等活动。通过本单元的系列观察体验活动,促使学生真正地热爱大自然,融入大自然,与自然和谐相处,爱护地球家园中的其他"居民"。

案例提供者:刘　培,汨罗市正则学校
　　　　　　何利辉,汨罗市正则学校
　　　　　　余　艳,汨罗市正则学校
　　　　　　何　妍,汨罗市正则学校
指导教师:张　敏,湖南省教育科学研究院

地球系统

案例9 赖以生存的土壤

单元教学内容规划

（一）本单元学习指向的核心概念及学习进阶路线

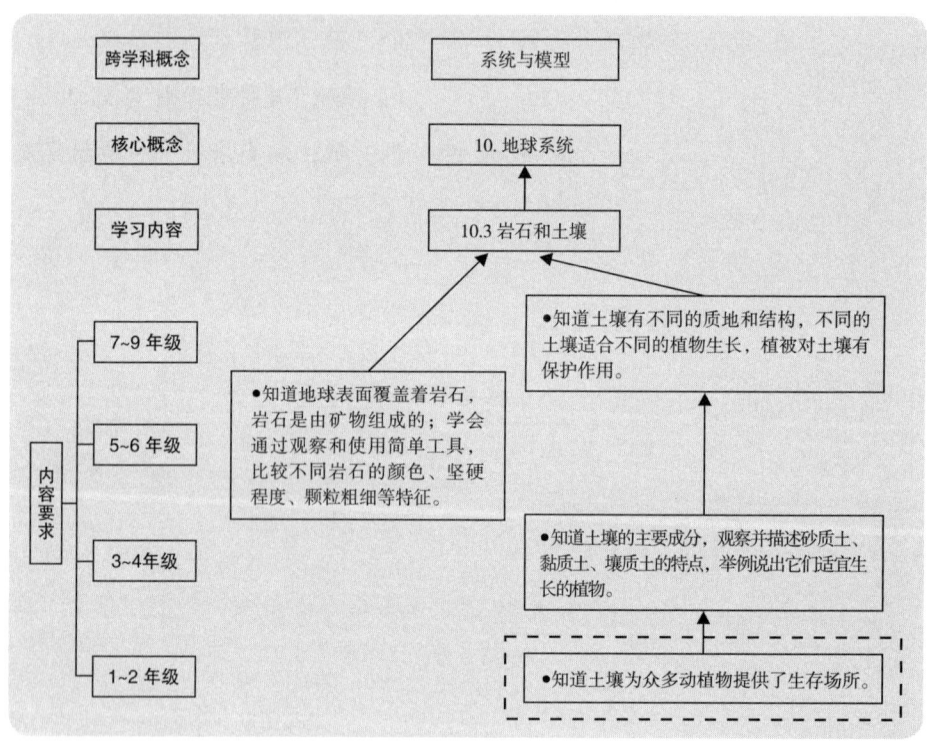

本单元聚焦"地球系统"核心概念，落实课标中"岩石和土壤"的学习内容要求。

土壤的形成是岩石的风化和生物作用的结果，它是地球系统的"活档案"。过去的气候与生物活动影响着今天的土壤结构与组成。

1~2年级通过采集、观察、比较等方式，近距离观察到土壤中生存着动植物，尝试分析土壤特点与土壤中动植物之间的联系，整体感知土壤与生命的关系，初步树立保护土壤的意识。

3~4年级知道土壤的主要成分和特点，了解不同质地的土壤适宜生长的植物。

5~6年级知道地球表面覆盖着岩石，通过观察和使用简单工具，比较不同岩石的外部特征，进一步建立岩石圈与生物的联系。

7~9年级通过设计控制变量的实验方案，验证植被对土壤的保护作用。

在层层深入的学习过程中，建构土壤与生命的联系，也有助于学生形成系统与模型的跨学科概念。

（二）本单元学习内容的组织线索

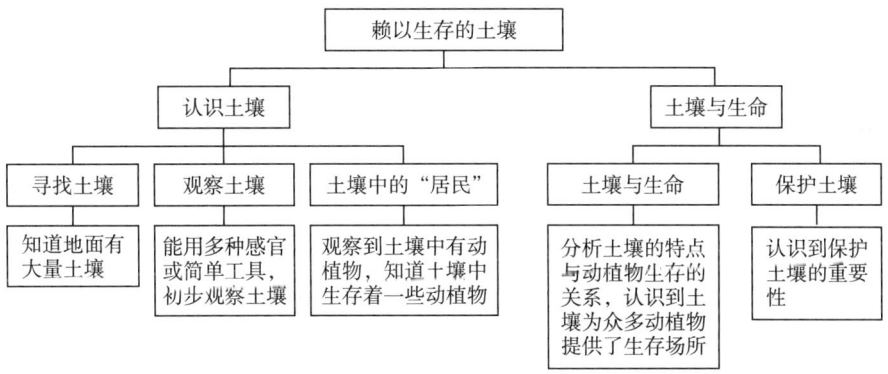

单元学习目标设计

核心素养	学习目标
科学观念	知道土壤中生存着许多动植物，土壤为众多动植物提供了生存场所
科学思维	能在教师的指导下，尝试推理并建立土壤与动植物生存的联系，寻找证据支持自己的观点
探究实践	1.能在教师的指导下，对土壤以及生活在土壤中的动植物进行细致、全面、有序地观察和记录。 2.能用口述、画图等方式，分享交流观察土壤以及生活在土壤中动植物的结果

续表

核心素养	学习目标
态度责任	1. 能在好奇心的驱使下，对土壤以及生活在土壤中的动植物表现出探究兴趣，愿意倾听他人的想法，并乐于表达与分享。 2. 认识到保护土壤的重要性，懂得保护生活在土壤中的动植物

单元学习评价设计

"赖以生存的土壤"评价量表

核心素养	评价指标	评价等级			评价结果
		★	★★	★★★	
科学观念	认识土壤对生命的意义	知道土壤中有许多动植物	知道不同的土壤生活着不同的动植物	能在教师的指导下，认识土壤特点对生命的意义	☆☆☆
科学思维	寻找证据支持土壤与动植物生存有联系的观点	尝试提出一些感兴趣的问题	能对自己感兴趣的问题做简单的假设与推理	举例说明土壤特点与动植物生存的联系	☆☆☆
探究实践	运用科学的探究方法观察土壤	能在教师的指导下，观察并记录土壤中有什么	能灵活运用感官、工具观察，关注到不同土壤有不同特点	能在教师的指导下，通过口述、画图等方式，分享交流观察结果	☆☆☆
态度责任	树立保护土壤和动植物的意识	对探究土壤以及生活在土壤中的动植物感兴趣	愿意倾听他人关于保护土壤的想法，并乐于表达与分享	认识到保护土壤的重要性，懂得保护生活在土壤中动植物的道理	☆☆☆

学生情况分析

二年级学生通过一年的科学学习，初步掌握了获取科学知识、开展科学探究的方法，具备了一定的科学探究和解决问题的能力，科学观念、科学思维、探究实践、态度责任四大核心素养得到了一定发展。他们的科学学习热情非常高，喜欢动手实践，乐于分享，已经初步养成了预测、测量、分析、探究、记录数据等科学学习习惯。

二年级学生对自然充满好奇心，喜欢观察。在生活中，学生对于土壤有一定的接触和认识，但细致地观察生活在土壤中动植物的活动经历不多，而且关于土壤对动植物生存的重要性不太清楚。因此，教师在课堂活动前应当明确观察任务，做好前期观察准备，并找准观察重点。学生在教师指导下全面、细致、有序地观察土壤以及生活在土壤中的动植物，对比、分析、归纳等科学思维能力得到提升。

同时，二年级学生专注力不够，教师在教学过程中要设计针对性较强且具有趣味性的活动吸引学生的注意力，以提高教学效率，延长学生参与课堂上观察土壤的时间。教师还应注意语言的童趣化和教学的情境化，指导学生运用一定的科学探究方法，利用小组合作探究等形式尝试寻找证据，证明土壤为众多动植物提供了生存场所，并认识到保护土壤的重要性。

单元学习进程设计

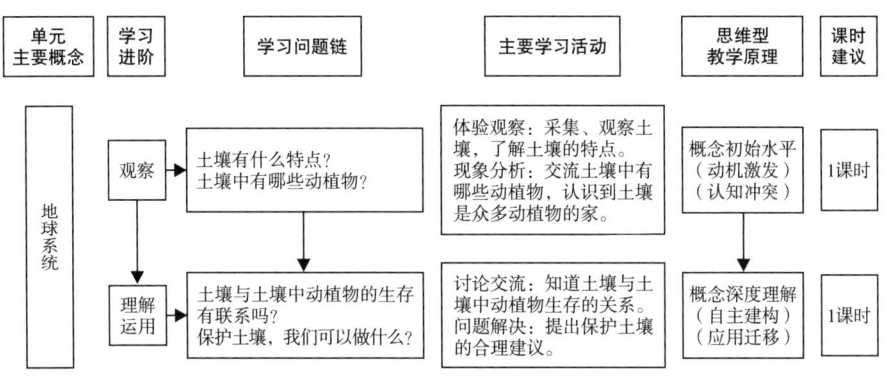

第1课时 认识土壤

核心问题：土壤有什么特点？
土壤中有哪些动植物？

【教学目标】

通过对土壤以及生活在土壤中的动植物进行细致、全面、有序地观察和记录，初步了解土壤的特点，知道土壤中生活着许多动植物。

【教学重难点】

重点：能运用多种感官观察并认识土壤，会描述、记录观察结果。

难点：学会交流和倾听，总结归纳关于观察土壤的结果。

【教学准备】

教师准备：多媒体课件、土壤等。

学生准备：铲子、采集盒、放大镜、土壤观察记录单等。

【教学过程】

一、聚焦问题，激发兴趣

1. 教师出示土壤，提问：这是什么？你在哪些地方看到过？

2. 交流明确：地面有大量土壤。

3. 学情前测：土壤有什么特点？

4. 任务驱动：土壤还有什么特点？土壤中生活着哪些动植物？让我们到校园中去寻找吧！

【设计意图】兴趣是最好的老师。课堂开门见山，教师直接出示土壤实物，唤起学生的生活经验，聚焦问题调动学生积极性。接着教师继续追问，用直接明了的任务驱动激发学生的学习动机，进而引入下个环节——观察。

二、实践探究，自主建构

（一）采集土壤

1. 外出采集、观察前，教师说明注意事项。

（1）每组同学在组长的带领下，在校园不同的地方寻找土壤。注意分工合作。

（2）选择一处土壤用铲子深挖一铲，尽量保持土壤原状放入采集盒中。

（3）在采集过程中初步观察土壤的特点和土壤中的动植物。

（4）注意安全，不嬉戏打闹。

2. 学生外出采集并观察土壤。

3. 学生有序回到教室。

（二）观察土壤

1. 提问：土壤有什么特点？我们可以怎样观察呢？

（预设：用眼睛看土壤颜色，用鼻子闻土壤气味，用手指感受土壤颗粒和湿润度……）

2. 提问：什么工具是我们观察土壤的好帮手呢？

（预设：放大镜。）

3. 学生分组观察，并将结果填在土壤观察记录单中。教师巡视并适当指导。

4. 交流并形成共识：土壤里有泥土、石块、落叶、空气等。校园里随处可见土壤，但不同地方的土壤不同，它们的颜色、颗粒大小、湿润程度等不同。

（三）土壤中的"居民"

1. 提问：在采集土壤的过程中，你们是否还发现了一些小生命？你们观察到哪些小生命呢？

2. 小组交流汇报：有植物的根、蚂蚁等。我们挖土壤的时候还发现了蚯蚓。

3. 小结：土壤中还生存着一些植物和动物。

【设计意图】通过采集、观察、比较等方式，学生亲历采集、观察土壤的过程，知道不同土壤的特点，初步感知土壤与动植物的联系。教师适时对学生进行观察和记录的指导，帮助学生习得方法。

三、初建联系，拓展延伸

1. 思考：是不是每种土壤里的动植物数量都差不多？

2. 提问：为什么土壤中的动植物数量不同？我们下节课再继续研究。

【设计意图】通过对比不同土壤中的动植物数量，引发学生思考土壤与动植物的联系，激发学生课后继续学习的兴趣，也为下节课的教学做铺垫。

【精彩片段】——对比、分析不同的土壤，自主建构不同土壤的特点

师：刚才我们分组观察了土壤，哪个小组先来交流汇报？

生1：（投屏该组的土壤样本）我们组观察的土壤是在黄葛树下采集的，它的颜色有点偏黄，结构是颗粒大、紧实。这块土壤很干燥，里面有一些树根，还有蚂蚁。

师：看来你们组不仅关注了土壤中的动植物，还关注到土壤的结构。为什么你们组觉得这块土壤的结构是紧实的呢？

生1：因为它特别硬，要用很大力气才能把它捏碎。

师：不容易捏碎就是紧实吗？请再仔细观察土壤中颗粒之间的间隙。

生2：颗粒和颗粒挨得很近。

师：如果用圆形代表土壤颗粒，你能画出紧实土壤的示意图吗？

（分组绘图并交流）

师：其他组的土壤也是这样的结构吗？有不一样的吗？

生3：（投屏该组的土壤样本）我们组的土壤很疏松，用手轻轻一碰就散了。它的颜色偏黑色，颗粒小，很湿润。

师：我们对比上面两组土壤，发现紧实的土壤颗粒之间是怎样的？

生4：挨得很近，好像粘在一起。

师：疏松的土壤颗粒之间的间隙是怎样的？

生齐答：间隙较大。

【教学评析】

学生在理解土壤疏松度这个特点时存在一定的困难，教学时，教师运用绘制示意图的方法为学生的思维搭建"脚手架"。课堂交流时，在教师的启发、引导、激思下，学生通过自主交流、对比分析不同的土壤，发现不同土壤的特点，思维在碰撞中升华。

【学习单】

土壤观察记录单

第（　　　）小组

采集时间		采集地点	
土壤颜色	偏白（　）　偏黄（　）　偏红（　）　偏紫（　）　偏黑（　）		
疏松/紧实			
颗粒大小			
湿润/干燥			
土壤中的物质			

注：将采集到的土壤，在对应的土壤颜色下面括号里打"√"。

第 2 课时 土壤与生命

核心问题：土壤与土壤中动植物的生存有联系吗？
保护土壤，我们可以做什么？

【教学目标】

1. 用口述、画图等方式，交流分享对土壤以及生活在土壤中动植物的观察结果。

2. 提出一些感兴趣的问题并做出简单的猜想，分析土壤与生命的联系，认识到保护土壤的重要性。

【教学重难点】

重点：交流对土壤以及生活在土壤中动植物的观察结果，分析土壤特点与动植物生存的联系，认识到保护土壤的重要性。

难点：对土壤与生命的联系做出简单的推理，用证据证明自己的观点。

【教学准备】

教师准备：多媒体课件等。

学生准备：土壤、水、烧杯、学习单等。

【教学过程】

一、谈话导入，提出问题

上节课我们观察到土壤有不同的特点，还发现不同土壤中动植物的数量不一样，那么土壤与土壤中动植物的生存有联系吗？

【设计意图】用谈话的方式回顾上节课有关土壤的观察结果，提出问题，让学生直接聚焦关注的问题，突出探究重点。

二、聚焦问题，尝试解释

1. 学生针对问题，发表自己的观点并说出预测理由。

2. 尝试分析解释：土壤具备了哪些条件才能让动植物生存下去？

引导学生思考：动植物生存需要的基本条件是什么？（动植物生存需

要空气、水、阳光、适宜的温度等）土壤中具备这些条件吗？

（1）小组合作讨论并说出理由，寻找支持自己观点的证据。

（2）全班交流汇报，教师适时点评。

3.小结：我们可以知道土壤为动植物的生存提供了空气、水等。

【设计意图】通过小组合作交流讨论，充分激活学生的思维，提出观点，自主寻找支持观点的证据，分析出土壤与动植物生存之间的关系，理解土壤是众多动植物的家。

三、回归自然，反思应用

1.提问：如果土壤被破坏了会出现什么情况呢？

2.学生发表自己的看法。

3.观看被破坏的土壤图片，交流分享自己的感受。

（1）教师出示被破坏的土壤图片。

被破坏的土壤

（2）学生发表自己的观后感，认识到土壤与动植物的生存息息相关。

【设计意图】通过图片直观地让学生了解土壤被破坏的状况，为后续分析土壤被破坏的后果及树立保护土壤的意识做好铺垫。

四、拓展延伸，引发思考

1.提问：保护土壤，我们可以做什么？

2.小组讨论，全班交流保护土壤的办法。

【设计意图】通过小组讨论，树立保护土壤的意识，针对保护土壤的办法达成共识，使学生自主加入保护土壤的行列。

【精彩片段】——聚焦"土壤为动植物的生存提供了什么条件"问题，自主建构，解释现象

师：上节课我们观察到土壤有不同的特点，还发现土壤中有动植物，那么土壤与土壤中动植物的生存有联系吗？

生：有联系。如果没有土壤，动物就没有家了。

师：那土壤具备了哪些条件才能让动植物生存下去呢？请你们以小组为单位完成学习单，讨论并说出理由。

生1：我们小组认为土壤就是动植物的家，比如我在观察蚯蚓的时候，发现蚯蚓受到了惊吓就会钻进土壤里，土壤就是蚯蚓的家，可以保护它。

生2：如果没有土壤，风一吹，植物就会被吹跑。

师：基于这些现象，土壤为这些动植物的生存提供了保护。除此之外，土壤还具备了哪些让动植物生存下去的条件呢？

生1：我认为土壤中应该有空气，因为我们上节课发现土壤有很多的"洞洞"，这些"洞洞"里面装的应该就是空气。

生2：赞同，我在家玩泥土的时候，把泥土放在水里看到了气泡。

师：那这些"洞洞"里面到底有没有装空气呢？我们可以想一个办法来验证一下。我们把比较干燥的土壤放在装有水的烧杯中，仔细观察看看有什么现象。

师：你们看到了什么现象？这些现象能不能证明我们的观点？

生：把土壤放进去一会儿就看到了气泡冒出来，这说明土壤中确实有空气。

师：除了空气，土壤为动植物的生存还提供了哪些其他的条件呢？

生：我觉得还提供了水，有些土壤摸起来有点儿湿。

师：同学们结合生活中的发现提出了观点，你们赞同吗？还有什么发现吗？

生：赞同，我还看到土壤里有一些树叶，这些可能就是动物的食物。

师：请同学们观看这张图片，在土壤中有腐烂的树叶、树根和动物的遗体等，这些不光是动物的食物，还可以作为植物的养料。

师：通过以上的讨论，我们可以知道土壤为动植物的生存提供了空气、水、家、养料等。

【教学评析】

本环节聚焦"土壤为动植物的生存提供了什么条件"这个问题，激发学生自主思考，并结合生活中的现象作为寻找土壤为动植物生存提供条件的证据。整个活动过程允许学生自由表达真实的想法，教师根据学生的回答来判断学生的学习表现及所处的水平，提出下一步进阶所需要的支架性问题，由扶到放，培养了学生发现问题并解决问题的能力。

【学习单】

动植物生存需要一定的条件，土壤能否提供这些条件？尝试写一写。

动植物生存的条件	土壤能否提供这个条件	
	能	不能

持续反馈与应用设计

项目式作业一 土壤大百科

【任务】

同学们，通过本单元的学习，你们对土壤有哪些新的认识或疑惑呢？请用喜欢的方式继续开展研究吧！

【要求】

基础版：与他人分享你所学到的土壤知识，适当对他们的疑问做出回应。

进阶版：阅读一本关于土壤的书籍，你一定会有新的收获。

高阶版：收集身边的土壤，制作土壤标本，并尝试介绍它的特点、作用。

项目式作业二　我是土壤小卫士

【任务】

土壤是动植物赖以生存的家园。然而，随着人类活动的不断增加，土壤健康正面临着前所未有的威胁。请你和身边的人一起行动起来，为保护土壤贡献自己的力量。

【要求】

基础版：设计一条保护土壤的宣传标语，要求易于朗诵和记忆。

进阶版：绘制一幅保护土壤的宣传海报，要求有吸引力和视觉冲击力，引起人们关注和重视土壤保护。

高阶版：制订一个保护土壤的行动计划，在确保安全的前提下，开展一次实践活动，如捡拾土壤中的垃圾、种植植被等。

单元教学反思

本单元主要通过采集、观察、交流等活动丰富学生对地球领域的认识，让学生充分认识到土壤不仅是地球的重要组成部分，还为众多动植物提供了生存场所。

在本单元教学过程中，通过"土壤中有什么"激发学习动机，让学生亲身到校园中采集土壤，利用多种感官，借助放大镜等工具，观察土壤，认识土壤中有泥土、石块、落叶等物质，知道土壤中生存着一些动植物。

由此引发质疑思辨"土壤中的动植物是怎样生存的",学生在寻找土壤能否为动植物生存提供阳光、水分等条件的证据活动过程中,自主建构"土壤为众多动植物提供了生存场所"的科学观念。通过阅读资料,认识土壤对人类的重要作用,以及人类活动对土壤的影响,再进行拓展迁移,提出保护土壤的办法。

本单元教学,充分体现了学生的自主性,突出学生的主体地位,学生主动思考,学习思辨,用证据证明观点,训练了观察技能,发展了观察能力,提高了思维品质,充分发展了科学思维能力。

在本单元教学过程中,也遇到一些困难,学生很难观察到多种土壤中的小动物,它们要么躲在特定的地方,要么就在土壤深处,要么行动敏捷。这需要教师提前熟悉校园土壤中动植物的分布。另外,部分学生可能对有些动植物不熟悉,比较害怕,不敢观察,这需要教师积极引导。还有一些学生思维非常活跃,他们提出各种各样的问题,如蜗牛的食物是土吗?千足虫有多少只脚,它为什么长这么多只脚?西瓜虫吃什么?土壤里也有很多教师不熟悉的植物和小动物,教师应该多补充一些相关知识,同时鼓励学生回家收集资料,持续学习。

案例提供者:陈　凤,重庆市大足区双路小学
　　　　　　陈玉菊,重庆市大足城南中学校
　　　　　　龚　兰,重庆市大足区实验小学
　　　　　　田　雨,重庆市大足区实验小学
　　　　　　赵祖莉,重庆市大足区教师进修学校
指 导 教 师:邵发仙,重庆市教育科学研究院

人类活动与环境

案例10　人类生活与自然环境

单元教学内容规划

（一）本单元学习指向的核心概念及学习进阶路线

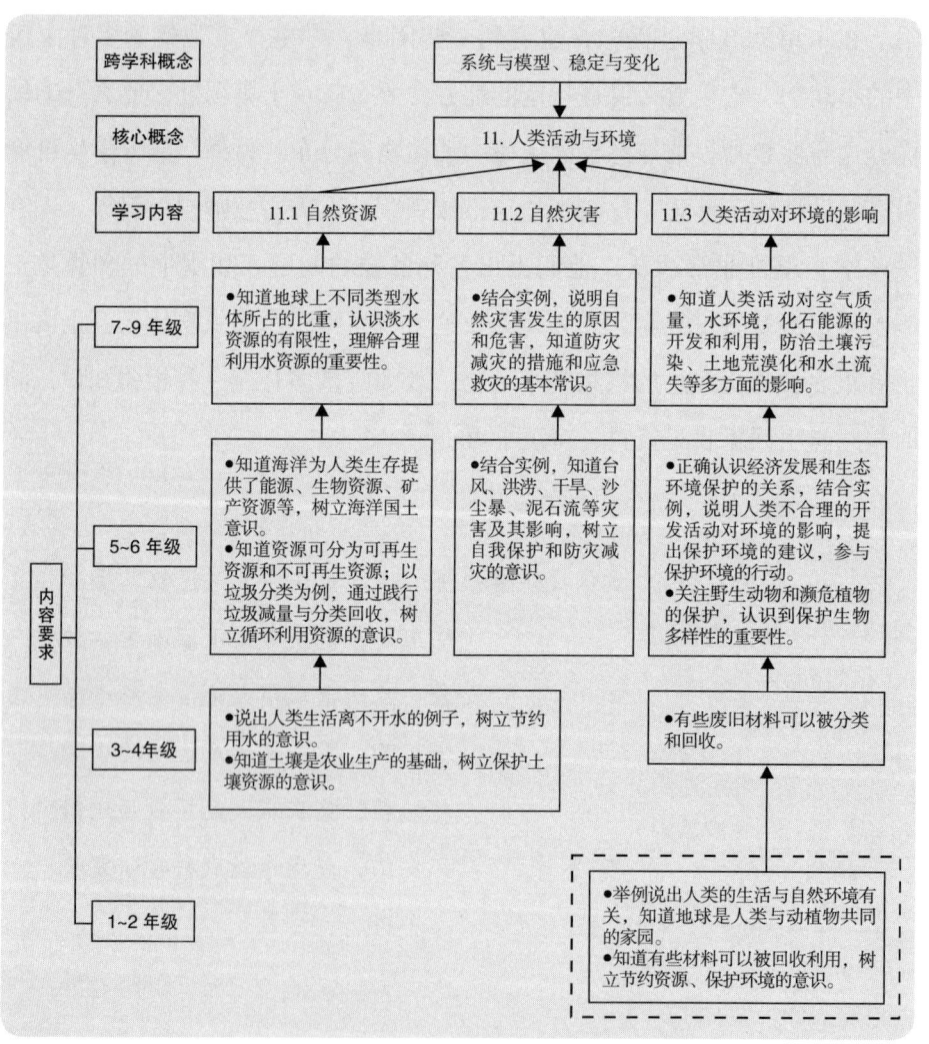

本单元聚焦"人类活动与环境"核心概念，落实课标中"人类活动对环境的影响"的学习内容要求。

1~2年级通过制订简单计划调查、观察，联系生活经验建构人类生活与自然环境的关系，初步认识到地球是人类与动植物共同的家园，树立节约资源、保护环境的意识。

3~4年级通过调查实践活动，搜集、整理与分析信息，知道有些废旧材料可以被分类和回收，了解合理利用自然资源的措施，树立节约和保护自然资源的意识。

5~6年级通过实际调查，认识整体与部分的联系，正确认识经济发展和生态环境保护的关系，提出保护环境的建议，认识保护生物多样性的重要性。

7~9年级结合实例，分析我国当前面临的资源短缺、环境污染、生态破坏等问题，并能结合资料提出解决问题的建议，树立人与自然和谐共生的价值观，并具有推动生态文明建设的意识和责任感。

通过学习，学生逐步认识到人类生活与自然环境有关，自然环境影响着人类，人类活动也影响着地球家园的自然环境，有助于学生树立节约资源、保护环境的意识与责任感，形成系统与模型、稳定与变化等跨学科概念。

（二）本单元学习内容的组织线索

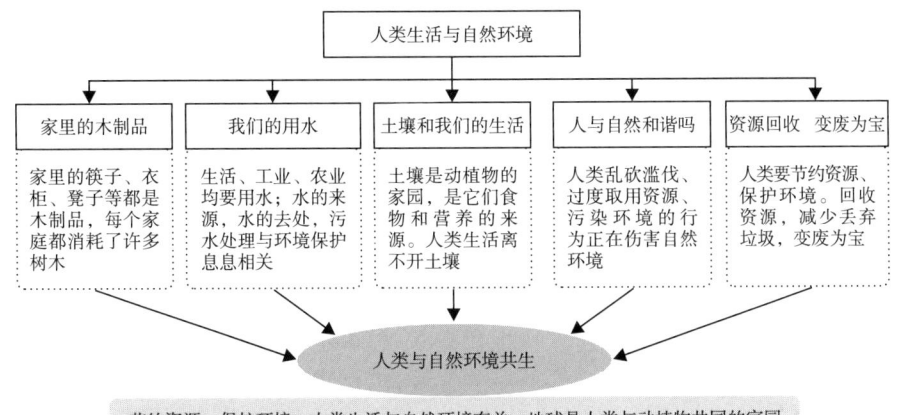

单元学习目标设计

核心素养	学习目标
科学观念	1. 认识地球是人类与动植物共同的家园，人类活动、衣食住行多方面依赖自然资源。 2. 知道人类活动对环境影响具有两面性，认识有的材料可以被回收利用，资源回收利用有利于保护自然环境
科学思维	能在教师指导下，用语言或画图的方式，表达人类生活与自然环境的关系，分析发现人类如何与自然环境和谐共生
探究实践	能在教师指导下，初步具备收集和交流信息的能力。能通过调查、访谈等搜集人类生活用水、资源回收等信息，在交流信息时能提出观点并给予信息支撑
态度责任	意识到人类过度从自然获取资源、破坏环境等行为不可取，树立关爱生命、节约资源、保护环境的意识

单元学习评价设计

"人类生活与自然环境"评价量表

核心素养	评价指标	评价等级 ★	评价等级 ★★	评价等级 ★★★	评价结果
科学观念	认识地球是人类与动植物共同的家园	知道地球是人类与动植物共同的家园，人类活动、衣食住行多方面依赖自然资源	理解地球是人类与动植物共同的家园，能举例说明人类活动、衣食住行多方面依赖自然资源	能依据地球是人类与动植物共同的家园，对人类活动、衣食住行多方面依赖自然资源进行解释说明	☆☆☆
科学观念	认识资源回收利用有利于人与环境和谐共生	知道有的材料可以被回收利用	理解有的材料可以被回收利用，能举例说明资源回收利用有利于自然环境	能判断哪些材料能被回收利用。能阐明资源回收利用有利于自然环境的意义和价值	☆☆☆

续表

核心素养	评价指标	评价等级			评价结果
		★	★★	★★★	
科学思维	阐明人类生活与自然环境的关系	能在教师引导下，用语言说出人类生活与自然环境的关系	能在教师指导下，用语言或画图的方式，表达人类生活与自然环境的关系	能自主用语言或画图的方式，分析、解释人类生活与自然环境的关系，分析发现人类如何与自然环境和谐共生	☆☆☆
探究实践	收集及交流信息	能在教师指导下，通过观察收集记录信息和进行简单交流	能在教师指导下，初步具备收集和交流信息的能力。能通过简单调查搜集人类生活用水、资源回收等信息，在交流信息时能提出观点并给予信息支撑	能自主通过观察、设计简单问题访谈、调查等方式收集信息，能通过调查、访谈等搜集人类生活用水、资源回收等信息，能自主在交流信息时提出观点并给予信息支撑	☆☆☆
态度责任	认识关爱生命、节约资源、保护环境的重要性	知道要有关爱生命、节约资源、保护环境的意识	认同生活中要关爱生命、节约资源、保护环境	树立关爱生命、节约资源、保护环境的意识，并能在生活中以实际行动践行	☆☆☆

学生情况分析

学生在一年级上学期学习了"植物"单元，一年级下学期学习了"动物"单元，对于动植物的特征与它们生活的环境有了初步的认识，这是进行本单元"人类生活与自然环境"学习的基础。经过一个学年的科学学习，学生的观察与描述能力有了明显的发展，但学生依然处于形象思维阶段，他们的抽象概括和语言表达能力仍然比较弱，二年级的学生已经能初步控制自己的情感和行为，但时常还有不稳定的情况，活动时自觉性和持久性都不足。他们精力旺盛、活泼好动，具有好奇、好动、好模仿等特点，故学习活动的设计需要注重学生的体验性，本单元以游戏化教学贯穿始终，让学生在"开火车"、问题抢答等游戏中开展观察、体验、交流等活动，有助于学生在游戏化的探索中发展学生的科学素养。

单元学习进程设计

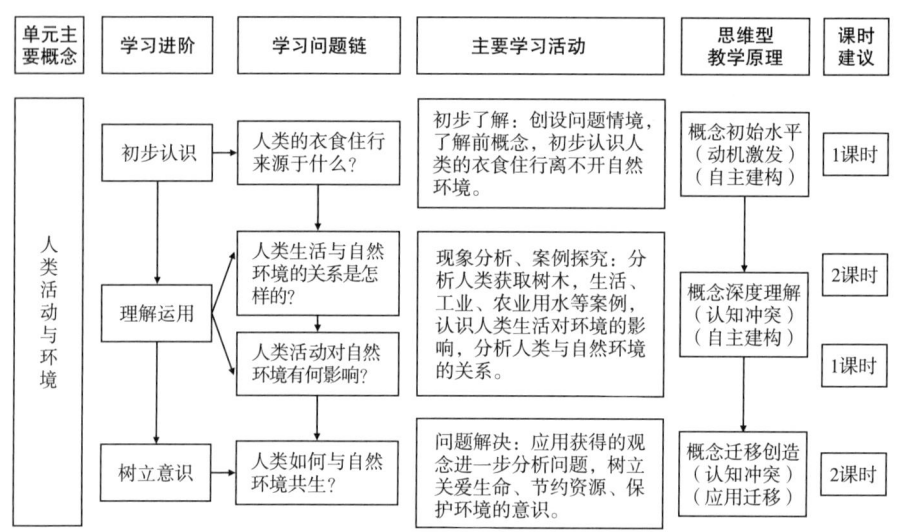

第1课时　家里的木制品

核心问题：人类的衣食住行来源于什么？

【教学目标】

1. 通过联系生活实际，能举例说出家里衣柜、凳子、桌子等均是木制品，木制品来源于自然环境中的树木。

2. 能用语言或画图的方式记录、表达人类生活所用木制品与自然环境的关系。

3. 能初步具备收集和交流信息的能力。

4. 意识到人类生活过量使用木制品对自然环境的影响，树立节约资源、保护环境的意识。

【教学重难点】

重点：认识家里的木制品均来源于自然环境，过量使用木制品会伤害自然环境。

难点：认识人类从自然环境中过量获取资源会伤害自然环境，形成保护环境的意识。

【教学准备】

教师准备：多媒体课件等。

学生准备：A4纸、彩色铅笔、学习单等。

【教学过程】

一、创设问题情境，激发动机

1. 创设问题情境：同学们家里有哪些物品是用木头制作的呢？把能想到的家里的木制品用写一写、画一画的方式都记录下来吧。

学生活动：在学习单上记录家里的木制品及木头来源。

2. 学生分小组进行"开火车"游戏。小组成员轮流讲述家里的木制品有哪些。

学生发言：家里的木制品有木勺子、木碗、木凳子……

【设计意图】唤起学生记忆，联系学生生活经验，用图文形式梳理家里有哪些木制品，并通过"开火车"的游戏激发学生积极思考，说出更多家里的木制品。在这一教学过程中，让学生意识到原来家里有这么多物品都是用木头制作的，为后续认识人类生活所用木制品与自然环境的关系做铺垫。

二、认知冲突，自主建构

1. 小组交流：家里的木制品来源于哪里？估算一下制作家里的这些木制品需要多大的树木，共需要几棵树。

2.班级研讨：统计每个小组成员家里的木制品需要的树木量，再估算全班的情况，并进一步扩大到全校、全市、全国。

学生活动：在计算、统计中发现家庭木制品所需树木的量是庞大的。

3.教师小结：每个家庭都有许多的木制品，这些木制品都来源于自然环境中的树木，我们不能不断肆意地从自然环境中获取树木。

【设计意图】通过交流家庭木制品的来源，学生能认识到木制品全都来源于自然界中的树木，人类从自然环境中获取资源，而估算制作每个家庭的木制品需要多少树木，再进一步将估算范围扩大到全班、全校、全市、全国，学生能意识到庞大的树木需求从自然环境中获取是不可行的，会影响自然环境。

三、自我监控，应用迁移

（一）交流讨论

1.小组内交流能否肆意地从自然环境中获取树木。小组成员提出观点的同时要给出理由。学生小组内交流完，再进行班级小组间交流。

2.学生可从乱砍滥伐破坏自然环境、树木可以给人类制造氧气等角度给出不能肆意地从自然环境中获取树木的理由。

（二）教师小结：人类需要树木，但不可以无限制地从自然环境中获取，因为这样的行为会破坏自然环境，从而引发一系列的环境问题，如沙尘暴等。

（三）活动拓展

1.引导学生思考：如何能既满足人类的生活需求又尽可能不破坏环境？

2.学生交流：学生基于已有认识提出可行性观点并给出理由，班级同学进行可行性评价，教师梳理并做支持率统计。

【设计意图】引导学生交流能否肆意地从自然环境中获取树木，要求学生在提出观点的同时要给出理由。学生从认识人类生活资源来源于自然环境，但不能不节制地获取树木，到能解释、表达清楚其中的关系与原因。

【精彩片段】——估计家庭木制品消耗树木的量，引发认知冲突，激发探究兴趣

师：每个人家里都有许多木制品，请同学们估算一下自己家里的这些木制品会消耗直径40厘米、高2米的树木共几棵？（在教室里将树木的大小比划给同学们看，可以讲桌、课桌等为参照物。）

生1：衣柜、茶几、桌子、凳子、橱柜、鞋柜、床、沙发这些用的木头比较多，勺子、碗等小树枝就可以制作了，可以不算。

生2：我们一样样来算。

生3：1张桌子可能需要1棵树，4张椅子可能需要1棵树……

生4：床得2棵树才够吧，衣柜需要好多棵树呢，我家有3个床都是用木头做的。

……

（估算完成）

师：同学们，来交流一下你们家的木制品一共需要多少棵树才能做好吧。

生1：我家需要18棵树。

生2：我家需要13棵树。

……

生3：我觉得他们算多了些，床大概用一棵树就能做好，而且有些同学家里的床不是用木头制作的。

生4：我赞同他的说法，我家应该需要7棵树。

师：按同学们的计算，我们班41名同学的家庭大概共消耗多少棵树呢？按最少需要7棵树算，一共消耗287棵树；按最多需要18棵树算，一共消耗738棵树。如果这个范围扩大到学校40个班级，再扩大到重庆市全市3 000万多人口的家庭，同学们能估算出我们一共需要消耗多少棵树吗？

生1：太多了，算不出来。

生2：太多了，地球上的树都要被我们砍光了。

生3：我们不可以砍那么多树。

生4：我们已经砍了那么多树吗？我们会不会没有氧气了？

【教学评析】

生活中，家里的木制品学生习以为常，交流"家庭木制品消耗了多少树木"时，学生在计算数据中认识到人类家庭生活消耗的大量树木对环境的破坏，意识到人类生活与保护环境的矛盾，思维在碰撞中发散、延伸。进而在交流中学生逐渐聚焦人类不能肆意地从自然中获取资源，从而关注人类活动对自然环境的影响，引发认知冲突，激发探究兴趣。

【学习单】

将家里的木制品及所用木头的来源填写在下面的表格中。

家里的木制品	木头的来源

第2课时 我们的用水

核心问题：人类生活与自然环境的关系是怎样的？

【教学目标】

1.了解人类生产生活的方方面面都需要用到水，理解水对于人类的重要性，认识水来自自然环境的江河湖海等。

2.能用语言或画图的方式说明水与人类生产生活的关系。

3.能通过调查了解人类生产生活的哪些方面需要用到水，水从哪里来的，污水又流向何处。

4.认识到人类生产生活产生的污水、废水需要经过系统处理才能排放，树立保护环境的意识。

【教学重难点】

重点：调查了解人类的用水需求，水的来源，污水、废水的去向。

难点：分析人类用水与自然环境的关系。

【教学准备】

教师准备：提前布置调查任务、多媒体课件等。

学生准备：学习单、班级记录表等。

【教学过程】

一、激发动机，设置调查活动

（一）调查活动（课前布置）

1.调查人类生产生活的哪些方面需要用到水。

2.调查人类生产生活用的水来自哪里。

3.调查人类生产生活产生的污水、废水是怎样处理的。

注意：学生可以通过向老师、家长等咨询调查，也可通过网络搜集信息，并将获取的信息记录在学习单上。

【设计意图】将调查活动布置在课前，学生通过调查实践活动对水的来源，水的用途，污水、废水的去向有基本的了解，为课上交流做好信息铺垫。

二、认知冲突，自主建构

1.小组汇总、整理、交流组内成员搜集到的人类生产生活的哪些方面需要用到水的信息，并进行小组间交流，生成班级记录单。

2. 小组汇总、整理、交流关于人类用水来源的信息，并进行小组间交流，生成班级记录单。

3. 小组汇总、整理、交流污水和废水的去处，并进行小组间交流，生成班级记录单。

4. 学生就本节课获取的信息，整理、分析信息，发表观点及感想。给出观点的同时要提供依据等。

【设计意图】汇总调查信息，整理、分析信息，建构对人类的用水来源和去向的整体认识，建构人类活动与自然环境的关系。

三、自我监控，应用迁移

1. 教师提问：如何节约用水，同学们有哪些好的建议？

交流活动：学生积极交流建议，教师梳理学生的建议并记录在黑板上。

2. 教师提问：污水、废水如何处理，同学们有哪些好的建议？

交流活动：学生有理有据地表达自己的想法与观点，教师将学生的想法记录在黑板上，并关注每一个想法在班级的支持率、学生认为的可行性等，激发同学们思考。

【设计意图】基于认识与理解，并结合生活实际进行运用，通过建言献策帮助学生树立保护水资源的意识与行动的责任担当。

【精彩片段】——交流污水、废水对环境、人类生活的影响，引起认知冲突，自主建构认知

师：通过大家交流分享的信息，我们生成了3张班级记录单，了解了人类的用水需求，水从哪里来，污水、废水的去处等三方面的信息，现在我想听同学们说说，了解了这些信息后，你们有什么想法？

生1：我知道了我们家里用的水来自自来水厂，自来水厂的水来自水库。

生2：水库就是一些很大的湖或者江河。

生3：我们家里每天要用很多水，还有工厂和庄稼也要用很多水，我们国家的淡水资源是不多的，我们要节约用水。

生4：我赞同要节约用水，还要保护好我们的水资源，不能让工厂随便排放有问题的水到河里。

师：好的。同学们，刚才大家说到我们要节约用水、保护水源不让工厂排放有问题的废水，你们还能想到其他的吗？

生1：我们在生活中需要用到很多水，水资源可能还不够，所以我们每一个人都要节约用水、不浪费水，洗手的水可以浇花、可以冲厕所。

生2：污水、废水不能让它乱排，不然会污染更多的水。

生3：我妈妈还说了水库的水是我们的饮用水，水库边有牌子写着禁止游泳、禁止养鸭子等，避免污染它。

师：同学们都说得很好，大家都能意识到保护水源的重要性，老师这里有一些图片，这是以前人们不注重保护水源发生的一些事情。河流里都是垃圾，废水、污水也排放到里面，臭不可闻，让那里居住的人们生病，人们后来没法在那里居住都离开了家乡。

生1：环境太糟糕了，住在那里肯定很容易生病。

生2：河里的鱼虾都死了，人们也没有干净的空气和水了。

生3：现在那里变好了吗，老师？

师：现在那里变好了，人们意识到了错误，费了很大力气治理那条河，清理垃圾和污染物，现在那条河又变清澈了（展示图片）。

生1：真好，环境变好了，人们回来了吗？

生2：人们一定回来了，你看图片上河边还有人在散步呢。

【教学评析】

在本环节中，学生基于调查到的信息汇总出班级记录表，在教师引导下整体分析了人类生产生活用水、水源、污水处理的信息链，关注水对人类的重要性，从而建构水与人类生活的联系。教师进一步引导学生认识到水源保护的重要性，形成保护水源就是保护人类生活环境的认识。本环节建立在学生充分的调查上，顺应学生认知发展规律，引导学生自主建构知识。

【学习单】

人类生产生活的哪些方面需要用到水	人类用水的来源	废水、污水的去处

第3课时 土壤和我们的生活

核心问题：人类生活与自然环境的关系是怎样的？

【教学目标】

1. 认识土壤是动植物的乐园，人类生活的衣食住行均离不开土壤。

2. 能够对土壤开展细致、全面、有顺序的观察活动，并用图画或文字记录。

3. 能基于搜集到的信息进行分析与交流。

4. 意识到土壤对人类的重要性，树立保护土壤、保护环境的意识。

【教学重难点】

重点：通过观察活动，认识土壤是动植物的乐园，人类生活的衣食住行均离不开土壤。

难点：建立人类生活的衣食住行与土壤的联系，意识到土壤对人类的重要性，树立保护土壤、保护环境的意识。

【教学准备】

教师准备：观察场地、多媒体课件等。

学生准备：相机、本子、彩色铅笔、学习单等。

【教学过程】

一、动机激发

探秘活动：带领学生去户外，引导学生观察校园中的一块土壤，并记录有哪些动物和植物在那块土壤里生活。

要求：学生安静有序地观察记录，对于不知名的动植物，可以通过自己绘画记录，也可以请教老师，或通过相机等工具将动植物拍照记录。

【设计意图】实地观察激发学生探索土壤的兴趣，直观的观察能更好地建立学生对土壤作用的认识，了解土壤是动植物的乐园，通过观察体验活动引发学生的真实思考。

二、认知冲突，自主建构

1. 基于观察记录，小组交流：为什么能在土壤里发现那么多动植物？

要求：学生交流重点在于为什么土壤里能发现那么多的动植物，而不是土壤里有什么，学生交流观点时必须有理有据，利于激发学生思考土壤对于动植物及人类的重要作用。

2. 班级研讨土壤与动植物的关系。

学生在交流中用简单的语言描述土壤与动植物的关系，逐渐明白土壤是动植物的乐园，为动植物的生存提供了条件。

3. 班级研讨土壤与人类生活的密切关系。

学生通过交流，从土壤与动植物的关系进阶到土壤与人类生活的关系，并在交流中认识到土壤对人类的重要性。

要求：给出观点的同时提供证据等。

【设计意图】通过交流，引导学生认识植物和动物的生存离不开土壤，人类生存与动植物的生存相关联，并认识到人类生活与土壤之间存在密不可分的关系。

三、自我监控，应用迁移

1. 教师提问：人类应该如何利用和保护土壤资源？

交流活动：学生交流过度利用土壤会面临什么问题，给出利用和保护土壤的建议，教师梳理汇总并以板书的形式呈现。

2. 教师提问：作为地球的主人，我们可以采取哪些有效的行动保护土壤？

交流活动：学生交流发现可以从农业、生活、政策等多方面展开行动，如撰写宣传标语、拍摄宣传视频等。

【设计意图】基于认识与理解，并结合生活实际，通过建言献策帮助学生树立保护土壤的意识与行动的责任担当。

【精彩片段】——交流土壤的作用，学生自主建构土壤与人类生活的联系

师：大家在土壤里发现了些什么？

生1：小草、一些叫不出名字的植物，我画下来了。

生2：太阳花、四叶草。

生3：还有蚂蚁、蜘蛛。

生4：蜗牛。

生5：西瓜虫。

生6：蛞蝓。

生7：还有我不知道名字的小虫子。

生8：还有蚯蚓，我今天没看到，但我知道土壤里还有蚯蚓，我以前见过。

师：为什么土壤里能有这么多植物和动物呢？

生1：土壤能给植物提供营养和水。

生2：植物能长在土壤里面，土壤可以让它活着。

师：土壤里面有什么能够让它活着？

生：营养（养分），还有水、矿物质。

师：动物呢？为什么土壤里能找到这么多动物？

生1：很多小动物在土里打洞，住在土里。

生2：土壤里有动物能吃的食物。

生3：土里面凉快。

师：同学们说得很有道理。土壤能给小动物提供食物和居住环境，能给植物提供营养。土壤和人类又有什么关系呢？

生1：人类可以在土壤里种粮食，我们才有食物。

生2：土壤上长的草也可以给动物吃。这样我们就有食物，动物也有食物。

生3：植物和动物离不开土壤，人类的食物是植物和动物，所以人类也离不开土壤。

生4：没有土壤人类就活不了，植物、动物也活不了了。

师：是的，动植物的生存离不开土壤，人类的生存也离不开土壤，所以土壤对我们非常重要。

【教学评析】

在本环节中，学生基于观察土壤里有哪些动物和植物，交流讨论"为什么土壤里能有这么多植物和动物呢"，建构土壤与动植物的关系，在教师引导下也能从动植物与人类的关系延伸出土壤与人类生活的联系，学生非常积极地展开讨论，认识在交流中逐渐深入。本环节建立在学生充分观察的基础上，顺应学生认知发展规律，引导学生自主建构知识。

【学习单】

土壤里的植物	土壤里的动物
我发现土壤与动植物的关系：	

第4课时 人与自然和谐吗

核心问题：人类活动对自然环境有何影响？

【教学目标】

1. 了解人类活动对环境是有影响的，有正面的影响，也有负面的影响。

2. 能通过制订简单的调查计划，了解人类哪些行为对环境产生了影响。

3. 能通过整理、分析信息判断人类的哪些行为产生的是正面影响，哪些行为产生的是负面影响。

4. 树立节约资源、保护环境的意识。

【教学重难点】

重点：认识人类行为会对环境产生正面或负面的影响。

难点：制订调查计划，了解人类活动对环境的影响。

【教学准备】

教师准备：多媒体课件等。

学生准备：学习单、班级记录单等。

【教学过程】

一、动机激发

1. 课前任务：课前让学生调查人类面临哪些环境问题，可以通过向老师、家长等咨询调查，也可通过网络搜集信息，并将获取的信息记录在学习单上。

2. 调查汇报：小组汇总、交流调查结果并进行小组汇报，生成调查结果班级记录单。

（预设：大气污染、白色污染、水污染、土地荒漠化、垃圾污染、森林面积减少、海洋污染……）

【设计意图】调查了解人类面临的环境问题的活动能引发学生对环境问题的关注，并激起学生探索环境问题产生的原因的兴趣与想要解决问题的行动。

二、认知冲突，自主建构

1. 问题抢答游戏：以小组为单位分析、交流产生这些环境问题的原因，学生抢答，统计得分。

学生活动：在抢答游戏中，学生给出观点的同时要提供依据，一个有效答案记一分，激发学生积极思考产生环境问题的原因。

2. 教师梳理所有问题的答案，并进行小结。

教师小结：人类产生垃圾，乱砍滥伐，排放不合格的废水、气体等，给我们的环境带来了伤害，环境破坏与人类生产生活等活动脱不开干系，人类不能让这些环境问题再继续恶化下去。

【设计意图】原因分析透彻才能找到解决问题方法的切入点，梳理汇总原因为解决问题做铺垫，既让学生了解问题解决思路，也让学生认识到人类活动会对自然环境产生巨大的影响。通过进行游戏能更好地激发学生思考的活跃性、广度与深度。

三、自我监控，应用迁移

1.引导学生研讨人类活动产生了诸多环境问题，思考：我们应该如何解决问题，怎样才能保护我们的地球家园？

交流活动：学生交流解决办法，教师对每一个想法给予评价，并引导学生分析其有效性和可行性。

2.引导学生进一步制订计划调查人类可以采取什么样的行动，能给环境带来积极正面的影响，进而更好地保护我们的地球家园。

交流活动：学生小组内交流可以采取什么行动来保护环境，并小组商议制订可行的计划，在课后完成调查活动。教师鼓励学生积极采取力所能及的行动。

【设计意图】基于认识与理解，并结合生活实际进行运用，通过建言献策帮助学生树立保护环境的意识与展开行动的责任担当。

【精彩片段】——分析人类活动对环境的影响，认知自主建构

师：我们通过调查发现人类面临的环境问题有大气污染、白色污染、水污染、土地荒漠化、垃圾污染、森林面积减少、海洋污染……同学们了解这些环境问题是如何产生的吗？

生1：我知道白色污染主要是由我们使用太多的塑料袋造成的，因为塑料袋很多年都不能分解，它越来越多，污染了环境。

生2：地球消化不了塑料袋，塑料袋还会污染我们的土壤，有些人把塑料瓶、塑料袋丢弃在海边，还会污染海洋，海洋里的动物吃了就会生病。

生3：大气污染是我们空气被污染了，工厂排放有毒的气体，还有汽车产生的尾气，都会污染空气。

生4：森林面积减少是因为人们砍了太多树了，在之前的学习中，我们就认识到了每个家庭里都有很多木制品，制作木制品，需要很多树木。

……

师：刚才同学们说到的这些环境问题都是由人类的一些行为产生的，这是人类与环境的不和谐，大家也知道如果就这样下去，某一天地球就不再适合人类居住了。还记得学习"我们的用水"那一课时的那条河吗？当它被污染时人们都离开了那里，当它被治理好后人们就都回来了，但如果地球环境被破坏了，我们将无处可去！

生1：我们现在就要保护好环境，不能破坏环境。

生2：我们要改变不好的习惯，我们要保护环境。

生3：我们要做好垃圾分类，不能随便乱扔垃圾。

生4：我们还要多多种树。

生5：能不开车就不开，要多走路。

……

师：是的，我们的生存资源源于自然，人类离不开好的环境，好的环境利于人类的生存，所以我们要充分认识人类与自然环境共生的关系，多多采取有利的行动，让我们地球家园的环境变得更美好，我们每一个人都是地球家园的小主人，要用行动保护好自然环境。

【教学评析】

在本环节教学中，学生通过交流人类面临的环境问题是如何产生的引发认知冲突，通过交流分析认识到人类活动对环境有诸多负面影响，让环境遭到破坏，同时也认识到人类可以采取行动给环境以正面影响，从而认识到自然环境与人类的生存有着密不可分的关系。学生在交流中思维不断碰撞，分析具体情况建构人类与自然环境需要和谐共生的认知。

【学习单】

人类面临的环境问题	人类行为对环境影响的调查
	时间： 地点： 人类行为： 环境情况： 解决问题的建议：

第5课时 资源回收 变废为宝

核心问题：人类如何与自然环境共生？

【教学目标】

1. 认识有些资源可以被分类回收。

2. 通过调查了解哪些资源可以被分类回收，分类回收的物品有何用处。

3. 能用语言或图文的方式表达、交流资源回收的益处。

4. 树立保护环境意识，践行资源回收、变废为宝的行动。

【教学重难点】

重点：通过调查活动，了解哪些资源可以被分类回收，分类回收的物品有何用处。

难点：调查计划制订与调查行动实施。

【教学准备】

教师准备：图片、影音资料等。

学生准备：调查家里有哪些可以回收利用的资源、学习单等。

【教学过程】

一、动机激发

1. 学生通过图片、影音资料自主学习了解人类从自然环境中过度获取资源对环境的影响。

要求：学生在观看图片、影音资料的过程中勾画、记录重点。

2. 学生列举人类生产生活中存在的浪费资源的行为，并交流浪费资源带来的危害，意识到浪费资源，过度从自然环境中获取资源会对环境不利。

要求：学生提出观点的同时要给出理由。

【设计意图】通过学习了解人类过度从自然环境中获取资源对环境的伤害，学生能够了解到人类过度获取和浪费资源的行为对环境的影响，基于现实问题引发学生思考。

二、认知冲突，自主建构

1. 引导学生研讨：我们怎么做，可以减少从自然环境中获取资源？

交流活动：学生提出观点并说明理由，邀请其他同学进行评价，交流其方法的可行性。教师梳理学生的想法并呈现在黑板上，统计每一个观点的支持率。

2. 引导学生研讨：垃圾分类回收为什么可以减少对环境的影响？

交流活动：学生提出观点并说明理由，邀请其他同学进行评价，交流其方法的可行性。教师梳理学生的想法并呈现在黑板上。

【设计意图】通过驱动型问题让学生主动思考如何合理利用自然资源，减少对环境的破坏。将学生的想法呈现在黑板上，既汇总展示学生思维过程，也鼓励学生积极思考。减少获取资源的一大行动就是垃圾分类回收，学生通过思维的碰撞交流认识到垃圾分类回收的意义，并为后续学习如何更好地推进垃圾分类回收，转化意识为行动做好铺垫。

三、自我监控，应用迁移

1. 引导学生分析如何更好地推进垃圾分类回收。

交流活动：学生提出观点并说明理由，邀请其他同学进行评价，交流其方法的可行性。教师梳理学生的想法并呈现在黑板上。

2. 引导学生分享变废为宝的建议及案例。

交流活动：学生提出观点并说明理由，邀请其他同学进行评价，交流其方法的可行性。教师梳理学生的想法并呈现在黑板上。

3. 引导学生展开行动：课后调查了解哪些物品可以被分类回收。

学生以小组为单位，在课堂上思考讨论调查计划如何制订，在什么时间、在什么地方开展，调查内容是什么等。课后利用调查记录表完成调查。

【设计意图】基于认识与理解，并结合生活实际进行运用，通过建言献策帮助学生树立节约资源、保护环境的意识与展开行动的责任担当。

【精彩片段】——分类评价、建言献策，学生实现迁移应用

师：分类回收可以让我们减少从自然环境中获取资源，也可以减少垃圾，以便更好地保护环境，你知道哪些物品可以被分类回收吗？我们可以通过一个游戏了解。

电子白板上可回收物品分类游戏互动：将物品分为两类，"可回收"与"不可回收"，学生拖拽对应分类的物品到相应的框中。

生1：快递箱可回收。

生2：废铁可回收。

生3：书可回收。

生4：西瓜皮不可回收。

生5：塑料瓶可回收。

……

师：是的，纸、金属、塑料等物品都是可以回收的，为什么这些物品能被回收呢？

生1：它们可以收回来重新制作其他的东西。

生2：它们不像西瓜皮那样会坏、会烂。

师：分类回收有什么好处？

生1：收回来的东西可以重复用，能减少垃圾，保护环境。

生2：把垃圾变为可以用的物品，可以减少垃圾。

生3：我们可以少用新的，减少对环境的破坏。

师：回收的物品除了可以用来制作新的物品，还可以废物利用、变废为宝，我们一起来观看一个视频，同学们可以边看边想，还能怎么变废为宝呢？

生1：可以用牛奶瓶制作花瓶。

生2：我家的一个洒水壶是用洗衣液壶制作的。

生3：废旧报纸、纸壳可以制作模型。

……

师：同学们真棒，都是善于思考、热爱生活、关注地球环境的好公民。我们可以从身边许多的小事做起，行动起来，做好垃圾分类、资源回收，还可以变废为宝，保护好我们共同的家园。

【教学评析】

在本片段教学中，学生认识到通过回收利用、变废为宝可以减少人类从自然环境中获取资源。通过交流认识到有些资源可以被分类回收，以减少垃圾的产生，建构回收利用、变废为宝可以更好保护环境的认知。学生学会迁移应用，践行资源回收、变废为宝的行动，利于人类与自然环境和谐相处。

【学习单】

垃圾分类回收	具体物品
厨余垃圾	
有害垃圾	
其他垃圾	
可回收物	

第6课时 人类与自然环境共生

核心问题：人类如何与自然环境共生？

【教学目标】

1. 认识地球是人类与动植物共同的家园。

2. 能整理、分析人类与自然环境共生的资料信息。

3. 能分析、解释人类与自然环境共生的必要性。

4. 树立节约资源、保护环境的意识。

【教学重难点】

重点：分析、整理人类与自然环境共生的信息，认识到人类活动能够影响环境。

难点：能通过学习，分析、解释人类与自然环境共生的必要性。

【教学准备】

教师准备：多媒体课件等。

学生准备：调查人类生产生活的哪些方面依赖环境，学习单等。

【教学过程】

一、动机激发

1. 温故知新，创设情境：引导学生思考人类活动会对环境产生影响吗，有哪些方面的影响？

2. 交流活动：学生基于独立思考提出观点，教师引导并通过板书梳理呈现学生的思考，再基于学生提出来的观点进行小结。

【设计意图】问题导入聚焦"人类活动会对环境产生影响"，学生基于前几课时的学习，能很快认识到人类活动对自然环境的影响是多且范围广的。

二、认知冲突，自主建构

1. 学生以小组为单位完成人类行为对自然环境影响的学习单，交流并举例说明人类活动对环境的影响。

2. 小组研讨人类活动对环境的影响是正面还是负面的。

要求：小组汇报时要有理有据，有疑问的同学要勇于提出质疑，学生自发交流互动。

3. 班级分享交流环境反过来影响人类的案例。

交流活动：学生交流环境影响人类的案例，意识到人与自然必须和谐相处，破坏环境就是在伤害人类自己。

要求：学生基于思考提出观点，提出观点的同时给出依据。

【设计意图】举例说明人类活动对环境的影响是多方面的，可以是正面的，也可以是负面的。人类对环境产生的负面影响，反过来也会影响居住在此环境中的人类，使学生认识到人与自然环境是需要和谐共生的，地球是人类与动植物共同的家园。

三、自我监控，应用迁移

1. 学生以小组为单位合作，设计理想家园，思考理想家园是一个怎样的环境。

（1）小组合作思考理想家园是一个怎样的家园，有怎样的环境和资源条件，人类与自然是如何和谐相处的。

（2）小组合作以图文结合的方式完成理想家园的初步设计。

2. 班级研讨梳理采取怎样的行动能更好地创建理想家园。

要求：基于已有知识有理有据地提出对于创建理想家园，人类可以采取哪些行动，创建成功后人类又将采取什么行动以便更好地维护我们人类与自然环境和谐相处的理想家园。

3. 教师小结：人与自然环境和谐共生才是双赢的局面，我们积极采取行动保护环境就是爱护我们自己，同学们，我们每一个人都是地球的小主人，让我们每一个人都行动起来，为人与自然环境的未来贡献力量。

【设计意图】基于认识与理解，结合生活实际进行运用，通过理想家园的设计帮助学生更好地认识到地球是我们共同的家园，树立节约资源、保护环境的意识与展开行动的责任担当。

【精彩片段】——交流人类活动与环境的相互影响，认知自主建构

师：人类活动影响着环境，那么环境反过来能影响人类吗？谁能举例说说。

生1：环境不好的话，人类就没法正常生活了。

生2：小河被污染了，就会臭气熏天，人就没办法在小河边散步了。

师：人类的哪些行为会破坏环境呢？

生1：乱扔垃圾、汽车排放尾气。

生2：排放核污染水到海里。

生3：砍伐树木。

师：垃圾会污染环境，汽车尾气会污染空气，你们喜欢生活在垃圾遍地、空气污浊的环境里吗？

生：不喜欢，破坏了环境，大自然会惩罚我们的。

师：展开说说，怎么惩罚我们？

生1:向海洋里排放核污染水,海里的鱼受到污染我们就不能吃了,吃了我们会生病的。

生2:环境被污染了就会有沙尘暴,植物、动物会死,最后人类也会死。

生3:污染了环境,我们没有好的空气,会被臭死。

生4:植物少了,动物没了,没有干净的水,没有充足的食物,我们也会死的。

师:我们如果破坏环境,就是在破坏我们赖以生存的家园,所以我们应该怎么做?

生1:保护环境。

生2:不乱扔垃圾,不开车。

生3:垃圾分类回收,把一些可回收的东西重新利用起来,这样可以减少垃圾。

生4:我们要保护好环境,多多种树。

师:是的。我们的行为影响着环境,环境也影响着我们的生活。所以我们要尽力保护环境,不做破坏环境的事,例如,不乱扔垃圾,但车还是可以开的,因为我们有时候需要赶时间,靠自己双腿所能去到的距离有限,但是我们可以尽量选择公共交通工具,这样能够减少汽车尾气的排放。让我们一起从身边的小事做起,行动起来,保护好我们共同的家园。

【教学评析】

本片段教学中,学生通过列举人类活动对环境的影响事例,逐渐意识到人类的很多活动都在影响着环境,同时结合被破坏后的环境会将受到的影响反馈给人类,认识到人类和环境相互依存,地球是人类和动植物赖以生存的家园,人类可以采取很多行动保护我们的家园。在交流中,教师引导学生自主合作思考,通过追问激发学生深层的思维,让学生保护环境的观念从产生到形成,最后转变为行动的落实。在学生分类评价、建言献策中实现迁移应用。

【学习单】

人类行为	对自然环境的影响	是否有利

持续反馈与应用设计

项目式作业一　从家开始的保护地球行动

【任务】

连续 10 天对家里的废旧物品进行分类回收，并追踪分类回收后这些废旧物品的去向和作用。

物品名称	类别	数量	去向	作用

【要求】

1. 调查家里哪些废旧物品是可以回收利用的。

2. 连续 10 天对家里的废旧物品进行分类回收。

3. 追踪分类回收后的废旧物品的最终去向。例如，快递纸箱送到回收站后，最终会去到哪里，能产生什么样的作用，实现怎样的价值。

项目式作业二 发起保护地球行动

【任务】

家里的废旧物品可以变为有用的宝贵资源,如果有更多的人加入分类回收活动,把垃圾变为资源,我们的地球家园一定会变得更加美好。写一条宣传标语、编一首儿歌、画一幅手抄报等行动都可以让更多的人加入保护地球的行动中来,请你用喜欢的方式号召更多人加入保护地球的行动中来吧。

【要求】

思考什么行动能号召更多的人加入保护地球的行动中来。

单元教学反思

本单元教学注重学生的观察与体验,让学生基于自己的探索发现,交流现象,发现规律,激发思维,自主建构知识。

在教学的游戏活动中,学生了解到人类的衣食住行都源于自然环境,认识到人与自然环境的关系,地球是人类与动植物的共同家园,了解人类活动对自然环境的影响有好有坏,我们应该减少负面影响,积极创造更多正面影响,同时我们需要节约资源、保护环境,与自然环境和谐共生。

教师在教学中引导学生积极思考,并与同伴合作交流。独立思考、合作交流是学生学习科学的重要方式。游戏化学习能较好地激励学生在具体的游戏活动中进行思考,鼓励学生发表自己的意见,并与同伴进行交流。在思考与交流的过程中,教师提供适当的支持,善于选择学生发言中有价值的问题或意见,引导学生开展讨论,寻找问题的答案。教师有意识地培养学生与人交流的意愿和习惯,使学生逐步学会运用适当的方式描述自己的想法,并学会倾听他人的意见。在游戏化的学习中,要特别注重培养学生提出问题的意识和能力,充分利用学生已有的知识经验,注重引导学生收集信息、整理信息，并结合游戏化教学中的体验让学生把所学的科学知识应用到生活中去，解决身边的科学问题。

教学中，通过游戏化教学激发学生的兴趣，利用多元的素材，组织学生开展多种多样的学习活动。教学时，教师应时常关注学生参与学习活动的兴趣，多鼓励学生积极参与，允许学生用自己的语言表达想法。让每个学生喜欢上课、喜欢教师，进而喜欢科学。本单元的学习内容为人类活动对环境的影响，学生联系生活实际，了解人类活动对地球环境的影响有两面性，人类生存对环境的依赖，认识到要保护环境，树立节约资源、保护环境的意识，并转化为行动的责任担当。

案例提供者：吴世芳，重庆市南岸区教师进修学院附属小学校
指导教师：杨地雍，重庆市南岸区教师进修学院

技术、工程与社会

案例11 打开工具箱

单元教学内容规划

（一）本单元学习指向的核心概念及学习进阶路线

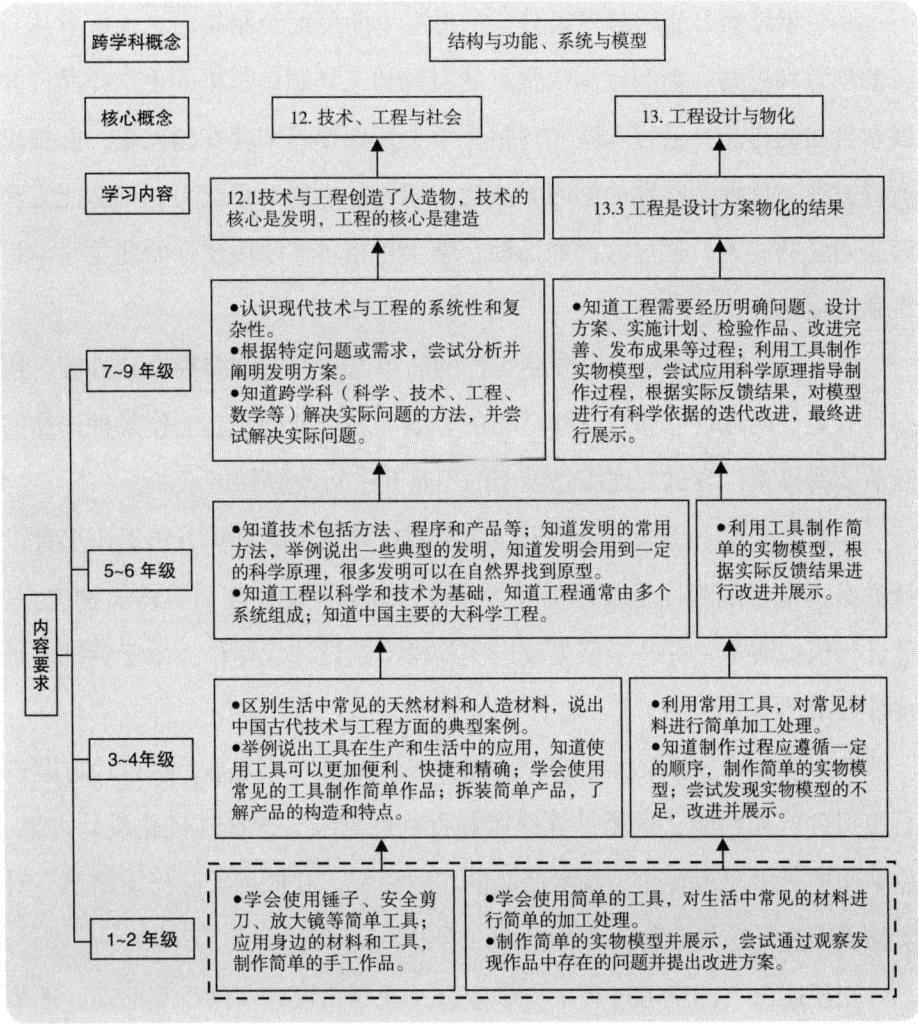

本单元聚焦"技术、工程与社会"核心概念，落实课标中"技术与工程创造了人造物，技术的核心是发明，工程的核心是建造"的学习内容要求。

通过工程活动，人类能够改善生活质量，提高生产效率，保护环境和资源，以及解决各种现实问题。工程活动是人类社会发展的必然产物，是人类智慧和创造力的结晶，对人类社会和自然环境都起着重要的作用。未来，随着科技的不断进步和人类对自然的认识不断深化，工程活动将继续发挥重要的作用，为人类创造更加美好的生活和未来。

1~2年级学习使用常见工具，掌握简单的草图绘制技巧，能够表达自己的创意和思路。能利用周围常见的材料和工具制作简单的手工作品，并展示自己的作品。通过观察和评估，学会发现作品中存在的问题，并提出改进方案。这种实践性的学习方法旨在培养学生的动手能力、创造能力和解决问题的能力。通过这样的活动，学生将在早期阶段就开始建立科学思维和工程思维。

3~4年级提出满足一定限制条件的简单设计问题和多种设计方案，用多种方式说明设计思路，选择适当的方案。利用常用工具制作某种产品的简单实物模型，尝试发现实物模型的不足并进行改进和展示。

5~6年级基于所学科学知识，应用创造性思维的基本方法提出多种设计方案，基于批判性思维评价并优化设计方案。能制作简单的实物模型，能进行模拟演示，并基于证据改进实物模型的设计和制作，乐于尝试多种设计方案。

7~9年级基于所学科学原理，根据需求提出设计方案，对设计方案进行模拟分析和预测，运用计算思维和批判性思维，选择并优化设计方案。能制作把科学原理转化为技术产品的实物模型，并依据实际反馈结果，对实物模型进行迭代改进。

在层层深入的学习过程中，学生通过观察、设计、制作等活动，逐步了解常见工具及其作用,有助于学生形成结构与功能和系统与模型的跨学科概念。

(二)本单元学习内容的组织线索

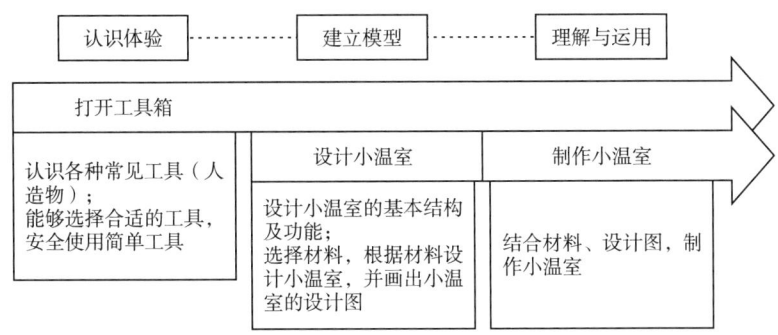

单元学习目标设计

核心素养	学习目标
科学观念	1. 认识常见工具是科技发展的产物。 2. 了解简单工具的结构及其功能
科学思维	1. 能在教师指导下,观察常见工具的特点,能利用材料和工具,通过口述、画图等方式描述和表达自己的思路。 2. 通过具体形象思维进行设计,用简单流程图、草图说出设计思路
探究实践	1. 知道简单工具的功能和使用方法,能利用身边的材料和简单工具动手完成简单的任务,能发现作品中存在的问题并尝试提出解决方案。 2. 能在教师的指导下完成学习任务,并进行总结反思,初步养成良好的学习习惯。 3. 具有简单交流、评价探究过程和结果的意识
态度责任	1. 了解技术与工程改变了人们的生产和生活,感受生活中常见的工具能给人类生活带来的便利。 2. 对设计和制作小温室的活动感兴趣,愿意和同学合作,能与同学分享观点,具有实物制作的兴趣,乐于表达、讲述自己的想法。 3. 树立节约资源和环境保护的意识

单元学习评价设计

单元学习评价设计一

"打开工具箱"评价量表

核心素养	评价指标	评价等级			评价结果
		★	★★	★★★	
科学观念	认识工具	能在教师的引导下，了解简单工具的结构及其功能	能在教师的引导下，自己归纳描述简单工具的结构及其功能	能在教师的引导下，了解简单工具的结构及其功能，并认识常见工具是科技发展的产物	☆☆☆
科学思维	理解工具的特点	能在教师的指导下，观察常见工具的特点	能在教师的指导下，观察常见工具的特点，并使用材料和工具，通过口述、画图等方式进行简单描述	能在教师的指导下，观察常见工具的特点，并使用材料和工具，通过口述、画图等方式表达自己的思路	☆☆☆
探究实践	使用常见工具	能在教师的指导下，知道简单工具的功能和使用方法，能利用身边的材料和简单工具动手完成简单的任务	能在教师的指导下，知道简单工具的功能和使用方法，能利用身边的材料和简单工具动手完成简单的任务，能发现作品中存在的问题并尝试提出解决方案	能在教师的指导下，使用简单工具，利用身边材料和简单工具自主完成学习任务，并进行总结反思，初步养成良好的学习习惯，具有简单交流、评价探究过程和结果的意识	☆☆☆
态度责任	知道工具发展带来的变化	能在教师指导下，了解技术与工程改变了人们的生产和生活，感受生活中常见的工具能给人类生活带来的便利	能在教师的指导下，了解技术与工程改变了人们的生产和生活，列举1~2个例子说明生活中常见的工具能给人类生活带来的便利	对设计和制作小温室的活动感兴趣，愿意和同学合作，能与同学分享观点，乐于表达、讲述自己的想法；知道合理选择相应的材料能够节约资源，具有环境保护的意识	☆☆☆

单元学习评价设计二

"学习做个小温室"实验能力检测

学校：_____ 班级：_____ 姓名：_____ 学号：_____

1. 小温室应该具备哪些功能呢？请在□中打"√"。

 □透光　　□防寒　　□通风　　□_____

2. 我们组选择的盆栽是：

 □宝石花　□凤仙花　□苔藓　□仙人掌　□芦荟　□捕蝇草

3. 制作小温室，我们用到的工具和材料有：

 □订书机　　□剪刀　　　□尖嘴钳　　□螺丝刀　　□羊角锤

 □小木棒　　□吸管　　　□纸盒　　　□泡沫板　　□扎带

 □双面胶　　□透明胶带　□橡皮筋　　□细铁丝　　□保鲜膜

 还有_____。

4. 我们的温室设计图及实物图（可粘贴）

设计图	实物图

5. 制作好的小温室与设计图主要的不同点：

_____

_____

学生情况分析

二年级学生在数学课上已经学习了如何使用直尺测量一个物体的长度。学生对于常见工具既陌生又熟悉，虽然能说出一部分工具的名称和作用，但对于工具的概念只有模糊的印象，还没有掌握工具的使用方法。学生对工具的使用有浓厚的兴趣，所以教师应当把握时机创设情境或者利用各种图片、视频，激发学生的求知欲，吸引学生的注意力，让学生认识更多的工具以及它们的作用。

通过第1课时的学习，学生对使用工具完成一些简单任务兴趣强烈，喜欢动手实践，愿意与他人合作，已经具备初步的观察能力和自主学习的能力。但学生的抽象概括能力、语言表达能力和动手操作能力仍然比较弱，教师需要设置学生感兴趣的话题，激发学生的兴趣，吸引学生的注意力。生活经验的积累，使学生对螺丝或多或少都有所认识和了解，可是这些认识又是零散的、不全面的。对于拧螺丝的经验更少，因此教师的指导和帮助仍然非常重要。

通过第2课时的学习，学生对温室有了简单的了解，教师根据学生喜欢动手实践、活泼好动、思维发散、善于创新、好奇心强、喜欢玩的特点来设计本节课，让学生在问题的引导下完成设计和制作小温室的学习任务，在动手制作的过程中体验创造的艰辛和成功的快乐，在做中学，在学中思，以达到更好的学习效果。

打开工具箱就是打开一般家庭常用的工具箱，这些工具基本以五金工具为主。对于现在的学生来说，亲手钉一枚钉子或拧一颗螺丝的机会比较少，所以教师有必要加强这方面的教学，强化学生对工具及其实际作用的认识，这也是培养学生克服困难的能力和坚韧意志的重要一课。

单元学习进程设计

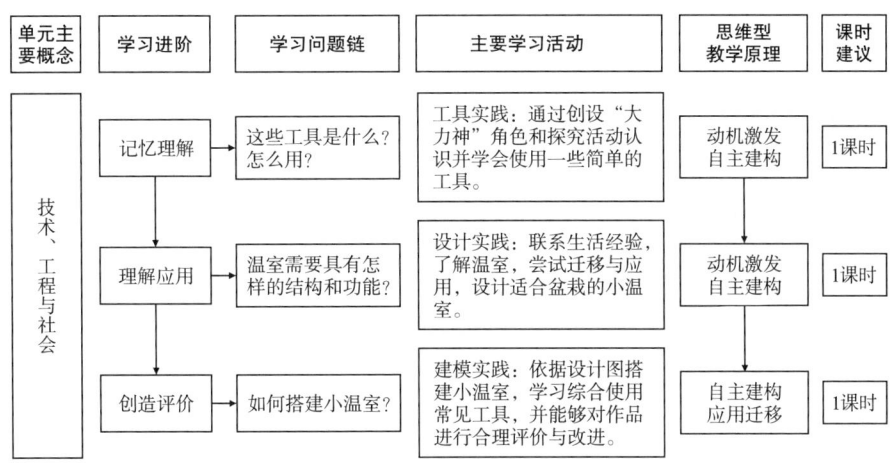

第1课时 认识常见的工具

核心问题：这些工具是什么？怎么用？

【教学目标】

1. 认识工具箱里的一些常用工具，如锤子、螺丝刀、老虎钳等。

2. 学会使用一些简单的工具，例如羊角锤、尖嘴钳、螺丝刀等。

3. 认识同种工具也有不同的样式和功能。

4. 通过探究活动体会工具的发展历史。

【教学重难点】

重点：认识常见工具，能够学会使用一些简单的工具。

难点：利用简单工具完成小任务。

【教学准备】

教师准备：多媒体课件、工具箱等。

学生准备：卷尺、羊角锤、尖嘴钳、小铁钉、木板、不同材质的锤子等。

【教学过程】

一、情境导入

讲述：今天我们教室里来了一位神秘人物，他叫"大力神"。他是一位来自我国古代的人。今天，他要带领同学们穿越到古代闯关探秘！

【设计意图】以古代的"大力神"作为导入，既为下面认识锤子做铺垫，也能够激发低年级学生的学习兴趣和学习动机。

二、认识锤子的前世今生

1. 教师用多媒体课件展示一张大石头的图片，"大力神"告诉老师：我们的第一关就在石头的锦囊里。打开锦囊，揭示任务：你们能想办法使大石头破碎吗？

2. 学生思考并说出自己的办法。（引导：古代没有铁锤，因此要用坚硬的东西来砸开。）

3. 动画演示古代人用另一块大石头砸开大石头。也可以制作道具，现场演示。

4. 提问：搬起大石头很费劲，第二关是让你们想办法帮助古代人省力。

5. 学生思考并交流汇报，引出带手柄的锤子并用图片展示。

6. 语音播放：其实我就是古代发明锤子的人，大家叫我"大力神"！同学们真是太棒了！了解了锤子的发明历史，同学们成功闯过了前两关！

7. 教师从百宝箱中拿出实物铁锤，提问：这个锤子和照片上的锤子有什么不同？（预设：锤头是用金属制作的。）

8. 师生进一步交流锤子的发展历史。

9. 追问：你们见过人们用锤子完成了哪些工作？

10. 第三关是在木板上左起十厘米处钉一枚钉子。

11. 提问：要完成这个任务需要哪些工具？

12. 学生讨论汇报。（引导：需要尺子、铁锤。）

13. 教师从百宝箱中拿出卷尺和铁锤，演示使用铁锤的注意事项，学生分组合作完成任务。

【设计意图】创设"大力神"带领同学们闯关的情境，使学生在每个关卡的任务驱动下思考解决问题，在解决问题的过程中，学习锤子的发明历史、使用方法，并引出更多常用工具。

三、创设情境，打造神秘百宝箱，认识更多工具

1. 讲述：同学们完成得真是又快又好！可是小马虎同学将钉子钉错了位置，你们能帮助他把钉子拔出来吗？

2. 师生交流互动。

3. 铁锤、卷尺都是老师刚才从这个百宝箱里拿出来的，这里面的宝贝能帮助我们解决这个问题吗？下面请同学们打开百宝箱，认一认、想一想它们各自有什么作用，在学习单中进行连线。

4. 小组完成观察百宝箱并连线的任务。

5. 汇报小结：原来这个百宝箱中装的都是常用工具，所以它叫工具箱。

6. 提问：你们发现百宝箱里用来拔钉子的工具是哪个呢？

7. 学生汇报，教师展示用羊角锤拔钉子的步骤及注意事项。

8. 学生分小组使用羊角锤拔出木板上的钉子。教师设计一个小组的钉子为螺丝钉，产生拔不出来的差异，引发学生的认知冲突。

9. 讲述：为什么拔不出来呢？投影让学生观察这个小组的钉子和其他小组的有什么不同。

10. 提问：这样有螺纹的钉子叫螺丝钉，工具箱里有能帮我们拆卸螺丝钉的工具吗？

11. 学生交流汇报。（引导：使用螺丝刀。）

12. 学生小组分工合作开始利用螺丝刀拧螺丝钉。教师在活动材料上

设置不同类型的螺丝钉，但是给学生都发相同的螺丝刀，再次制造困境，引发学生思考。

13. 学生汇报，发现有的小组可以拧下螺丝钉，有的小组不能完成，引导学生思考螺丝钉是不同的。

14. 通过图片让学生观察螺丝钉钉帽的形状并说一说拧螺丝钉活动中自己的发现。

15. 师生小结：不同的螺丝钉要用不同的螺丝刀来拧。

16. 过渡小结：同种工具有不同的样式，其功能往往也不同。

17. 出示生活、生产中几种人们使用不同锤子的场景。提问：他们分别用的是什么锤子？为什么用这种锤子？

【设计意图】由钉错的钉子引发任务驱动——拔钉子，又在拔钉子的活动中制造拔不出钉子的困境，让学生在解决问题的过程中，发现钉子不同，拔钉子的工具也不同，进而帮助学生深刻体会不同工具发挥的作用不同。

四、拓展延伸，总结课堂

1. 出示锯子的图片，引发学生思考锯子的作用和来历。

2. 揭示鲁班发明了锯子，讲述："大力神"发明了锤子，鲁班发明了锯子，我们的祖先用自己的辛勤劳动和聪明才智，为我们创造了美好的世界！还有哪些工具有什么有趣的发明故事呢？请同学们课下再去找一找吧！

【设计意图】借锤子、锯子的发明，展示我国古代劳动人民的智慧和我国古代灿烂的科技文化，增进学生对我国文化的认同，坚定文化自信。

【精彩片段】——动机激发，利用螺丝钉不能被羊角锤拔出，引发认知冲突，激发学习兴趣

师：你们发现百宝箱里用来拔钉子的工具是哪个呢？

生：羊角锤。

师：展示用羊角锤拔钉子的步骤及注意事项。

生：学生小组合作利用羊角锤拔出木板上的钉子。

师：在刚才拔钉子的活动中，有一个小组总是拔不出来，我们看看这个小组的钉子和其他小组的有什么不同？投影展示。

生：这个小组的钉子上有螺纹，是一个螺丝钉，其他小组的只是一个普通的钉子。

师：工具箱里有能帮我们拆卸螺丝钉的工具吗？

生：螺丝刀。

师：学生小组分工合作利用螺丝刀拧螺丝钉。

教师在活动材料上设置不同类型的螺丝钉，但是给学生都发相同的螺丝刀。

生：有的小组可以顺利拧下螺丝钉，有的小组无法完成。

师：对比不同小组的螺丝钉和螺丝刀，你们有什么发现？

生：不同的螺丝钉要用不同的螺丝刀来拧。

师：同种工具有不同的样式，其功能往往也不同。

【教学评析】

在学生使用羊角锤拔钉子的活动中，将一个小组的钉子设计为螺丝钉，为下一步学习螺丝刀埋下伏笔，在看似意外的结果中，将学生引入对新工具的认识和思考，使学生不断在遇到问题和解决问题的过程中思考、学习。在小组拧螺丝钉的活动中，将不同小组的螺丝钉设计成不同种类，但是发给学生们同种螺丝刀，再次制造认知冲突，使学生在学习困境中不断发现问题、思考问题，并最终解决问题。

【学习单】

为不同的任务选择合适的工具（请连线）。

拔钉子

量长度

锯木头

刷墙壁

拧螺丝钉

剪断铁丝

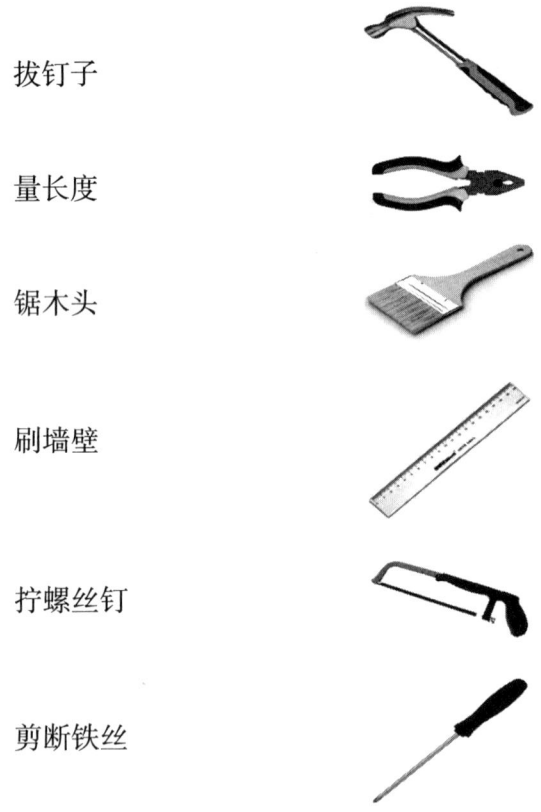

第 2 课时　设计小温室

核心问题：温室需要具有怎样的结构和功能？

【教学目标】

1. 了解温室的结构和功能。

2. 在设计温室的活动中，运用分析和比较等方法为所选盆栽设计合理的温室。

3. 根据设计图选择合适的材料与工具，了解技术与工程实践的一般过程和方法。

4.感受温室在人们生活中的重要作用。

【教学重难点】

重点：了解温室的结构与功能，为盆栽植物设计合理的温室。

难点：根据盆栽的特点，结合温室的结构与功能，绘出简单的温室设计图。

【教学准备】

教师准备：多媒体课件、植物生长资料卡、种类不同的植物盆栽（宝石花、凤仙花、苔藓、仙人掌、芦荟、捕蝇草等）等。

学生准备：制作小温室的材料与工具（小木棒、吸管、纸盒、泡沫板、扎带、双面胶、透明胶带、橡皮筋、细铁丝、保鲜膜、订书机、剪刀、尖嘴钳、螺丝刀、羊角锤等）等。

【教学过程】

一、情境导入，激发学习动机

1.出示多肉盆栽——宝石花，介绍其原生生长环境，出示其生活条件（温度、光照、需要的水分等）。

2.对比西安的气候，思考该如何帮助宝石花度过寒冷的天气。

【设计意图】了解宝石花的原生生长环境，对比云南与西安的气候，从而激发学生的学习动机，让学生思考帮助宝石花过冬的方法。

二、了解温室，尝试迁移与应用

1.教师出示冬季温室中的草莓和蔬菜图片，学生交流生活中常见的情境与在温室中的感受。

2.补充介绍冬季常见水果和绿色蔬菜的温室种植技术，感受温室与人们日常生活的密切联系。

3.组织学生观察不同的温室图片，思考并发现温室结构的共同特点。

4. 交流温室各部分结构与功能之间的关系。

5. 教师小结。

【设计意图】在温室中种植草莓是大多数学生在冬天见到的场景，通过出示温室中草莓和蔬菜的图片，为学生搭建一个熟悉的桥梁，引导学生进行合理的迁移与应用，从而为宝石花设计温室做铺垫。

三、绘制温室设计图

1. 出示不同种类的盆栽（如宝石花、凤仙花、苔藓、仙人掌、芦荟、捕蝇草等）。

2. 通过资料卡片，分别介绍不同种类盆栽生长对温度、光照、水分等的要求。

3. 小组选择其中一个盆栽，讨论这个盆栽的生长要求和所需空间。

4. 小组根据讨论结果，为所选盆栽画出一个简单的温室设计图。

5. 小组针对设计图，讨论制作温室可能用到的材料与工具。

6. 教师进行评价并提出建议。

【设计意图】提供更多盆栽并搭配相应的植物生长资料卡，引导学生通过自学的方式了解所选植物生长的要求，从而更加合理地绘出温室设计图。

四、交流与优化

1. 学生以小组形式进行设计和分享，同伴间倾听并给出合理化建议。

2. 小组根据建议再次讨论并对设计进行优化。

3. 教师进行评价并提出建议。

【设计意图】通过小组分享，学生能够收获更多可参考的方法。同时，通过交流，学生也能不断反思自己设计中存在的不足之处，从而进行优化和改进，推进自我监控的落实。

【精彩片段】——联系生活经验，了解温室，尝试应用迁移

师：草莓和蔬菜的生长对温度的要求很高，我们为什么能在冬天有源

源不断的蔬菜和水果呢？

生：学生思考与交流。

师：同学们在生活中都是细心观察的孩子。（出示冬季温室中的草莓和蔬菜图片）对于老师手中这盆来自云南的宝石花，你们有方法帮助它在西安过冬吗？

生：可以给宝石花也制作一个小温室。

师：你们的想法特别好，那么温室应该具备哪些功能呢？请小组讨论。

生：保温、光照、通风、能够灵活拿取盆栽……

师：大家说得特别有道理，请同学们仔细观察这些温室的结构，说一说它们为什么要这样设计。

生：1. 温室的高度和外观造型可能取决于种植植物的高低；

2. 卷帘设计有助于通风；

3. 透明薄膜能够保证充足的光照；

4. 框架部分都很结实牢固；

5. 留有出入口方便盆栽的拿取……

师：看来同学们已经熟悉了温室的结构，现在老师可以放心地将盆栽交给大家了。请各小组选择一个盆栽，仔细阅读植物生长资料卡，为你们的盆栽设计一个舒适的温室吧！

【教学评析】

温室在生活中并不常见，但却与我们的生活息息相关。出示学生熟悉的温室中的草莓和蔬菜图片，让学生意识到冬季人们能吃到草莓和蔬菜的原因，提高对温室重要性的认识，增强任务驱动的效果。同时联系生活中的温室与植物生长的要求，使学生更容易理解温室各部分的结构与其发挥的作用之间的联系，为后续的设计与制作做了充足的铺垫。

【学习单】

1. 小温室应该具备哪些功能呢？请在□中打"√"。

　　□透光　　□防寒　　□通风　　□_____

2. 我们组选择的盆栽是：

　　□宝石花　□凤仙花　□苔藓　□仙人掌　□芦荟　□捕蝇草

3. 我们绘制的温室设计图

```
┌─────────────────────────────────┐
│                                 │
│                                 │
│                                 │
│                                 │
│                                 │
└─────────────────────────────────┘
```

4. 同伴提出的改进建议有_____。

5. 制作小温室，我们计划用到的工具和材料有：

　　□订书机　　□剪刀　　　□尖嘴钳　□螺丝刀　□羊角锤

　　□小木棒　　□吸管　　　□纸盒　　□泡沫板　□扎带

　　□双面胶　　□透明胶带　□橡皮筋　□细铁丝　□保鲜膜

还有_____。

第 3 课时　制作小温室

核心问题：如何搭建小温室？

【教学目标】

1. 观察小温室的结构，知道制作小温室需先搭建框架，再覆盖透明塑料薄膜。

2. 能够比较、分析不同材料的特点，思考对应的连接方式，选择合适的工具。

3. 依据设计图搭建小温室，学习综合使用常见工具，能够对作品进行合理评价与改进。

4. 体会动手制作的乐趣，善于合作，乐于分享，了解智能温室给人们生活带来的便利。

【教学重难点】

重点：利用合适的材料和工具制作小温室。

难点：能够依据标准对作品进行合理评价。

【教学准备】

教师准备：多媒体课件、温室模型、制作小温室的材料与工具（小木棒、吸管、纸盒、泡沫板、扎带、双面胶、透明胶带、橡皮筋、细铁丝、保鲜膜、订书机、剪刀、尖嘴钳、螺丝刀、羊角锤等）等。

学生准备：温室设计图、小盆栽等。

【教学过程】

一、情境导入

1. 先出示不同的小温室设计图，然后出示制作好的温室模型。

2. 提问：大家想不想让自己绘制的小温室设计图变成真的小温室呢？我们要怎样制作呢？接下来，就让我们一起变身小小工程师吧！

【设计意图】通过展示温室模型，激发学生动手制作的兴趣和对制作方法的探究欲。

二、制作小温室

1. 请学生拿出自己上节课绘制的小温室设计图，回顾温室的结构，思考应该先制作哪一部分。

2. 出示搭建框架的不同材料，提出问题：如何进行连接？不同材料的连接方式一样吗？分别要用到什么样的工具？

3. 请学生代表示范较简单的连接方式，教师演示其他方式，强调注意事项。

4. 学生对照自己绘制的设计图，根据需要选择相应的材料和工具完成小温室框架的搭建。

5. 提问：搭建好框架之后，下一步应该做什么？

6. 出示几块形状和大小相同的塑料膜，引导学生思考：大家设计的温室形状不同、大小不同，如何让塑料膜更贴合？知道需要对塑料膜进行测量和裁剪。

7. 学生利用简单工具进行测量，并根据数据裁剪塑料膜，然后进行粘贴、固定。

8. 调整、完善自己的温室作品，并放入所带的小盆栽。

【设计意图】通过亲历搭建小温室的过程，学生能够在情境中进行观察、比较、分析，建构工具与材料相匹配的观念，提升综合运用不同工具的能力。

三、展示与评价

1. 提问：要评选出小温室最佳制作奖，我们可以从哪些方面进行评比呢？

2. 小组讨论，初步确定评比要素并尝试说出评比方法。

3. 出示细化评比表，引导学生感知评价要有理有据。

4. 学生分组进行评比并填写学习单，展示优秀温室作品。

【设计意图】通过展示与评价，学生能够从不同角度分析温室作品的优缺点，发展全面客观看待事物的科学思维，并在此过程中勇于表达、乐于分享自己的想法和观点。

四、拓展与改进

1. 提问：温室主要有保温、防寒、透光的功能，但夏日温室内温度过高也会影响植物的生长，你们有什么好办法解决这个问题吗？

2. 学生讨论、交流，知道可以在光照强的时间段覆盖遮阳网，请学生课后选择合适的材料改进自己的小温室。

3. 播放视频，介绍智能化温室，感受科技发展带来的便利。

【设计意图】创设新的相关情境，引导学生对温室作品进行改进和创新，学会对科学问题深入探究，并体会科技发展对生产生活的积极意义。

【精彩片段】——交流连接方式，引发认知冲突，建构工具与材料相匹配的观念

师：现在大家仔细观察一下自己绘制的设计图，想一想，要制作小温室，第一步应该先完成哪一部分呢？

生：应该先搭建框架。

师：同学们在设计框架的时候选择了不同的材料，老师也已经给大家准备好了这些材料，可是搭建的时候怎样才能把它们连接起来呢？

生1：可以用螺丝进行连接。

生2：可以用订书机订起来。

生3：也可以用热熔胶固定。

生4：还可以用小皮筋绑起来……

师：同学们说了这么多的方法，老师手里的小木棒可以用订书机进行连接吗？

生：不行，太难操作了。

师：那可以用什么连接呢？

生：可以用皮筋、螺丝或者热熔胶连接。

师：所以，我们在选取连接工具的时候要注意什么呢？

生：要根据自己设计的框架材料合理选择不同的工具和方法。

师：那有没有同学愿意给大家示范一下具体的操作呢？

学生代表示范不同的连接方式，教师指导、补充，强调注意事项。

师：现在请大家根据自己的设计图，领取所需的工具和材料，开始搭

建框架吧!

【教学评析】

学生在上一节课已经完成了小温室的设计图,并初步确定了制作所需的材料和工具。然而,在实际制作过程中,学生又面临新的挑战:不同材料的框架如何搭建?塑料膜如何更紧密、更牢固地贴合在框架上?这些都是考验学生动手能力和创意思维的实际问题。教学时,教师并没有直接给出答案,而是通过逐步引导的方式,让学生在实践中发现问题、思考问题,并最终找到解决问题的方法。教师引导学生仔细观察手中的材料,了解每一种材料都有其独特的性质和用途。木材结实耐用,但连接处需要特别处理;塑料管轻便易得,但稳固性需要考虑;铝合金虽然价格稍高,但搭建起来更为方便快捷。教学过程中,教师鼓励学生根据材料的特性以及设计图的要求来选择合适的搭建方法。在整个制作过程中,学生表现出了极高的热情和耐心,不仅成功地解决了遇到的问题,还获得了宝贵的实践经验和成就感。

【学习单】

"制作小温室"评价量表

项目	评价等级			评价结果
	★	★★	★★★	
完整性	有较完整的骨架结构	有较完整的骨架结构及塑料薄膜	有完整的骨架结构及塑料薄膜,留有出入口	☆☆☆
稳固性	可放置,但易晃动	可平稳放置,不易晃动	可平稳放置,不易晃动,各连接处牢固	☆☆☆
美观性	骨架搭建略歪斜,塑料膜褶皱明显	骨架搭建整齐,塑料膜褶皱较少	骨架搭建整齐,塑料膜平整,整体造型美观	☆☆☆
实用性	能放置小盆栽	能放置小盆栽,方便拿取	能放置小盆栽,方便拿取,后续生长空间充足	☆☆☆
想一想,说一说: 1.制作好的小温室和绘制的设计图有哪些地方不一样?为什么会出现差异? 2.在制作小温室的过程中,你们遇到了哪些问题?你们是如何解决的?				

持续反馈与应用设计

项目式作业　我是小小修理师

【任务】亲爱的同学们,通过一个单元的学习,你们对工具有了哪些深入的了解呢?快快化身为小小修理师,大展身手,用工具开始修理吧!

【要求】

一、寻找身边的工具

工具照片 (可贴照片或画图)	工具名称	作用(简单描述,也可口述)

二、开启维修之旅

小小修理师,赶快带着你的工具开启维修之旅吧!可以找一找,哪里需要维修,判断一下需要什么工具,动手将它修理好,并把工作的感受口述给你的伙伴和老师吧!(一定要在家长的监护下完成,注意安全。)

维修工作感受	参考句式:我发现_____需要维修,我选择了工具_____,维修的难易程度(难\比较难\比较容易\容易),结果我维修(好了\没好);没修好,原因是_____

单元教学反思

二年级学生已经学习了如何使用直尺来测量物体的长度。虽然他们对常见工具有所了解，但对工具的概念还不是很清楚，也没有掌握如何正确使用这些工具。教师可以通过创设情境或使用图片、视频等方式来激发学生的求知欲，吸引学生的注意力，让学生了解更多工具的名称和作用。学习单以及学生画的流程图、草图记录了学生科学思维的发展轨迹，呈现出研究的经历，也是教师评价学生科学学习效果的重要依据。同时，学习单也是学生科学活动中解决问题、分析问题、归纳发现和总结汇报的一种方式，有助于科学素养的形成。

一、动机激发——启发思维

课堂学习单对学生实验操作具有一定的指导价值，成为学生实验探究的"脚手架"。例如，在设计"设计小温室"一课的学习单时，教师设计了"小温室应具备哪些功能""小组盆栽选择"与"计划用到的工具和材料"几项内容，在学习单中出示了高低、宽窄等不同的盆栽以及各种工具和材料，学生需要自主思考并设计怎样的小温室才能将盆栽放置稳固、不歪斜等。这样既为学生指明了设计小温室结构时需要考虑的因素，又给学生预留了思考的空间。学习单设计有梯度、有启发，具有明确实验重点与实验方法双重目标的导向作用，有助于低年级学生科学思维的形成。

二、制造冲突与矛盾——激发思维碰撞

学生的前概念具有顽固性、隐蔽性和不连贯性。在学习过程中，学生的认知发展可能存在科学概念和前概念不断博弈的现象。课堂学习中设计的简洁高效的预测环节，可以充分暴露学生的前概念，聚焦学生共同的疑点。例如，在"制作小温室"一课中，教师不断提出问题，引发学生判断思考，学生对上节课所选择的各种工具与材料等提出质疑，充分暴露了他们的前概念，同时增强了学生的好奇心。

三、评价与激励——促进思维发展

在后续交流汇报评价环节，教师可引导学生回答选这个材料和工具的原因，哪些工具和材料选了后又改变了，引发学生对态度责任目标中树立节约资源和环境保护意识的思考。在交流展评中，由学生自己评价自己小组制作的小温室，学生之间可以了解彼此的科学实验技能水平和思维发展水平。在评价制作小温室评价量表的过程中，学生对制作小温室再次产生探究兴趣。

案例提供者：段小丹，西安市碑林区大学南路小学
邱　娟，西安交通大学附属小学
赵　昱，西安市碑林区铁五小学
刘　欢，西安建筑科技大学附属小学
朱妮妮，西安市碑林区永新小学
指导教师：李　群，陕西省碑林教师进修学校
商小红，西安市教育科学研究院

工程设计与物化

案例12　多功能餐盒

单元教学内容规划

（一）本单元学习指向的核心概念及学习进阶路线

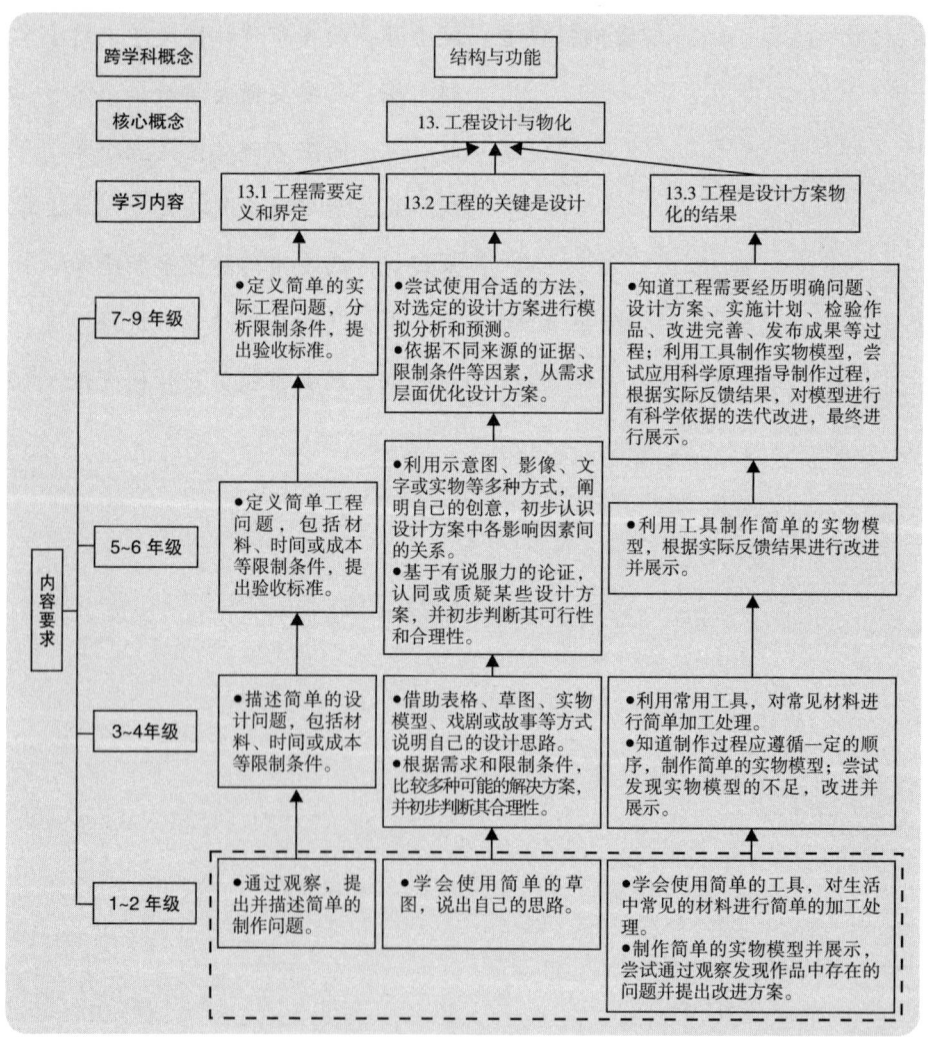

本单元聚焦"工程设计与物化"核心概念，落实课标中"工程需要定义和界定""工程的关键是设计"" 工程是设计方案物化的结果"的学习内容要求。

1~2年级初步基于观察提出并描述一个简单的制作问题，感受工程实践的特点，具有制作实物的兴趣。

3~4年级初步使用多种方法展示设计思路，使用多种工具进行简单加工，能尝试比较不同方案的合理性。

5~6年级初步具有质疑和创新的态度，基于批判性思维评价并优化设计方案，能基于证据改进实物模型的设计和制作。

7~9年级能提出简单工程问题的验收标准，创造性地提出多种方案，养成"问题—改进—新问题—再改进"的实践习惯。

在层层深入的学习过程中，通过观察、设计、制作、测试等活动，学生逐步理解"结构与功能""系统与模型"等跨学科概念，逐步建构工程设计与物化这一核心概念。

（二）本单元学习内容的组织线索

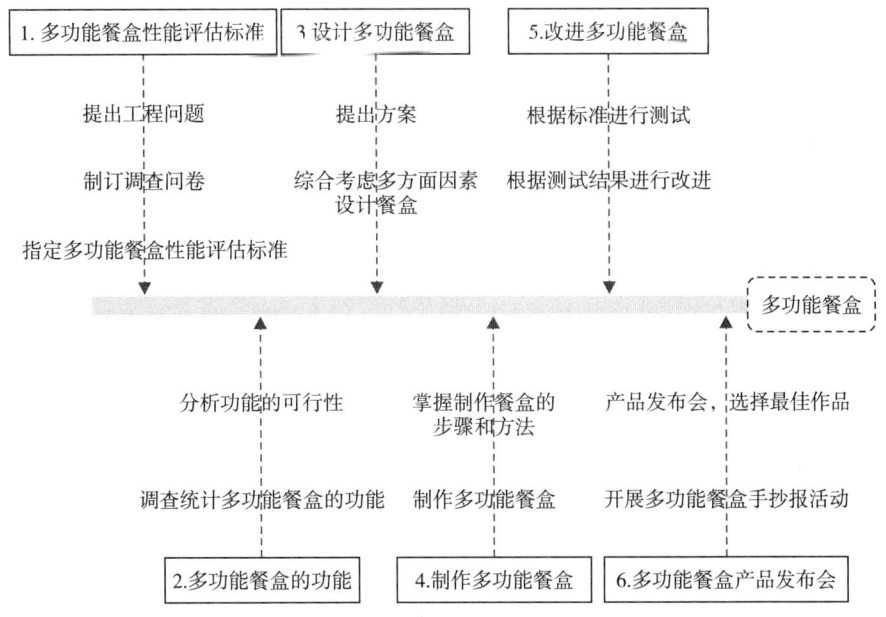

单元学习目标设计

核心素养	学习目标
科学观念	1. 认识常见物体的基本外部特征,认识生活中常见的材料。 2. 知道常见简单科技产品的结构决定了其功能。 3. 知道有些材料可以回收利用
科学思维	1. 通过观察,提出并描述简单的制作问题。 2. 学会使用简单的草图,说出自己的思路
探究实践	1. 能够观察并描述物体的轻重、厚薄、颜色、表面粗糙程度、形状等外部特征,能根据物体的外部特征对其进行简单分类。 2. 学会使用简单的工具,观察对象的外部形态特征及现象,对生活中常见的材料进行简单的加工处理。 3. 能使用常见工具和材料制作简单的实物模型,并发现实物模型的不足
态度责任	1. 树立节约资源、保护环境的意识。 2. 了解生活中常见的科技产品能给人类生活带来便利,科技产品有利有弊

单元学习评价设计

单元学习评价设计一

"多功能餐盒"评价量表

核心素养	评价指标	评价等级 ★	评价等级 ★★	评价等级 ★★★	评价结果
科学观念	认识常见物体的基本外部特征,认识生活中常见的材料	知道陶瓷、金属、木材、塑料、硅胶等是生活中常见的材料	初步了解陶瓷、金属、木材、塑料、硅胶材料的轻重、薄厚、颜色等外部特征	在观察比较中感受陶瓷、金属、木材、塑料、硅胶材料的光滑程度、保温性、安全性等特点	☆☆☆
科学思维	能利用材料和工具表达自己的想法	知道可以用陶瓷、金属、木材、塑料、硅胶等材料来制作多功能餐盒	知道多功能餐盒需要满足技术可行性、成本、安全性、是否美观等要求	多功能餐盒功能的实现需要使用不同的方法	☆☆☆

续表

核心素养	评价指标	评价等级			评价结果
		★	★★	★★★	
科学思维	能基于观察提出并描述一个简单的制作问题	了解多功能餐盒更具安全性和卫生性	知道多功能餐盒还需要具备的功能	通过观察和学习,提出"设计与制作多功能餐盒"的工程性问题	☆☆☆
探究实践	能在教师的指导下对比、提出感兴趣的问题,做出简单猜想,并制订计划	能在教师的指导下认识制作多功能餐盒的重要性	了解"多功能餐盒"可以满足人们对于就餐的安全性和便捷性的要求	综合考虑餐盒的功能、技术可行性、成本、安全性、是否美观等,设计满足需要的多功能餐盒	☆☆☆
	能使用常见的工具和材料制作简单实物模型	使用简单草图,说出自己的思路	使用简单的工具,对生活中常见材料进行简单处理	制作简单的实物模型并展示,通过观察发现作品的问题并提出改进方案	☆☆☆
态度责任	具有实物制作的兴趣,并乐于表达、讲述自己的想法	愿意参与到实物模型的制作中来	能够主动承担实物模型制作过程中的任务分工	积极主动地交流分享自己的观点并合作完成实物模型的制作	☆☆☆

单元学习评价设计二

"多功能餐盒"小组自评表

评价项目	各维度表现及对应分数			
	1分	2分	3分	
餐盒的容量大小	餐盒只能装下一小部分食物	餐盒能够装下大部分食物	餐盒能够装下所有食物	
餐盒的密封性	餐盒中的水大量流出	餐盒中的水少量流出	餐盒中没有水流出	
餐盒的保温效果	食物温度过低,不能入口	食物温度较低,勉强能够入口	食物温度适中,适合入口	

续表

评价项目	各维度表现及对应分数		
	1分	2分	3分
餐盒的清洁效果	肉眼可以看见污渍	肉眼看不见污渍，用放大镜可以发现污渍	用放大镜也看不见污渍
餐盒的安全性	餐盒表面破损情况严重且食物模型掉落出来	餐盒表面破损情况一般，食物模型部分掉落或未掉落	餐盒表面基本无破损，食物模型未掉落
餐盒的外观	餐盒结构不完整，没有盖子	餐盒结构完整，但外观不美观	餐盒结构完整且外观美观
餐盒能否同时装下筷子和勺子	餐盒不能装下筷子和勺子	餐盒只能装下筷子或勺子	餐盒能同时装下筷子和勺子
小组自评	我们是第_____组，总分21分，我们给自己组的评分是_____		

"多功能餐盒"小组互评反馈表

评价项目	各维度表现及对应分数			小组评分						平均分
	1分	2分	3分	一	二	三	四	五	六	
餐盒的容量大小	餐盒只能装下一小部分食物	餐盒能够装下大部分食物	餐盒能够装下所有食物							
餐盒的密封性	餐盒中的水大量流出	餐盒中的水少量流出	餐盒中没有水流出							
餐盒的保温效果	食物温度过低，不能入口	食物温度较低，勉强能够入口	食物温度适中，适合入口							
餐盒的清洁效果	肉眼可以看见污渍	肉眼看不见污渍，用放大镜可以发现污渍	用放大镜也看不见污渍							
餐盒的安全性	餐盒表面破损情况严重且食物模型掉落出来	餐盒表面破损情况一般，食物模型部分掉落或未掉落	餐盒表面基本无破损，食物模型未掉落							

续表

评价项目	各维度表现及对应分数			小组评分						平均分
	1分	2分	3分	一	二	三	四	五	六	
餐盒的外观	餐盒结构不完整，没有盖子	餐盒结构完整，但外观不美观	餐盒结构完整且外观美观							
餐盒能否同时装下筷子和勺子	餐盒不能装下筷子和勺子	餐盒只能装下筷子或勺子	餐盒能同时装下筷子和勺子							
我们组获得评价的平均分数										

学生情况分析

从学习内容上看，学生能够理解"物质由材料组成"的重要概念，初步建立"材料的结构与性质观念"，能观察并描述物体的轻重、厚薄、颜色、表面粗糙程度、形状等外部特征，也能认识常见物体的基本外部特征，认识生活中常见的材料，知道物体的各种功能价值可以更好地为生产生活服务。

从认知水平上看，学生初步具备利用各种知识寻找解决问题的方法的意识，乐于观察，善于发现和提出问题，但缺乏动手操作能力，同时查阅相关材料，借助跨学科知识参与设计，提出科学与工程技术问题的能力也欠佳。实践活动过程中需要学生参与各种调查、收集、分析、假设等活动，明确解决问题的思路和方法，用已有经验、知识将问题进行简化，但由于学生经验和思维发展的局限性，在实践中学生提出的设计方案可能会不够合理、可行度不够高。

单元学习进程设计

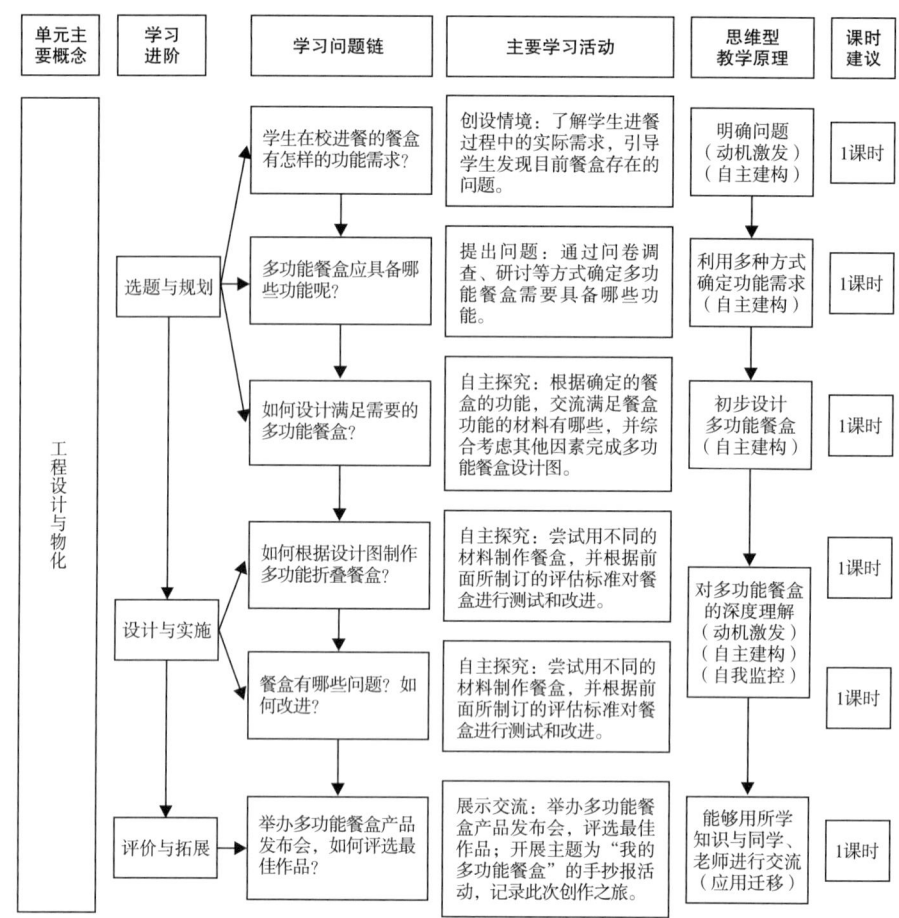

第1课时 餐盒的使用现状分析

核心问题：学生在校进餐的餐盒有怎样的功能需求？

【教学目标】

1. 熟悉生活中常见的材料类型（如塑料、木材、陶瓷、金属等），知道餐盒的基本结构和功能。

2. 在教师引导下，学生学会对餐盒的使用现状进行调查研究、整理记录。

3. 开展跟踪记录、问卷调查等实践活动，结合餐盒的基本结构和功能，锻炼学生提出"设计与制作多功能餐盒"工程性问题的能力。

4. 在好奇心的驱使下，对常见的自然现象或生活现象表现出探究兴趣，并且能如实记录观察到的信息。

【教学重难点】

重点：明确设计与制作多功能餐盒的工程问题及实践任务。

难点：借助跨学科知识和相关材料，尝试参与设计调查问卷，自主分析并与同学合作，初步提出成功解决问题的评价标准。

【教学准备】

教师准备：多媒体课件等。

学生准备：前期初步设计的调查问卷、调查记录单等。

【教学过程】

一、创设情境

1. 播放学生在校就餐的视频

提问：在校就餐时大家最关心的问题是什么？

追问：如何解决学生校内就餐的安全性和便捷性问题？

【设计意图】通过真实问题情境，引发学生思考和交流，提出有价值的探究问题。

二、合作探究

活动一：餐盒使用现状调查汇报

1. 前期学生观察并记录了每日就餐时使用餐盒的形式和数量，统计了各种餐盒的材料属性、外形等特征。请各小组代表反馈交流。

2. 教师小结：餐盒使用现状分析。

活动二：调查问卷汇报交流

1. 各小组代表进行长期观察和走访，采用问卷调查的形式记录各班餐盒的使用情况，以及抽样记录使用后的信息反馈（至少一个月）。

2. 教师提问：为了解决这个困扰我们的问题，大家能否设计出一款适合我们在校就餐的多功能餐盒呢？

3. 学生交流讨论，定义问题：我们要研究的问题是什么？

（1）从观察记录和问卷调查中收集学生在使用餐盒过程中遇到的问题。

（2）能否使用统一的多功能餐盒实现使用的安全性和统一管理的便捷性？这种餐盒要满足哪些功能要求？

（3）我们面临什么样的功能选择和约束条件？

【设计意图】通过亲身参与调查，培养学生的探究意识；结合数据分析，通过细致的交流，培养学生的证据意识。

三、研讨交流

1. 教师讲述：为了确保我们设计的多功能餐盒能满足大家的需求，我们需要对多功能餐盒进行环保检测和功能的适用性测试。

2. 综合讨论交流后的意见，按照项目小组对将要设计和制作的多功能餐盒讨论交流，制订初步的评估标准。

3. 班级交流，形成初步的产品性能评估标准，包含材料的选择、功能的确定以及产品的美观性等方面的考量。

【设计意图】在前期充分调查研究的基础上，通过头脑风暴，让学生大胆创新。

四、教师小结

经过前期调查取证以及讨论交流，我们初步确定了多功能餐盒应该具备的功能选择和约束条件。接下来大家可以结合生活实际进一步思考这些功能的适应性和可行性，以及如何去实现这些功能。

【设计意图】经过对课堂的小结,将探究的问题进一步升华,形成新的问题链,有利于整个活动的持续推进。

【精彩片段】——聚焦真实情境,引发认知冲突,激发探究兴趣

师(基于真实情境提出问题):在校期间,我们强调用餐的安全性。日常使用的一次性餐盒既不环保也不卫生,自带餐盒又存在功能单一、难以清洗等问题。那么,如何使用统一的多功能餐盒,实现使用的安全性和统一管理的便捷性?

生1:我觉得要考虑餐盒的安全性,首先应该考虑用什么材料来制作餐盒。

生2:我同意他的观点,而且我们还要考虑这种材料的成本和耐用度。

师:大家的回答一针见血,想法非常不错。那么,在材料的选取上,我们还要考虑如何实现餐盒的功能选择,你们又会从哪些方面考虑呢?

生1:我们需要考虑如何清洗的问题,比如冬天很冷,我就会为洗碗发愁呢!

生2:还得考虑温度的调节和时长的设定。

师:你们能够考虑实际问题,看来大家做了很充分的课前调查。

生3:我要补充一点,餐盒还得分成小格,这样我们就可以将不同的食物分开装。

大家点头同意。

师:那如何实现统一管理呢?

大家小声讨论。

生:我觉得可以根据自己喜欢的风格设计成不同的外观,这样就很容易辨认了。

师:聆听了大家精彩的交流,老师为你们点赞。接下来,我们就一起来设计多功能餐盒的评估标准吧!

【教学评析】

本节课是单元整体教学的起始课，我们通过单元整合，并结合单元内容进行了主题设计——多功能餐盒，聚焦真实存在的问题。通过前期的问卷调查和具体使用情况反馈，学生已经收集了具体情境中存在的问题。结合情境中存在的问题，引发学生的认知冲突。本节课通过对调查问卷和走访记录的分析整理，激发学生的探究兴趣，并针对存在的问题提出了多功能餐盒的设计思路。接着，经过激烈的交流讨论确定了多功能餐盒需要具有哪些功能，并形成了初步的评估标准。由真实情境出发一步步提出解决实际问题的方法，同时也为多功能餐盒的设计、制作、测试等提供了真实可靠的脚本。

【学习单】

餐盒使用情况记录表

班级：_____   日期：_____   记录员：_____

材料	不锈钢：（　　）人 陶瓷：（　　）人 一次性塑料盒：（　　）人	玻璃：（　　）人 循环塑料盒：（　　）人 其他：（　　）人
外形	四方形：（　　）人 圆形：（　　）人	长方形：（　　）人 其他：（　　）人
备注	（使用过程中的体验感）	

餐盒使用情况抽样记录表

班级：_____ 日期：_____ 记录员：_____

材料	□不锈钢　　□玻璃 □陶瓷　　　□循环塑料盒 □一次性塑料盒　□其他
优点	□容量大　□环保卫生　□安全性高　□保温效果好 □密封性好　□易清洗　□不易变形　□耐高温 □隔热效果好　□携带方便　□防摔　□其他
缺点	□容量不足　□不环保　□安全性低　□保温效果差 □密封性差　□不易清洗　□易变形　□不耐高温 □隔热效果差　□携带不方便　□易破易碎 □其他方面
改进建议	

第2课时　餐盒的功能

核心问题：多功能餐盒应具备哪些功能呢？

【教学目标】

1. 知道材料具有不同的结构和性质，初步了解结构决定功能。

2. 初步认识结构决定功能，能对数据进行统计、分析。

3. 通过头脑风暴，交流学生在校就餐的多功能餐盒还需要具备的功能。借助跨学科知识，尝试自主统计问卷调查结果，并确定多功能餐盒应具备的功能。

4. 保持好奇心和探究热情，乐于探究和实践，提升小组合作、沟通能力。

【教学重难点】

重点：明确多功能餐盒所需具备的功能。

难点：借助跨学科知识和查阅相关材料，尝试自主分析学生在校就餐的多功能餐盒所需功能实现的可能性。

【教学准备】

教师准备：多媒体课件、学生在校就餐的注意事项视频、多功能餐盒各功能适应性调查结果统计表等。

学生准备：多功能餐盒各功能适应性问卷调查表等。

【教学过程】

一、旧知回顾，提出问题

1. 通过上节课的学习，我们初步确定了多功能餐盒需要具备的功能。提问：在实际生活中，这些功能都可行吗？我们该如何去实现这些功能呢？

2. 这节课我们一起来研究如何实现多功能餐盒的这些功能。

【设计意图】通过回顾旧知并结合生活实际，提出问题引出课题。

二、自主探究

活动一：调查、统计学生在校就餐的多功能餐盒还需要具备的功能

1. 教师展示班级调查结果。提问：根据调查结果，你们觉得多功能餐盒还需要具备哪些功能呢？

2. 学生讨论、交流。

3. 教师播放视频，介绍学生在校就餐的注意事项。提问：为了满足学生在校就餐的需求，多功能餐盒还需要具备哪些功能呢？

4. 学生讨论、交流。

5. 教师展示学生交流的内容。提问：结合现状，在这么多的功能中，哪些功能是多功能餐盒必须要具备的？

6. 学生讨论、交流。

【设计意图】本环节通过观看学生在校就餐的注意事项的视频活动，引导学生完善多功能餐盒的功能。

活动二：问卷调查，确定多功能餐盒应具备的功能

1. 教师展示多功能餐盒的所有功能。提问：我们为多功能餐盒设计了这么多功能，这些功能都可行吗？

2. 为了验证我们设计的多功能餐盒是否能满足大家的需求，我们需要对多功能餐盒进行功能的适应性调查，出示多功能餐盒各功能适应性问卷调查表，并讲解使用方法。

3. 学生填写多功能餐盒各功能适应性问卷调查表。

4. 学生小组合作，统计组内数据。

5. 班级交流，汇总数据。

【设计意图】本环节通过收集前期调查结果的活动，培养学生乐于分享、交流的科学品质。

三、合作交流

教师出示多功能餐盒各功能适应性调查结果统计表。提问：通过调查，你们发现了什么？

【设计意图】通过交流"我们的发现"活动，确定多功能餐盒应具备哪些功能，为后面的设计环节提供依据。

【精彩片段】——创设真实情境，引发认知冲突，共享探究之果

师：为了满足学生在校就餐的需求，多功能餐盒还需要具备哪些功能呢？

生：多功能餐盒需要具备保温的功能。

师：在寒冷的冬天，我们也能吃上热气腾腾的饭菜了，真好。

生1：多功能餐盒需要具备易清洗的功能。

生2：多功能餐盒需要具备耐高温的功能，方便消毒。

师：看来你们都是爱干净、对餐具卫生要求很高的同学，这样可以减

少生病。

生：多功能餐盒要足够大，密封性好，盛汤不漏。

师：你们认真思考、积极发言的样子最美最可爱，老师给你们点赞。还有同学要补充的吗？

生：多功能餐盒隔热效果要好，不能烫伤手。

师：对，我们在使用过程中还要注意安全，不能被烫伤。

生：多功能餐盒要实现一体化，有放筷子、勺子的地方，能同时盛饭菜和汤。

师：这样就可以减少排队的次数，一边吃饭一边喝汤，想想就开心。

生：多功能餐盒应该方便携带。

师：嗯，那食堂收拾餐盒的师傅就轻松多了。

师：我们班的同学一定是善于观察、善于思考的孩子，把掌声送给自己！现在我请一位同学总结一下多功能餐盒应该具备哪些功能。

生：多功能餐盒应该具备的功能有保温、易清洗、耐高温、容量足够大、密封性好、隔热效果好、方便携带等。

【教学评析】

二年级学生处于形象思维阶段，这一阶段的教学需要借助具体形象的材料作载体，唤醒学生原有的经验与认知。本节课先出示班级调查结果，统计多功能餐盒应具备的功能；然后出示学生在校就餐的具体情境，引发学生的认知冲突，激发学生的探究兴趣，引导学生分析多功能餐盒功能的可行性；再结合问卷调查结果，最终确定多功能餐盒应具备的功能，为后续的设计、制作提供依据。一系列的探究活动培养了学生分析数据、归纳总结的能力，发展了学生的科学思维。

【学习单】

多功能餐盒各功能适应性问卷调查表

班级：_____ 姓名：_____

调查项目	同意（打"√"）	不同意（打"×"）
外观美观		
坚固不易摔碎		
材料环保		
容量合适		
密封性好		
保温效果好		
外层隔热		
易清洗		
能高温消毒		
方便携带		
有专门放筷子和勺子的地方		

多功能餐盒各功能适应性调查结果统计表

调查项目	同意的票数	不同意的票数
外观美观		
坚固不易摔碎		
材料环保		
容量合适		
密封性好		
保温效果好		
外层隔热		
易清洗		
能高温消毒		
方便携带		
有专门放筷子和勺子的地方		

第 3 课时　设计多功能餐盒

核心问题：如何设计满足需要的多功能餐盒？

【教学目标】

1. 通过了解"材料具有不同的结构和性质"的重要概念，初步形成结构决定功能的意识。借助跨学科知识和相关资料，选择合适的材料以实现前期确定的餐盒的功能。知道利用工程设计与物化创造的"多功能餐盒"可以满足人们对就餐的安全性和便捷性的要求。

2. 分析完成设计、制作餐盒这一工程问题需要考虑的因素，综合考虑餐盒的功能、技术可行性、成本、安全性、美观性等，设计满足需要的多功能餐盒。

3. 确定满足需要的多功能餐盒的材料，交流设计、制作餐盒这样一个工程需要考虑的因素，围绕材料设计满足需要的多功能餐盒。

4. 注重团队合作，在解决问题时要实事求是、客观论证，对多功能餐盒提出改进建议，形成认真勤奋、独立思考、合作交流、反思质疑和勇于探索的科学精神。

【教学重难点】

重点：明确设计多功能餐盒所需的材料及多功能餐盒的设计方案。

难点：综合考虑餐盒的功能、技术可行性、成本、安全性、美观性等，设计满足需要的多功能餐盒。

【教学准备】

教师准备：多媒体课件等。

学生准备：学习单等。

【教学过程】

一、创设情境

1. 出示餐盒的相关图片及资料。提问：你们知道生活中制作餐盒的材料有哪些?

2. 提问：这些材料有什么特点？

【设计意图】分析、了解常见餐盒材料的特点，为选择满足餐盒功能的材料做准备。

二、自主探究

1. 教师提问：你们所说的这些材料有什么代表性的特点？

2. 学生交流这些材料的代表性特点。

3. 提问：这些特点能实现餐盒的哪些功能？什么材料能满足确定的餐盒的功能？

4. 学生根据确定的餐盒的功能，交流满足餐盒功能的材料有哪些，确定满足餐盒功能的材料。

5. 教师组织学生讨论确定的这些材料是否能制成符合要求的餐盒，制成的可行性如何，确定最终的材料。

6. 教师提问：我们完成设计、制作餐盒这样一个工程问题还需要考虑什么因素？

7. 师生交流，确定设计、制作餐盒还需要考虑成本、安全性、美观性、管理的便捷性等。

8. 学生综合考虑餐盒的功能、技术可行性、成本、安全性、美观性等，分组设计满足需要的多功能餐盒。

【设计意图】比较、分析满足餐盒功能的材料需要的特点，分析完成设计、制作餐盒这一工程问题要考虑的因素。

三、交流改进

1. 汇报交流设计方案

（1）餐盒实现了哪些功能？

（2）在图纸上如何体现这些功能的设计？

（3）哪些材料或制作方法可以实现这些功能？

2.根据交流的结果，小组对设计方案进行修改、完善。

【设计意图】能用语言简单描述设计方案，既能独立思考，又能合作交流，初步形成反思、质疑的科学精神。

【精彩片段】——思考工程问题，引起认知冲突，碰撞思维火花

师：我们设计、制作的餐盒是就餐时要使用的，餐盒的功能和材料已经确定了。我们完成设计、制作餐盒这样一个工程问题还需要考虑哪些因素？

生1：我认为要考虑餐盒的形状、颜色，如果餐盒好看，我们就都喜欢使用它。

生2：我认为还要考虑餐盒上的图案，比如可以画一些我们喜欢的动画人物。

师：同学们都很注重餐盒的颜值，那我们确实得考虑餐盒的美观性。还需要考虑什么因素呢？

生：我们制作的餐盒是每天都要使用的，要方便清洗，但不能像玻璃那样太重了，而且还容易摔碎，人容易受伤，所以餐盒要方便拿。

师：你真细心，看来安全问题真的不容忽视。

生：如果我们用玻璃制作餐盒，制成的玻璃餐盒那么大，全班这么多人，该怎么放啊？好像根本不行。

师：你说得很有道理，那我们应该注意什么呢？

生：我们选择的材料得好拿好放，并且不太占位置才行！

师：是的，我们还要考虑餐盒管理的便捷性，还有别的因素吗？

生：我认为还要考虑制作餐盒要花多少钱，如果制作餐盒花的钱很多，就有点划不来。

师：你考虑得很周到，确实要考虑制作餐盒的成本。我们设计餐盒就得综合考虑餐盒的成本、安全性、美观性、管理的便捷性等因素。

【教学评析】

上一节课学生已经确定了多功能餐盒需要有哪些功能，本节课借助生活中学生熟悉的餐盒，唤醒学生对餐盒材料的特点的认识。学生发现餐盒材料的特点和餐盒的功能之间存在冲突，在交流讨论中，学生逐步自主归纳出满足需要的多功能餐盒的材料必须具备的特点，进而确定设计、制作多功能餐盒的材料。学生在深度理解什么样的材料才能满足设计需要的基础上，讨论设计、制作多功能餐盒这一工程问题还需要考虑的因素，为后面经历工程的设计、制作打下基础。通过设计满足需要的多功能餐盒，交流设计方案，教师引导学生经历工程设计的学习过程，感受像工程师一样设计物品的过程。更重要的是，学生在讨论确定符合要求的材料的过程中，在交流设计、制作多功能餐盒需要考虑的因素的过程中，思维的深刻性、批判性较上一节课有了进一步的提升，发展了分析、批判、创造等高阶思维。

【学习单】

第_____小组　　小组成员：_____　　日期：_____

要求：综合考虑餐盒的功能、技术可行性、成本、安全性、美观性、管理的便捷性等因素，设计满足需要的多功能餐盒。

1. 我们选择用：

☐不锈钢　☐循环塑料　☐一次性塑料　☐陶瓷　☐木材

☐玻璃　☐其他

因为这种材料：

☐易清洗　☐保温效果好　☐耐高温　☐易消毒　☐环保

☐抗摔　☐其他

2. 画一画餐盒设计图。（图中要标明各个部分对应的长度）

第 4 课时　制作多功能餐盒

核心问题：如何根据设计图制作多功能折叠餐盒？

【教学目标】

1. 初步认识到不同的材料有不同的性质特点。

2. 初步认识结构决定功能。

3. 在观察比较中感受不同材料的光滑程度、保温性、安全性等特点；在探索中学习折叠餐盒的制作方法。

4. 能通过设计与制作多功能折叠餐盒的实践活动，体验创作和成功的乐趣，增强自信心和环保意识。

【教学重难点】

重点：掌握制作多功能折叠餐盒的步骤。

难点：综合运用各种方法，依据所需的功能制作多功能折叠餐盒。

【教学准备】

教师准备：多媒体课件、制作视频等。

学生准备：设计图纸、铝箔纸、硬卡纸、剪刀、透明胶等。

【教学过程】

一、复习引入

1. 复习回顾：教师展示上节课同学们画出的多功能餐盒设计图。

2. 提问：同学们画出了这么多优秀的设计图，我们怎样才能把它们变为现实呢？

今天我们就一起来制作多功能餐盒。

【设计意图】复习回顾上节课的知识内容，重温设计过程，让本节课的制作有图可依，也让学生明确本节课的重点和中心任务就是掌握制作的方法。

二、研究模型制作的方法

1. 教师提问：为了提高制作的有效性，同时确保学生牢固掌握制作的方法，我们先利用锡箔纸来制作一个餐盒模型。

2. 追问：我们用什么方法可以实现折叠功能呢？

3. 展示现有的折叠餐盒，引导学生观察餐盒的特点。

4. 组织学生讨论方法。

5. 播放制作折叠餐盒的视频，引导学生掌握规范的制作步骤，并提出问题：制作过程中的要求和注意事项是什么？

6. 提出制作的要求和注意事项。

7. 教师巡视，帮助学生解决完成任务过程中的各种问题。

【设计意图】对于二年级学生而言，动手制作这个环节相对困难。学生的动手能力还需进一步提升，因此教师要给予充裕的时间和耐心，指导学生操作。前期给予学生对操作的想象空间，然后播放视频进一步指导，最后教师要积极巡视，帮助学生完成制作任务。

三、思维迁移

1. 教师巡视，通过对学生设计图的绘制情况的分析，判断学生本课时学习情况。

2. 请学生上台展示各组的完成情况，并简要介绍该组的设计思路和制作方法。

3. 教师简单点评学生的制作（后期有完整的改进课时，这里不过多点评）。

4. 引导学生思考：我们现在制作的只是餐盒的模型，如何利用所选材料来制作实物模型呢？

【设计意图】总结制作方法，再迁移到实物模型的制作上。

四、教师小结

好多材料的延展性都没有锡箔纸好，例如陶瓷、金属、木材以及塑料等。我们要想用所选的材料制作实物模型，还需依靠专业人士和专门工具。同学们可以发现，如果要想实现餐盒的更多功能，还需要回归到材料本身。

【精彩片段】——对比实物模型，强化认知结构，促进思维深入

师：为了提高制作的有效性，同时确保学生牢固掌握制作的方法，我们先利用锡箔纸来制作一个餐盒模型。我们用什么方法可以实现折叠功能呢？

生：把小的餐盒放在大的餐盒里。

师：同学们积极思考的样子老师非常喜欢。我这里有一些市面上常见的折叠餐盒，我们一起来观察一下它们有什么共同特点。

生1：都有盖子。

生2：都分了好几格。

生3：都有可以放筷子和勺子的地方。

师：它们有什么不同点呢？

生：它们折叠的方法不同。

师：怎么不同？

生1：有的是拉起来就变成了一个碗。

生2：有的是大碗里面放小碗。

生3：有的是可以旋转的。

师：同学们观察得真仔细。今天我们就来学习其中一种折叠餐盒的制作方法。

生：观看制作折叠餐盒的视频。

【教学评析】

二年级学生的实践操作能力相对较弱，在制作方法和技巧方面可能会遇到较大的问题。本片段中，教师在开始制作前，提供了大量的实物模型，帮助学生具象思维的形成，用这些实物模型也能支撑学生的设计制作。在制作环节，依据设计图纸，小组合作交流制作的步骤，尝试利用锡箔纸动手制作。通过学习制作折叠餐盒的视频，让学生进一步熟练掌握制作的步骤和技巧，降低制作的难度，帮助学生养成工程设计的意识。

【学习单】

第_____小组　　小组成员：_____　　日期：_____

项目	制作多功能餐盒	完成后打"√"
前情回顾：请将上节课绘制的设计图画在右侧的方框内或将图片粘贴在右侧的方框内		
工具选择：在制作过程中，你需要使用哪些工具	□直尺　□剪刀　□热熔胶　□透明胶 □小锤子　□小刀　□其他	
问题梳理	1. 理一理：我们知道怎样制作一个简单的盒子	
	2. 想一想：我们学会了制作一个折叠方法	
	3. 试一试：我们能制作一个简单的多功能餐盒	
总评	我完成制作一共用时（　　）分钟 等级：完成理一理 ☆ 　　　完成理一理、想一想 ☆☆☆ 　　　完成理一理、想一想、试一试 ☆☆☆☆☆	

第5课时　改进多功能餐盒

核心问题：餐盒有哪些问题？如何改进？

【教学目标】

1.通过测试活动，初步掌握放大镜、烧杯等工具的使用方法；了解不同功能的测试方法。

2. 通过具体的测试活动，综合运用多学科知识，发现餐盒存在的问题，针对不同的问题，发展学生的对比、归纳、分析思维能力。

3. 通过具体的测试环节，发展学生的动手操作能力。

4. 通过头脑风暴，明确餐盒的评价标准，并按照对应的方法进行测试，在测试中培养学生的动手能力和团队协作能力。

【教学重难点】

重点：学生依据评价标准进行多方面的测试。

难点：学生从测试结果中分析问题并进行改进。

【教学准备】

教师准备：多媒体课件、多功能餐盒测试标准及方法等。

学生准备：制作好的餐盒等。

【教学过程】

一、提出问题，回顾交流

1. 教师出示上节课同学们制作好的餐盒图片。

2. 教师提问：我们制作的餐盒有什么功能呢？餐盒有什么样的表现能说明具备这项功能？

3. 学生回顾思考餐盒所具备的功能，如折叠、保温、易清洗、无污染、可循环使用等。

【设计意图】回顾之前学习的内容，明确餐盒所具备的功能，便于开展后续探究。

二、自主探究，动手测试

活动一：确定多功能餐盒的测试标准及评估方法

1. 教师提问：我们设计、制作的餐盒是否具备这样的功能呢？要怎样检验呢？

2.教师提供案例,帮助学生思考,让学生明确测试标准和方法。

3.学生在老师的引导下分析得出测试标准:

(1)餐盒要具有保温性。

(2)餐盒要抗摔,至少从桌子上掉落下去,餐盒要保持完整。

(3)要易清洗,用简单的清洁工具就能够清洗干净。

(4)餐盒的容量要足够大,能够装下午餐的所有食物。

(5)餐盒密封性要好,液体不能从餐盒中流出。

4.学生思考测试方法,教师引导学生猜想可能存在的问题。

(1)对于餐盒容量,小学生餐盒容量为700~1000毫升,用1000毫升水代替食物进行测试。

(2)对于餐盒的保温效果,在餐盒中加入60℃左右的水,测试3小时内水温下降的程度。

(3)对于餐盒的清洁效果,用清洁材料清洗后,用放大镜观察餐盒表面的清洁状况。

(4)对于餐盒的安全性,让餐盒从桌子上掉落下,观察其状况。

(5)对于餐盒的密封性,可用水进行检测。

5.教师总结学生的讨论并规范方法,绘制出测试标准及测试方法的表格。

多功能餐盒测试标准及测试方法

测试项目	测试标准	测试方法
容量大小测试	能够装下午餐的所有食物	1.准备1000毫升水,代替食物 2.将水倒入餐盒中 3.观察餐盒是否能够装下1000毫升水
保温效果测试	能够保证食物在3小时内不变冷	1.准备相同质量的60℃的水 2.在饭盒中加入60℃的水 3.测试3小时内水温下降的程度

续表

测试项目	测试标准	测试方法
清洁效果测试	能够用简单的工具进行清洗	1. 准备若干有污渍的餐盒 2. 用专门的清洁布清洁后，再用清水冲洗 3. 用放大镜观察餐盒表面的清洁状况
安全性测试	从桌子上掉落下去，餐盒要保持完整	1. 在餐盒中放入3个食物模型 2. 将餐盒放置在桌子边缘，使其从桌子上掉落下去 3. 观察餐盒表面的破损情况和食物模型的掉落情况
密封性测试	液体不能从餐盒中流出	1. 在餐盒中放入100毫升清水，将餐盒盖紧 2. 将餐盒倒放，观察餐盒的漏水情况

【设计意图】明确测试标准和测试方法，发展学生的自主探究能力。

活动二：测试与改进多功能餐盒

1. 教师组织学生分小组进行测试，并要求学生完成自评表的填写。

2. 学生分小组进行测试，发现存在的问题并完成小组自评表的填写。

3. 学生小组交流自评表，发现自己的不足与闪光点。

【设计意图】根据测试标准和测试方法进行测试，培养学生的动手能力，通过自我评价发现自身不足。

三、总结反思，尝试改进

教师引导学生提出改进方法，教师提供资料，引导学生分析问题，提出解决问题的方法。例如：饭盒容量过小，需增加制作饭盒的材料；保温性能太差，需将材料换成保温性能好的材料，或给饭盒外增加隔热套等；不易于清洗，需给饭盒配备专用的清洁工具等。

【设计意图】在教师的引导下对多功能餐盒的功能进行改进。

【精彩片段】——自主探究，合作交流

师：我们设计、制作的餐盒是否具备这样的功能？要怎样检验呢？

学生分析并讨论测试方法。

生1：对于餐盒容量，小学生餐盒容量为700~1000毫升，用1000毫升水代替食物进行测试。

生2：对于餐盒的保温效果，在餐盒中加入60 ℃左右的水，测试3小时内水温下降的程度。

生3：对于餐盒的清洁效果，可用清洁材料清洗过后，用放大镜观察餐盒表面的清洁状况。

生4：对于餐盒的安全性能，让餐盒从桌子上掉落下去，观察其状况。

生5：对于餐盒的密封性，可用水进行检测。

教师总结方法。

学生分小组进行测试并发现存在的问题，完成小组自评表的填写。

学生小组交流自评表，发现自己的餐盒存在的问题。

生1：我们是第一小组，我们组的餐盒自评是11分，我们的问题是餐盒容量过小。

生2：我们是第二小组，我们组的餐盒自评是8分，我们的问题是餐盒的保温性能较差。

生3：我们是第三小组，我们组的餐盒自评是13分，我们的问题是餐盒的密封性不好。

【教学评析】

在完成本节课的学习之后，学生对所需要掌握的核心概念有所理解。在这个过程中，学生科学思维的发展是最为重要的。在测试和评估的过程中，学生通过自主探究、合作交流的方式，分析比较餐盒与评估标准之间的差距，并且尝试解决评估中出现的问题，培养了分析推理能力。教师作为学生的引导者，要在学生已有认知的基础上，依据学生的最近发展区来设计教学内容，并有意识地培养学生多方面的能力。

【学习单】

多功能餐盒功能测试小组自评表

你需要关注的测试项目	各维度表现及对应分数		
	1分	2分	3分
餐盒的容量大小	餐盒完全装不下食物	餐盒能够装下大部分食物	餐盒能够完全装下食物
餐盒的保温效果	食物温度过低,不能入口	食物温度较低,勉强能够入口	食物温度适中,适合入口
餐盒的清洁效果	肉眼可以看见污渍	肉眼看不见污渍,用放大镜可以发现污渍	用放大镜也看不见污渍
餐盒的安全性	餐盒表面破损情况严重,食物模型掉落出来	餐盒表面破损情况一般,食物模型部分掉落或未掉落	餐盒表面基本无破损,食物模型未掉落
餐盒的密封性	餐盒中的水大量流出	餐盒中的水少量流出	餐盒中没有水流出
你给你们小组的评价	我们是第_____组,总分15分,我给我们小组的评分是_____		
出现的问题			
改进的方法			

第6课时 多功能餐盒产品发布会

核心问题:举办多功能餐盒产品发布会,如何评选最佳作品?

【教学目标】

1.知道材料具有不同的结构和性质,了解不同的材料可以制作同种物品,并能认识到它们的功能和用途不一样。

2.能用测试的方法评价多功能餐盒,并对数据进行统计、分析,评出最佳作品。

3.通过展示自己的作品，表达小组的设计和想法，体验创造产品的喜悦和成就感；能够根据评价标准客观地评价自己和他人的作品。通过评价他人作品，学会欣赏他人作品的优点，反思自己作品的不足之处，进而不断完善作品。

4.感受到材料的特点、多功能餐盒的功能与环境之间的关系，提升小组合作、沟通能力，同时加强环保意识；能用图画和文字记录小组创作的历程，并与他人分享。

【教学重难点】

重点：依据评价量表客观地评价他人作品。

难点：能根据班级分享结果，反思自己作品的不足之处。

【教学准备】

教师准备：多媒体课件、新款手机发布会视频、多功能餐盒小组自评表、多功能餐盒小组互评反馈表、《我是小小评审官》视频等。

学生准备：作品等。

【教学过程】

一、创设情境

1.教师播放新款手机发布会视频，学生观看。

2.同学们，我们已经完成了多功能餐盒的制作，并且根据测试结果对多功能餐盒进行了改进。这节课我们要像视频中的工程师一样向大家展示自己设计的作品。

【设计意图】通过视频导入，激发学生像工程师一样展示自己作品的兴趣。

二、展示交流

"多功能餐盒"产品发布会

1.为了便于大家更好地展示自己的作品，请大家用这样的句式介绍自己的作品：我们组用_____材料制作多功能餐盒，餐盒具有_____功能，_____（材料）有_____（特点）。

2. 小组代表上台展示作品。

【设计意图】二年级学生乐于分享自己的想法，但是表达能力有限，用固定的句式可以让学生用科学的语言有理有据地表达自己的想法，培养学生建立"材料"与"功能"联系的意识。

三、评选最佳作品

1. 同学们像专业的工程师一样向大家展示了自己设计的作品，老师为你们点赞。提问：哪个小组的作品是最佳作品呢？

2. 学生交流。

3. 为了公平公正地评选出最佳作品，老师带来了两个"小帮手"——"多功能餐盒小组自评表"和"多功能餐盒小组互评反馈表"。请学生根据评价标准和视频《我是小小评审官》了解如何正确填写。

4. 提问：测试过程中的注意事项和要求是什么？

5. 提出测试的注意事项和评价要求。

6. 学生代表领取评价表，以小组为单位对产品进行测试，完成组内自评和小组互评的任务，教师巡视指导。

7. 收取每个小组的评价表，计算平均分，作为该小组的互评分，选出得分最高的作品，即最佳作品。

【设计意图】通过具体的测试活动，培养学生依据证据发表自己见解的科学品质，让学生能客观评价自己和他人的作品，取人之长，补己之短。

四、拓展应用

同学们，今天我们成功举办了多功能餐盒产品发布会，并评选出了最佳作品，老师相信你们在整个探究活动中有很多收获，希望你们课后能把自己的所感所想用文字和图画的形式记录下来，积极参加主题为"我的多功能餐盒"的手抄报比赛，和大家分享你们的创作之旅。

【设计意图】通过手抄报评比活动，提升学生用文字和图画记录、分享创作过程的能力，进一步锻炼了学生的动手能力，培养学生的观察力、创造力和团队合作精神。

【精彩片段】——评选最佳作品，引起认知冲突，共享智慧之光

师：同学们像专业的工程师一样向大家展示了自己设计的作品，老师为你们点赞。提问：哪个小组的作品是最佳作品呢？

生1：我们组认为外观最漂亮的多功能餐盒是最佳作品。

生2：我们组认为保温效果最好的多功能餐盒是最佳作品。

生3：我们组认为能装很多食物的多功能餐盒是最佳作品。

生4：我们组认为容易清洗干净的多功能餐盒是最佳作品。

生5：我们组认为不易摔破的多功能餐盒是最佳作品。

师：老师很喜欢同学们认真思考、积极发言的样子。还有同学要补充的吗？

生：我不同意前面同学的发言。我认为同时具备好几个优点的多功能餐盒才能被评为最佳作品。

师：你的想法很好，思考得很全面。那你认为最好的多功能餐盒应该具备哪些优点呢？

生：我认为容量大、保温效果好、能同时装下筷子和勺子、易携带和易清洗消毒的多功能餐盒才是最好的。

师：掌声送给这位同学！他一定是一位热爱生活的孩子，能仔细观察生活中物品的特征。所谓的最佳作品就是要同时具备很多功能，并且要美观。为了公平公正地评选出最佳作品，老师带来了两个"小帮手"——"多功能餐盒小组自评表"和"多功能餐盒小组互评反馈表"。现在请同学们观看视频《我是小小评审官》，了解评价指标以及如何正确填写评价表。

生：观看视频。

【教学评析】

在展示环节中,学生对自己的产品做了精彩的介绍,与他人分享了成功的喜悦。为了评选最佳作品,学生需要自主探究、合作交流评价方法,并发现自己的评价标准和他人的评价标准存在冲突。随着交流的深入,学生会逐步意识到同时具备多种功能且美观的餐盒才能在评比中获胜。教师给学生出示了自评和互评要求,让他们从七个方面对产品进行评价,培养了学生的证据意识。通过一系列的探究活动,教师引导学生像工程师那样经历了设计、制作、测试、评估、改进和展示等过程,提升了学生的综合能力和素养。

【学习单】

"多功能餐盒"小组自评表

评价项目	各维度表现及对应分数		
	1分	2分	3分
餐盒的容量大小	餐盒只能装下一小部分食物	餐盒能够装下大部分食物	餐盒能够装下所有食物
餐盒的密封性	餐盒中的水大量流出	餐盒中的水少量流出	餐盒中的水没有流出
餐盒的保温效果	食物温度过低,不能入口	食物温度较低,勉强能够入口	食物温度适中,适合入口
餐盒的清洁效果	肉眼可以看见污渍	肉眼看不见污渍,用放大镜可以发现污渍	用放大镜也看不见污渍
餐盒的安全性	餐盒表面破损情况严重,食物模型掉落出来	餐盒表面破损情况一般,食物模型部分掉落或未掉落	餐盒表面基本无破损,食物模型未掉落
餐盒的外观	餐盒结构不完整,没有盖子	餐盒结构完整,但外观不美观	餐盒结构完整且外观美观
餐盒能否同时装下筷子和勺子	餐盒不能装下筷子和勺子	餐盒只能装下筷子或勺子	餐盒能同时装下筷子和勺子
小组自评	我们是第_____组,总分21分,我们给自己组的评分是_____		

"多功能餐盒"小组互评反馈表

评价项目	各维度表现及对应分数			小组评分						平均分
	1分	2分	3分	一	二	三	四	五	六	
餐盒的容量大小	餐盒只能装下一小部分食物	餐盒能够装下大部分食物	餐盒能够装下所有食物							
餐盒的密封性	餐盒中的水大量流出	餐盒中的水少量流出	餐盒中的水没有流出							
餐盒的保温效果	食物温度过低,不能入口	食物温度较低,勉强能够入口	食物温度适中,适合入口							
餐盒的清洁效果	肉眼可以看见污渍	肉眼看不见污渍,用放大镜可以发现污渍	用放大镜也看不见污渍							
餐盒的安全性	餐盒表面破损情况严重,食物模型掉落出来	餐盒表面破损情况一般,食物模型部分掉落或未掉落	餐盒表面基本无破损,食物模型未掉落							
餐盒的外观	餐盒结构不完整,没有盖子	餐盒结构完整,但外观不美观	餐盒结构完整且外观美观							
餐盒能否同时装下筷子和勺子	餐盒不能装下筷子和勺子	餐盒只能装下筷子或勺子	餐盒能同时装下筷子和勺子							
我们组获得评价的平均分数										

持续反馈与应用设计

项目式作业　精美海报促宣传

一、活动背景及要求

（1）近年来,随着生活节奏的加快和工作压力的增大,越来越多的人选择在外就餐,餐饮外卖市场迅速发展。外卖过量使用的一次性餐具给环境带来了很大的压力，也加重了浪费资源的问题。与此同时，秋冬季节各种呼吸系统疾病流行，人们也更加关心餐具的安全保障问题。

（2）我们计划举办一场面向大众的多功能餐盒产品推介会，因此，需要大家为本次推介会设计产品宣传海报。

二、活动实施步骤

（1）自主选择绘画方式（手绘或电脑设计），主题鲜明。

（2）结合产品推介需求画出设计图。

（3）根据海报大小，考虑美观性，优化设计图。

（4）根据设计图纸制作海报。

（5）展示交流你的作品。

三、展示多功能餐盒宣传海报

单元教学反思

首先，本单元是在学生理解了"物质由材料组成"的重要概念的基础上，初步建立了"材料的结构与性质观念"的相关认识。学生能观察并描述物体的轻重、厚薄、颜色、表面粗糙程度、形状等外部特征，也能认识常见物体的基本外部特征，认识生活中常见的材料，知道物体的各种功能价值可以更好地为生产生活服务。但是聚焦到具体的生活问题，学生学以致用的能力还有待提高，比如对真实情境下"如何解决学生校内就餐的安全性和便捷性"等问题有一定的认识，但缺乏调查取证以及操作性实践经验。学生初步具备利用各种知识寻找解决问题的方法的意识，乐于观察，善于发现和提出问题，但缺乏动手操作能力。同时，查阅相关材料，借助跨学科知识参与设计和提出科学与工程技术问题的能力也欠佳。

其次，结合本单元的整体设计思路和知识点的范围，教师大胆地进行了单元知识的整合，围绕主题问题进行设计、制作、调整和测试。教学设计中充分体现了思维型教学五大原理：动机激发、认知冲突、自主建构、自我监控和应用迁移。学生能通过观察活动，认识常见物体的基本外部特征，认识生活中常见的材料，初步建立材料的结构与性质观念，了解不同餐盒的特点，还能认识物体的各种功能价值，初步形成结构决定功能的意识。

最后，通过本单元的主题学习，学生有以下收获：知道利用技术与工程创造的多功能餐盒可以满足人们对于就餐的安全性和便捷性的要求，并知道简单工程存在一定约束条件及验收标准；能进一步理解"物质与能量、结构与功能、系统与模型、稳定与变化"等跨学科概念；能在教师指导下，观察具体事物的构成要素，通过口述、画图等方式描述餐盒的外部特征；能分析餐盒可以由哪些材料制成；能概括餐盒可以具有哪些功能；能用多种方式表达调查过程与结果；能制作实物模型，并基于证据改进实物模型的设计和制作。

总而言之，在科学学科的思维型探究学习中，如何让学生围绕材料、餐盒主题情境进行相关文字阅读、梳理、探究、交流和创意表达等活动，表达自己的独特感受；如何让学生在动手制作餐盒的过程中，体验制作的乐趣；如何让学生在设计餐盒外形的过程中，逐步提高审美意识；如何让学生在综合运用多学科知识发现问题、分析问题、解决问题的过程中，提高语言文字运用能力；如何让学生了解科学的价值，提高学习科学的兴趣，形成认真勤奋、独立思考、合作交流、反思质疑和勇于探索的科学精神，这些都是值得我们继续深入探索的问题。

案例提供者：姚文勇，武汉市东西湖区教学研究室
　　　　　　梁　城，武汉市东西湖区吴家山第六小学
　　　　　　汪璐璐，武汉市三店学校
　　　　　　李　淋，武汉市园博园学校
　　　　　　杨　婵，武汉市东西湖区走马岭小学
　　　　　　胡　蓉，武汉市东西湖区恒大城学校
指 导 教 师：易传发，武汉市教育科学研究院